国家社科基金
GUOJIA SHEKE JIJIN HOUQI ZIZHU XIANGMU
后期资助项目

会计准则研究

理论变迁、宏观价值与经济高质量发展

Research on Accounting Standards:
Theoretical Evolution, Macro Value, and High-Quality
Economic Development

张俊瑞　苏　洋　著

中国人民大学出版社
· 北京 ·

国家社科基金后期资助项目
出版说明

后期资助项目是国家社科基金设立的一类重要项目，旨在鼓励广大社科研究者潜心治学，支持基础研究多出优秀成果。它是经过严格评审，从接近完成的科研成果中遴选立项的。为扩大后期资助项目的影响，更好地推动学术发展，促进成果转化，全国哲学社会科学工作办公室按照"统一设计、统一标识、统一版式、形成系列"的总体要求，组织出版国家社科基金后期资助项目成果。

全国哲学社会科学工作办公室

前　言

新中国成立以来，我国在摸着石头过河的渐进式改革过程中，实现了经济高速增长和生产能力迅猛提升，建立起了全球最完整的国家工业体系。中国特色社会主义进入了新时代，我国经济发展也进入了新时代。我国经济已由高速增长阶段转向高质量发展阶段。"经济越发展，会计越重要"，经济高质量发展必然需要会计给予坚实的支撑，而会计肩负起了新时代所赋予的艰巨而光荣的使命。

作为会计在法律制度层面的重要体现，会计准则是微观主体对外传递经济资源、要求权及其变动信息的系统，是应不同时期、不同环境的特定需要而持续演进的。伴随着时代的变迁，会计准则在不断革新的过程中释放出了巨大效能。鉴于我国社会经济发展之过往，会计准则在服务经济体制改革和促进经济全球化发展过程中贡献卓著，很好地适应了社会主义市场经济发展和扩大对外开放的时代诉求。当前，中国经济已深度融入国际经济，新一轮科技和产业革命方兴未艾。以"大智移云物"为特征的创新商业模式，以"政治文明、生态平衡"为导向的现代治理理念渐渐超出了当前会计准则所能独立驾驭的范畴。面对这些日趋复杂却又无法回避的问题，会计准则亟须代际跃升。特别是在新冠疫情席卷全球后，世界经济发展和国际政治经济的不确定性大为增加，大国间博弈甚为微妙。在这一背景下，如何激发、释放会计准则变革的效能，更好地服务我国社会经济发展是一个十分重要的议题。

无限的过去都以现在为归宿，无限的未来都以现在为渊源。为归纳会计准则发展的内在规律，探索会计准则的未来方向，从而推进我国经济高质量发展，我们基于自己的所学、所见、所感和所思撰写了本书。

自改革开放以来，以经济建设为中心的市场经济改革得以开启，经济制度、体制与机制开始发生根本性变化。在全球经济一体化发展的驱动下，资本全球流动日益频繁，经济活动更为多样，而会计准则顺应这一趋势，大量吸纳国外先进理念，由以往主张的会计核算扩展为财务报告，并不断向金融创新、公司治理与社会环境等领域延伸，这些变化都在一定程度上促进了我国资本市场的跨越式发展。与此相伴的是，会计准则的修订愈发频繁，内容愈发复杂，有些甚至十分晦涩。很多会计专业人士逐渐被会计规则"钳制"，难以理解准则及其背后的理论走向。

作为一个古老的学科，会计在上千年的沉淀中已形成一套相对稳固的理论架构，尽管经济环境的变化催生了很多新颖的概念和做法，但它们并未背离已有的理论架构，那些看似陌生的新兴理论往往是在已有架构的基础上衍生而来的。因此，会计准则的变化并非看起来那样繁杂，其来龙去脉皆有迹可循。为帮助会计同仁从细碎、烦琐的会计规则中跳脱出来，把握会计准则发展的内在规律，本书归纳、提炼会计准则的理论架构，并在此基础上解析会计准则的理论价值与实践意义，进一步剖析会计准则修订所面临的现实问题以及与此相适应的理论逻辑。

会计的改革与演进以社会经济发展为中心，而会计准则的功能也要随着社会经济环境的变化而提升，其理论变迁印证了会计准则的宏观价值。近二十年来，会计准则在宏观资源配置、金融监管协调等方面的价值尤为突出。回首我国经济建设走过的道路，无论是计划经济体制改革、资本市场的建立，还是公司治理改革的尝试都无不有意无意地围绕着资源配置的主题展开。基于制度经济学，会计准则是生成会计信息、降低交易费用的制度设计，因而，会计准则一直与经济资源的配置效率紧紧地联系在一起。在金融领域，次贷危机过后的宏观审慎监管奠定了世界金融发展的基调，会计准则的核算理念、政治程序也随之发生改变。新会计准则的发布与实施不仅协调了金融监管规则，而且关注经济顺周期效应，这些变化在很大程度上优化了金融生态环境。

过去，会计在经济和社会秩序中取得了无可争议的重要地位，未来，它将继续承担日益重要的使命。随着全面深化改革、环境生态建设、创新驱动发展、大智移云物等技术的涌现，会计准则对其他学科的制约与渗透逐步加深，会计准则的拓展相比于以往任何时候都更令人瞩目。当前，会计的确认、计量和报告难以完全适应新技术、新产业、新业态、新商业模式。许多企业愈发注重研发创新、智能制造、环境友好发展等问题，而会计准则在数据资产、自然资源等方面的反映、监督价值亟须进一步拓展。有鉴于此，我们以服务经济高质量发展为初衷，分析会计准则的形成与理论演变，在推进会计理论发展与会计准则建设的同时激发会计准则在国家战略发展中的重要动能。

本书的研究内容主要分为三个部分。首先，通过回顾会计准则的形成与演变分析其与社会经济发展的联动机制（第一章），构建会计准则的理论架构（第二章），在此基础上，分别论述会计确认、计量和报告的理论变迁（第三章、第四章和第五章）；其次，会计环境与会计准则是动态均衡的，会计准则在社会经济环境变化与会计理论发展中展现出了丰富的内在价值，随着资本市场的发展，我们基于资源配置与金融稳定两个视角对会计准则的宏观价值予以剖析（第六章和第七章）；最后，在经济高质量发展背景下，会计准则势必要在第四次工业革命和全面深化改革中进一步拓深、扩展其已有价值（第八章和第九章）。

本书的内容和结论仅代表个人观点，我们希望抛砖引玉，对广大读者有所启发，推动更深入的讨论和研究。限于作者知识水平，错漏和不妥之处在所难免，敬请斧正。希望本书能为我国会计准则建设、会计理论发展与经济高质量发展贡献一份力量。

张俊瑞　苏　洋

目　录

第一章 中国会计制度建设与社会经济发展

我国国家制度建设和社会经济发展具有独特的实践轨迹与基本逻辑，本章内容分析了中国会计制度建设与社会经济发展的内在关联。一直以来，会计制度建设从未游离于党和国家的战略部署之外，并作为治国谋略的重要保障，与社会经济发展保持着紧密的联动。无论是建立现代企业制度与资本市场，还是建立和完善现代化治理体系，每一次经济社会的变化都对会计制度建设提出了新的诉求，而会计制度也在这一目标的驱动下不断提升、扩充其功能，进一步推动着我国社会经济稳定向前。当前，我国面临百年未有之大变局，数字经济崛起、世界格局调整和经济高质量发展等都对会计制度建设提出了新的要求，会计制度建设亟须突破传统理论与规则设计，加强立足国情的国际协调与学术研究，以此打破政治文明建设和国家经济发展的瓶颈。

第一节 缘起、思路与架构

一、研究缘起

从新民主主义革命，到社会主义确立，再到中国特色社会主义的形成和完善，"中华民族实现了由不断衰落到根本扭转命运、持续走向繁荣富强的伟大飞跃"（习近平，2016）。时至今日，中国已成为世界第二大经济体，综合国力和国际地位显著提升，基于新制度经济学，这一成绩的取得离不开经济制度的支撑与保障（North，1990；Glaeser et al.，2004）。在我国社会经济全面发展的过程中，一系列相互衔接、相互联系的经济制度悉数建立。作为经济制度的重要组成部分，会计制度也经历了从无到有、从分散到统一、从不规范到规范的过程。

　　会计发展是反应性的，是应不同时期、不同环境的特定需要而持续演进的（Littleton，1933）。伴随着时代变迁，会计在自我革新的过程中，逐渐从一项技术转变为制度，并与国家和社会经济的发展紧密相连（孙铮和刘凤委，2019）。中国特色社会主义制度在世界上独树一帜，社会经济发展在中国共产党的全面领导下呈现出与其他国家颇为不同的实践轨迹。相应地，会计制度的形态、价值与演变逻辑也展现出鲜明的中国特色。

　　在理论层面，我国对会计本质的理解与认知不同于西方国家。基于"管理活动论"，会计更倾向于一项管理活动（杨纪琬和阎达五，1980），而非与管理活动相分离、被动提供信息的技术工具（张俊瑞等，2017）。相比于西方的"信息系统论"，我国的理论创见更强调会计在企业、市场和国家层面的管理职能（叶康涛等，2020），这种差异也使得我国会计制度建设格外注重与社会经济发展相互协调，尤其适配于党中央所提出的基本治国方略。会计制度在服务经济体制改革、促进经济全球化发展等方面做出了卓越贡献，但已有研究大多基于信息系统视角，分析会计信息在证券估值、企业契约运行等微观层面的经济后果（孙铮和贺建刚，2008；姜国华和饶品贵，2011；孙铮和刘浩，2013；Konchitchi，2011；Patatoukas，2012）。相比之下，会计管理职能在一系列党和国家制度改革和战略部署中所肩负的光荣使命和所发挥的重要作用并未在学界得到应有重视。我国会计制度建设与社会经济发展所特有的基本联动逻辑尚未被完整、充分地刻画，而这正是我国会计制度建设区别于其他国家的标志性意义所在。在实践层面，作为会计改革与创新的内在动力，中国社会经济发展所面临的机遇和挑战前所未有。21世纪以来，顺应市场化改革和经济金融一体化发展，中国会计制度在学习和借鉴西方成熟会计系统的基础上快速建立。但随着近年来数字经济强势崛起、国内经济向高质量发展转型，以"大智移云物"为特征的创新商业模式和以"政治文明、生态平衡"为导向的现代治理理念渐渐超出了这套发源于西方工业革命时期的传统会计制度所能独立驾驭的范畴。在这一背景下，中国会计制度亟须立足于本国经济发展的实际需要，形成扎根本土的理论框架与制度创新，由跟随走向引领。

　　有鉴于此，本书聚焦于改革开放以来会计制度建设的实践经验，归纳其与社会经济发展联动的深层理论，并演绎未来会计制度发展的主要方向，以期对形成中国特色会计理论、指导未来会计制度建设提供有益参考。

二、研究思路与架构

制度研究离不开历史的印证与反思（North et al.，1994）。随着我国社会经济改革，会计制度呈现增量式扩张，不仅核算规则日趋繁复精细，应用范围也十分广泛。从构成上来看，会计制度既包含财务会计与管理会计（以分别满足会计主体内部与外部信息诉求），又包含企业会计和政府会计（以覆盖企业和公共部门的不同会计活动）。出于对会计人员能力培养与执业规范的重视，与他国相比，除规范会计活动外，中国会计制度还规范会计人员，如《总会计师条例》（1990）、《中华人民共和国注册会计师法》（1993）、《全国会计领军（后备）人才培养十年规划》（2007）、《会计行业人才发展规划（2021—2025年）》（2021）等①。虽然这些制度在涉及面和技术性上有所差别，但本质上都内在地与社会经济发展紧密联动，这一共性恰恰是本文意欲阐明的核心观点。有鉴于此，与既有研究通常只探讨会计制度体系的某一部分不同，本书将站在更高的视角，从整体上对会计制度建设展开分析。具体而言，本书会回顾会计制度建设与社会经济发展的演化过程，构建会计制度建设与社会经济发展的联动机制，分析社会经济发展的当前形势与会计制度建设的未来取向。

第二节　会计制度建设与社会经济发展的演化过程

20世纪90年代初，苏联和东欧社会主义国家剧变，以美国为代表的西方国家加速推进资本市场建设与经济全球化发展。此时，我国面临着计划经济时期微观主体活力丧失、经济低效的落后局面②。在此背景下，党中央借鉴发达国家资源配置的经验，在十四届全国人民代表大会上提出社会主义市场经济体制的改革目标，进一步加快改革开放与现代化建设的步伐。

---

①　我国经历了由传统中式簿记向西方复试簿记、计划经济体制会计向市场经济体制会计等转变，面对会计核算方法和理念的大幅变化，具备合格专业素质的会计人员在早期严重匮乏，因而我国会计制度由规范会计活动的制度（如会计核算制度、企业会计准则）和规范会计人员的制度组成。会计核算制度主要指我国在实施会计准则之前分行业、分所有制、分经营方式的会计核算制度以及现行少许会计核算制度。

②　尽管在商品经济时期我国先后通过放权让利、厂长负责、承包制、利润分成、经营租赁、利改税等改革方式引入市场机制，调动了生产积极性，增强了企业活力，但此后进入"买方市场"，企业发展后劲和竞争力不足，所有者缺位，管理者缺乏有效约束机制，国企陷入大面积亏损，改革红利衰减。

一、股份制、会计制度改革与资本市场建立

在计划经济体制下，企业大多由国家独资设立，企业不是独立的商品生产者与经营者，没有真正的法人资格，没有独立的经济利益，只是行政的附属物，政企不分、产权不清等问题十分严重（林毅夫和李周，1997；陈佳贵等，2008）。在市场经济中，市场需要自主经营、自负盈亏、自我发展、自我约束的微观主体，只有加快完善现代企业制度、推动经营机制转换，才能进一步激发国有企业活力，完善社会主义市场经济体制。

基于微观角度，资本是企业生产经营的起点，资本金制度是现代企业制度的核心，我国自 20 世纪 80 年代起就以"公有制为主体"的股份制试点进行相应探索。1992 年邓小平南方谈话后，股份制改革迎来高潮，《股份制企业试点办法》（1992）、《股份有限公司规范意见》（1992）、《中华人民共和国公司法》（1993）等相继颁布。不同于计划经济时期的国有企业，股份制企业的所有权和经营权分离，产权可以流通，经营更加自主。针对这一变化，财政部于 1992 年颁布《股份制试点企业会计制度》，满足股份制企业的会计核算需要①。区别于以往的制度，该文件新增了股东权益相关概念与核算规定，将"资金平衡表"改为"资产负债表"，补充了反映资金变化的"财务状况变动表"，并要求定期公开披露，进而使得企业产权关系的反映更为清晰。

基于宏观角度，股份制是资本市场产生和发展的基础，同时，资本市场发展又为股份制经济发展提供了强大支撑。在股份制经济下，伴随着企业生产规模的扩大，生产经营所需的投资逐渐增加，单一的银行融资体制愈发难以满足这一需求，越来越多的企业开始上市并发行股票和债券（肖钢，2020）。1990 年 11 月和 12 月，肩负着促进资本流动、优化资源配置、保障流动性使命的上海证券交易所和深圳证券交易所先后成立。然而，以上功能的发挥离不开宏观经济与微观主体的相关信息，特别是会计信息，它不仅反映了企业财务和经营状况，而且为证券定价、金融监管提供了依据，是维护资本市场有效性的重要保障。因此，会计制度建设无论是对股份制经济建设还是对资本市场发展都具有十分重要的意义。

---

① 1998 年，财政部颁布了《股份有限公司会计制度——会计科目和会计报表》，以此适应税收体制、外汇体制变化与国内企业加快境外上市等社会经济活动中的新情况。

二、"两则两制"与改革开放

改革开放以来，我国由原来单一所有制转变为公有制为主、多种所有制共存，由原来的国家经营、集体经营发展到个体制、承包制、租赁制、合伙制、合营制、股份制等多种经营方式。与这些变化同步，会计制度随之形成了分所有制、分经营方式、分行业的局面。然而，随着市场经济关系日趋复杂，以及企业经营范围、资金来源和利益分配更为多元，传统的会计核算模式难以适应市场经济的运行（财政部编写组，1993）。一方面，一些会计核算方法在不同所有制、不同经营方式和不同行业之间不统一、不可比，这不仅难以满足跨行业、跨所有制企业的核算需要，还给企业微观管理和国家宏观调控带来了困难；另一方面，计划经济时期企业产权关系单一，会计核算并不区分负债和所有者权益，一些会计核算方法与国际惯例存在差别，这阻碍了企业的市场化进程与对外经济交流。于是，财政部于 1992 年 11 月颁布《企业会计准则》，打破了分所有制、分经营方式、分行业的会计核算壁垒，在借鉴国际惯例的基础上，采用"资产＝负债＋所有者权益"的平衡公式和资本保全的核算理念，引入国际通行的财务报表体系，进一步增强产权核算的质量，缩小国内外制度的差异。

要说明的是，改革开放初期，我国处于经济市场化初级阶段，企业会计准则尚属空白。深圳作为改革开放前沿地区的试点，1992 年 1 月，率先发布《深圳经济特区企业会计准则（试行）》，有效推进了深圳地区各类企业和注册会计师按照国际惯例从事会计核算、报表编制与相应的审计鉴证业务。同年 11 月，《企业会计准则》发布，但这部准则只对会计核算的一般要求和一般方法做出了原则性规定，实际上是一部基本会计准则。秉承先立后破的改革思想，在具体会计准则制定并有效落实之前，为避免会计工作混乱，会计核算制度和会计准则并行运用（冯淑萍，1999）。1992—1993 年，财政部依据《企业会计准则》先后颁布了 13 个行业会计核算制度，对具体经济业务的会计处理及程序做出了细致规定。这段时期，我国呈现出"两则两制"[①] 的特殊制度体系，这不仅是我国会计制度渐进式改革的标志性特征，也是会计核算制度向会计准则转变的先导。

随着改革开放的深入，企业自主经营的特性日益显现，市场中出现了

---

① "两则"是指《企业会计准则》和《企业财务通则》；"两制"是指分行业的企业会计核算制度和财务制度。

很多新的经济业务，本着服务于经济建设和改革开放的宗旨，会计制度也在不断迎合企业经营机制的转变。在会计核算制度建设方面，不仅有适应股份制企业的《股份有限公司会计制度——会计科目和会计报表》（1998）、适应外商投资企业的《外商投资企业会计制度》（1992），还有适应个体工商户的《个体工商户会计制度》（1997）、适应金融企业的《金融企业会计制度》（2001）和适应小企业的《小企业会计制度》（2004）。随着这些会计核算制度的颁布，分行业的会计核算模式逐渐走向终结。在会计准则建设方面，面对资本市场急需解决的收入作假①、资产重组、交互持股等问题，《企业会计准则——关联方关系及其交易的披露》（1997）、《企业会计准则——债务重组》（1998）、《企业会计准则——投资》（1998）等具体准则相继颁布（冯淑萍，2001），这些制度也在一定程度上抑制了企业改革过程中国有资产流失的问题。此外，针对财政、税收、金融、外汇、投资等领域的改革，《关于增值税会计处理的规定》（1993）、《企业所得税会计处理的暂行规定》（1994）、《关于外汇管理体制改革后企业外币业务会计处理的规定》（1994）、《合并会计报表暂行规定》（1995）和《国有企业试行破产有关会计处理问题暂行规定》（1997）等补充文件也陆续出台。

三、会计准则国际趋同与经济全球化发展

会计准则的逐步完善使其成为我国会计制度体系的主要组成部分，并赋予企业更大的自主权（自由裁量权），允许企业结合自身生产经营状况在合理范围内自由选择、运用会计政策与会计估计，这种变化顺应了市场经济下企业自主经营的特点。与此同时，改革开放以来，外贸交易和资本国际流动更加频繁，特别是加入WTO后，我国经济与世界经济的融合进一步加深，大量国外资本流入国内形成外资企业，本土企业也开始投资国外市场，甚至在国际资本市场上挂牌交易。对于这些外资企业、跨国公司和境外筹资企业而言，由于其母公司、子公司或投资者分属不同的国家或地区，会计报表的编制需要兼顾不同国家或地区的会计标准（冯淑萍和应唯，2005），国内外会计制度的差异也会增加企业的交易成本，阻碍我国经济全球化进程。因此，会计准则国际趋同成大势所趋。

2005年初开始，财政部在立足中国国情的同时借鉴国际财务报告准则，经过近两年的努力，建成了由1项基本准则、38项具体准则和应用指南构

---

① 会计造假的不良倾向在一定程度上促成了1999年《中华人民共和国会计法》的修订。

成的企业会计准则体系，实现了与国际财务报告准则的实质性趋同（王军，2005；刘玉廷，2007）。2008年国际金融危机爆发后，世界各主要经济体之间加强协调，共同促进世界经济企稳回升与金融审慎监管，中国也响应G20峰会、金融稳定理事会（FSB）建立全球统一高质量会计准则的倡议，发布了《中国企业会计准则与国际财务报告准则持续趋同路线图》，进一步表明了中国企业会计准则与国际财务报告准则持续趋同的立场（刘玉廷，2010）。但是，趋同不是等同，作为新兴市场经济国家，中国面临一些特殊的会计问题，比如关联方关系及其交易的披露、公允价值计量、债务重组损益的确认和同一控制下的企业合并等，对于这些问题，我国会计准则表现出鲜明的本土化特征。随着我国会计学研究的发展与综合国力的提升，中国在国际会计准则理事会（IASB）中的地位与影响逐步提高，国际财务报告准则的制定也更加关注中方的诉求（李玉环，2016；张为国，2019）。

四、会计制度体系延展与市场经济体制深化

我国是在共产党领导和社会主义制度的大前提下发展市场经济的，这一特殊背景使得有为政府和有效市场相伴共生、缺一不可，要想把有效市场和有为政府相结合，就需要厘清政府与市场的关系，这也是我国建立和完善社会主义市场经济体制的主线。在计划经济时期，政府直接管理国有企业的生产经营，并以此集中调配有限的经济资源，社会资源整合配置机制相对薄弱，真正意义上的市场并不存在。在市场经济条件下，企业自主经营管理、自负盈亏，市场开始在资源配置中起决定性作用，政府对市场资源的直接配置和对企业的直接干预随之减少。在这一过程中，企业作为市场的微观主体逐渐加强内部管理，政府职能也由对企业进行全方位管制转为向市场提供公共产品和服务，政府与市场（企业）的职责边界日益清晰。

顺应这一变化，管理会计和政府财务会计的发展不断升温，延展了中国会计制度规范体系。在管理会计方面，2016年，财政部印发《管理会计基本指引》，面向与企业内部管理有关的会计实务，引导企业应用管理会计，提升企业价值创造能力。与《企业会计准则》不同，《管理会计基本指引》因不具有强制性，其应用需要依靠企业的主观能动性，结合企业所处的行业、规模和发展情况灵活运用。这种"指引"有助于引导企业等会计主体根据国家经济发展的战略需求，适应现代科技发展，推行管理创新，为社会创造价值。在政府财务会计方面，政府干预下的市场经济体制会出现政府债务风险过高、官员寻租腐败等问题，这严重影响了政府提供公共产品和服务的质量。因而，会计制度作为国家治理中的基础性制度安

排，只靠预算会计反映政府财政预算收支情况是远远不够的，还要全面揭示政府所掌握的资产、负债与费用，提高政府部门内部管理与工作效率。为此，财政部先后颁布了《权责发生制政府综合财务报告制度改革方案》（2014）、《政府会计准则——基本准则》（2015）等，这些制度在一定程度上为提升公共权力的配置与运行效率提供了信息保障。

在市场经济下，企业经营机制转换，现代企业制度逐步建立与完善，全球资本流动日益频繁，这些变化对会计制度建设提出了新的要求。首先，企业成为市场主体后，经营管理自主性增强，资金来源更为丰富，对资本市场的依赖随之出现。会计制度不仅要配合国家宏观管理的要求，满足企业经营管理以及投资人、债权人决策的需要，还要承担起引导资本市场优化资源配置的重任。为此，我国会计制度借鉴了国际财务报告准则的思想，从保护投资人利益出发，明晰产权界定，强化利益分配核算，强调对外报告的作用，由此奠定了提高资本市场信息披露质量的制度基础。另外，为提高会计作为"管理活动"的功能，会计制度也开始向涵盖管理会计实践的指南性框架扩展。其次，改革开放以来，企业的横向经济联系日益增强，资金往来和经济业务更加繁复，以"两则两制"为代表的会计制度打破了分行业、分所有制、分经营方式的核算模式（杨纪琬，1996），并适当赋予企业自由裁量权，这些变化都有效推动了企业经营机制的转换。此外，随着市场经济体制改革的不断深入，为配合政府职能转变、加强政府公共服务能力，政府和非营利组织的会计日益得到重视。最后，在全球经济一体化浪潮下，我国会计制度不仅吸收了国际惯例的先进之处，还基于国情在部分问题上保留了本土化特色，实现了实质性趋同，降低了企业对外交流合作的成本。综上，我国会计制度的建设很好地处理了改革过程中出现的问题，保障和促进了经济建设与改革开放。

第三节　会计制度建设与社会经济发展的联动机制

会计制度作为重要的经济制度基础与社会经济发展相互促进、协同变迁，形成了独特的演进脉络。相应地，提炼会计制度建设与社会经济发展之间的逻辑关系与基本规律，可为建设顺应历史规律、面向新时代的会计制度打下坚实基础。

一、会计制度建设与社会经济联动：一个分析框架

我国会计制度是由政府组织制定的，属于强制性制度变迁。与英美等国家的会计制度相比，我国的会计制度权威性更高，实施力度更强（阎德玉，1999），更容易与国家战略部署相协调。基于前文论述，我国社会经济的发展离不开为满足发展需要而进行的会计制度改革和由此释放出来的制度变迁效能。这一联动按逻辑先后可分为两个环节，先是社会经济发展对会计制度建设提出诉求，再是会计制度在完善自身的同时推动社会经济的发展，并循环往复。为清晰把握这一联动机制，本书构建了分析框架，如图1-1所示。

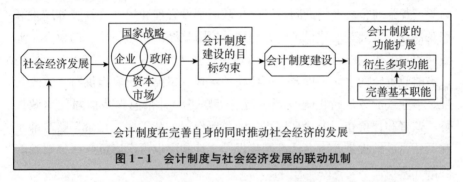

图1-1　会计制度与社会经济发展的联动机制

其中，会计制度建设的目标约束是指社会经济发展对会计制度建设的诉求，它决定着会计制度建设的基本任务和发展方向。会计制度的功能扩展是指会计制度为实现既定目标约束而在变革和创新的过程中所发挥的具体作用，是会计制度价值的体现。改革开放以来，会计制度建设的目标约束从保障政府财政经济转变为偏重企业经营管理，从满足政府为主转变到支持资本市场有效运行，无论是企业、政府还是资本市场层面的诉求都与我国不同时期的国家战略部署保持协同。相应地，会计制度依托于基本功能（反映、监督）的履行，不断衍生出新的功能，具有清晰的治国理政取向和更加显著的宏观战略意义。

二、会计制度建设的目标约束

1. **从政府财政经济到企业经营管理**

改革开放之前，党和国家面临着相对匮乏的资源条件，为加快工业化和现代化进程，国家采取了高度集中、统收统支的财政管理体制，而会计制度也配合国营经济计划管理的需要，着重反映和监督国营企业的计划完成情况及其与国家之间的资金调拨关系。尽管这时的会计制度已开始服务于企业生产经营，但在计划经济下，国有企业与政府具有很强的行政隶属关系，会计制度在本质上依旧是服务于政府财政。随着中国经济体制的市场化改革，企业逐渐成为独立的经济主体，自主权不断扩大。相应地，会计核算也聚焦于企业生产经营中的价值运动，更加关注企业利益相关者的信息需求。虽然会计制度建设的目标约束的重心已从满足政府财政经济转移到满足企业经营管理，但企业依然通过税收、投融资等方式与政府保持紧密的财政联系，会计制度在满足企业财务诉求的同时也在一定程度上满足了政府统一财政的诉求。

近年来，为配合全面深化改革的落实，国家治理体系和治理能力现代化的重要性和迫切性日益凸显，党和国家积极推动现代财政制度的建设。为顺应加强对公共部门的问责、优化政府绩效管理和提升公共服务质量等客观需要，会计制度建设再次回归到政府财政经济工作的目标约束下。随着《权责发生制政府综合财务报告制度改革方案》（2014）的颁布，使用政府财政资金的主体不仅要全面反映预算执行情况，还要提供财务收支状况、事业或业务运行情况及现金流量等财务会计信息，从而强化财政核算、监督和评价在国家治理过程中的重要作用。基于这一背景，财政部正在紧锣密鼓地推进政府会计准则建设，会计制度也再次肩负起国家财政管理的光荣使命。

2. 资本市场的有效运行

随着市场化改革不断深入，基于要素成本优势和技术模仿的"后发优势"对经济增长的作用日渐式微，企业逐渐将更多资源配置于新技术和新项目开发，进而形成了大量的无形资产。于是，传统银行基于抵押品信用的信贷模式愈发难以为企业提供充足的融资保障，资本市场随之成为我国实体经济中资本的主要来源。在资本市场中，会计信息是一种公共信息资源，是微观主体财务状况、经营成果和现金流量的真实写照。为保证资本市场的公平、公正和公开，会计制度面临着市场有效运行和市场参与者了解市场状况的信息诉求（唐国平等，2018）。具体而言，在准入机制层面，无论是股票发行核准、企业退市，还是初步完成的股权分置改革与正在进行的注册制改革，都需要会计制度的信息保障，特别是在资本市场双向开放背景下，会计制度还面临着在全球范围内与不同国家、地区的协调。在公司层面，会计制度需要与金融创新相适应，加强金融衍生品的核算，并对外披露产权明晰、相关、透明的高质量信息。在投资者和信息中介层面，会计制度要满足投资决策、业绩评价、盈余预测的信息诉求。在监管层面，特别是针对次贷危机后金融风险的全球管控，会计制度还面临着与

《巴塞尔协议》相协调，进而降低监管成本的需要。这些不同层面的需求不仅形成了会计制度建设的目标约束，而且全面体现了现代企业制度的特点。与计划经济时期企业与政府的关系不同，现代企业是一系列契约关系的组合，而会计制度作为不同利益相关者签订和执行契约的重要基础，已不再局限于政府和国有企业，在面向众多利益团体的同时具备了公共产品的特征。

　　3. 国家战略的协同对接

　　中国会计制度的建设一直服从、服务于国家战略的实施。随着对经济建设重视程度的提高，我国提出了对内改革、对外开放的政策，并确立了社会主义市场经济体制改革的目标。伴随着市场化的推进，会计制度建设更加关注市场微观主体（企业及利益相关者）的信息诉求。与此同时，作为国家宏观调控的重要手段之一，国家财政对国民经济发展发挥着重要作用，会计制度建设也为财政经济工作打下了坚实的基础。纵观不同历史时期，虽然会计制度建设的重心有所偏移，但其本质都未游离于国家战略之外。区别于其他国家的会计制度，协调对接国家战略是中国会计制度建设最核心、最独特的目标约束。

三、会计制度的功能扩展

　　随着社会经济发展及其对会计制度建设诉求的变化，会计制度在履行反映和监督两大功能的基础上不断衍生出新的功能。鉴于文献研究对于理论发展的重要作用，本书选定《管理世界》《经济研究》《会计研究》期刊所发表的相关文献（共100篇），系统梳理会计制度在社会经济发展过程中所表现出的具体功能。如图1-2所示，从时间上看，这些文献主要分布于我国经济市场化改革之后，随着改革开放的深入，以中国资本市场为题材的会计研究开始大量涌现；从方法上看，前期研究热衷于概念和认知层面的探讨，以思辨分析方法为主流，后期研究则主要采用现代研究方法，一般通过实证检验对会计问题予以计量分析；从内容上看，这些文献主要着眼于会计信息对资本市场中微观经济主体的影响，宏观视角的分析较少且大多处于理论探讨阶段，具象化、现实化的定量研究相对匮乏。总的来说，虽然会计制度的重要作用得到了有效证实，但与会计制度在社会经济发展过程中所发挥的功能相比，已有研究的深度与广度有待提升。为清晰地把握已有研究并突出尚未引起充分关注的领域，本书主要从微观和宏观视角分别对研究内容、研究特点予以述评。

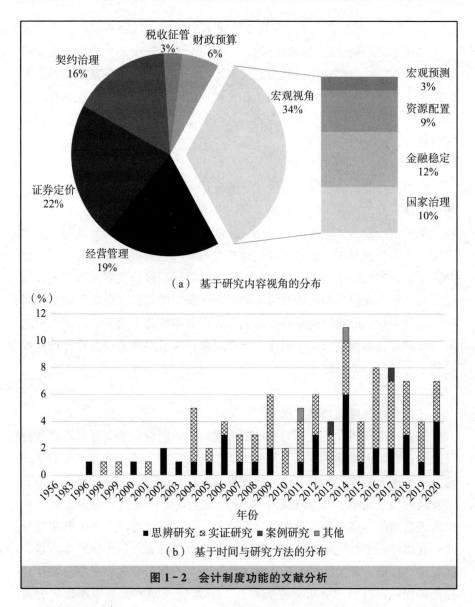

（a） 基于研究内容视角的分布

（b） 基于时间与研究方法的分布

图 1-2 会计制度功能的文献分析

1. 微观视角

我国会计研究在不同时期所关注的问题各有偏重。"文革"结束后，学术界主要围绕会计的基本问题展开讨论（如会计本质、属性和核算环节等），其研究在一定程度上存在形而上学的特点（陈信元和金楠，1999），选题和视角较为抽象、宽大。随着会计研究的深入，学术界开始系统、具体地关注会计信息的现实经济影响，会计研究的实践价值日趋提高。直到这一时期，有关会计制度功能的文献才得以在微观与宏观层面予以清晰划分。

自相关研究（如 Ball and Brown，1968）开展以来，基于成熟资本市场，借助实证分析方法的会计研究逐渐引领了世界会计学研究（以北美为代表）的主流范式。在学术交流机制的驱动下，我国学术界也迅速融入这一国际主流当中。得益于对西方研究方法的借鉴与中国资本市场的发展，以实证科学为标准、以上市公司为素材的研究开始大量涌现（叶康涛等，2015；李增泉，2017）。聚焦于会计制度的功能，分析会计信息在公司证券定价和契约签订、执行与监督等方面的有用性成为最火热的研究话题。与此同时，会计制度对企业经营管理和政府财政经济的作用也得到了一定的关注，但其文献体量远不及有关证券定价和契约治理的研究。一方面，企业内部经营数据的可获得性较低，在以实证研究为学术期刊主流偏好的背景下，一手数据的获取成本和纯理论研究的发表风险均为这类研究带来了额外的阻力。另一方面，我国政府会计准则起步较晚，会计核算和报表编制等问题仍处于理论构建和概念探讨阶段，尚无法对其经济后果和应用价值进行系统的评价和反馈。仅就已有文献而言，学者大多聚焦于税收征管和财政预算管理，而政府与行政事业单位的财务管理、资产管理、绩效评价和公共产品服务定价等问题仍有较大的探索空间。

据此，会计制度的微观功能主要体现在：经营管理方面，有效支撑企业财务决策，辅助经营计划与战略管理，保障成本控制与效率评价的顺利进行；证券定价方面，披露具有价值相关性和信息含量的会计信息，提高风险识别与证券估值效率；契约治理方面，降低契约订立成本和代理成本，改善内部治理结构；税收征管方面，有助于政府判别企业的纳税筹划与偷税漏税行为，从而维护政府财政的收入来源；财政预算方面，支持预算目标的制定和预算执行的控制和评价。

2. 宏观视角

社会的不断进步使得会计需要关注的范围越来越广，以我国社会主义市场经济发展为主线，会计研究问题逐渐向宏观层面延伸。缘起于国企改革，股份制和由此产生的资本市场是我国改革开放和经济转轨的关键所在，而会计学术界也致力于分析会计制度对资本市场资源配置的影响。次贷危机过后，如何通过会计制度防范资本市场风险引起了各国会计学者和政策制定机构的广泛关注。此外，伴随着我国经济发展方式转型与国家治理体系和治理能力的现代化探索，会计制度也开始肩负起国家层面的治理任务。基于已有文献，会计制度在宏观层面的价值体现在宏观预测、资源配置、金融稳定和国家治理四个方面。具体而言，在宏观预测方面，会计信息反映了微观企业的经济活动，而宏观数据通常来自微观信息的汇总，因而，会计制度生成的微观信息有助于对宏观经济数据的预测；在资源配置方面，会计信息可以优化信息环境，促进资本流动与市场开放，进而提升资源配置效率；在金融稳定方面，会计制度可以与金融监管制度相协调，降低监管成本，保障金融审慎；在国家治理方面，会计制度可以配合国家战略部署，推动企业的研发创新，提升公共财政的配置运行效率，加强生态文明建设。

综上，以上功能的发挥在一定程度上满足了企业财务、政府财政、资本市场和国家战略对会计制度建设的诉求，并有效推进了我国社会经济的发展。受篇幅所限，相关文献汇总整理于表1-1。

表1-1 会计制度功能与相关文献

视角	衍生功能	具体表现		相关文献
微观	经营管理	支撑财务决策（投资、营运资本与融资）		王化成等，2017；张悦玫等，2017；袁振超和饶品贵，2018；李心合，2018；王竹泉等，2020；何瑛等，2020；温素彬和焦然，2020
		辅助经营计划与战略管理		张纯，2005；连燕玲等，2014；张新民，2014；王斌和顾惠忠，2014；夏冬林，2017
		控制成本与评价效率		徐政旦和陈胜群，1998；缪艳娟，2000；张蕊等，2006；冯巧根，2006；张先治等，2014；谢志华和敖小波，2018；李百兴和付磊，2019
	证券定价	价值相关		王化成等，2004；赵春光等，2004；朱凯等，2009；王跃堂等，2010；刘永泽和孙翯，2011；王鑫，2013
		具有信息含量		赵宇龙，1998；朱晓婷，2006；陆正飞和张会丽，2009；刘嫒嫒和刘斌，2012；徐经长和曾雪云，2013
		识别风险		王竹泉，1996；吴世农等，1999；吴世农和卢贤义，2001；葛家澍和占美松，2008；权小锋等，2015
		提升定价效率		徐浩萍和陈超，2009；吴世农和吴超鹏，2005；饶育蕾等，2012；陆宇建和蒋玥，2012；毛洪涛等，2014；王博森和施丹，2014
	契约治理	降低契约订立成本	债务融资契约	黎来芳等，2018；周宏等，2019
			股权融资契约	叶康涛和陆正飞，2004；于李胜和王艳艳，2007

续表

视角	衍生功能	具体表现		相关文献
微观	契约治理	降低代理成本	股东—管理层	张然等，2007；雷宇，2012；胥朝阳和刘睿智，2014；蒋涛等，2014
			大股东—小股东	窦欢和陆正飞，2017；黎文靖和孔东民，2013
			股东—债权人	王建成和胡振国，2006；祝继高，2011；张博等，2018
		改善治理结构		石本仁，2002；乔旭东，2003；李连军，2007
	税收征管	纳税筹划		王亮亮，2016
		判别逃税漏税		戴德明和周华，2002；李青原和王露萌，2019
	财政预算	制定预算目标、控制和评价预算执行		葛致达，1956；辛荣耀，1983；张琦等，2013；张琦等，2016；孙健等，2017；刘凌冰等，2018
宏观	宏观预测	预测宏观经济数据		姜国华和饶品贵，2011；刘尚希，2016；罗宏等，2016
	资源配置	优化信息环境	分析师	曲晓辉和毕超，2016
			审计师	徐浩萍，2004；刘玉廷等，2010；戴文涛等，2017
			机构投资者	潘琰和辛清泉，2004；李祎等，2016
		促进资本流动、开放		姚颐和赵梅，2016
		提升资源配置效率		周中胜和陈汉文，2008；逯东等，2012
	金融稳定	降低监管成本	会计准则与监管制度协调	谭燕，2008；王守海等，2009；黄世忠，2009；谢德仁，2011；王菁菁和刘光忠，2014；王永钦等，2015
		提升监管效率	识别金融风险	雷英和吴建友，2009；肖奎喜等，2011；陆克令和薛恒新，2012；孙琳和陈舒敏，2015；戴德明和张姗姗，2016；谭艳艳和邹梦琪，2019
	国家治理	影响企业研发创新		杨国超等，2017；宋建波等，2020
		促进生态文明建设		沈洪涛和廖菁华，2014；杨世忠等，2020；吴杰等，2020
		提升公共权力配置运行效力		李英，2014；刘明辉和刘雅芳，2014；李建发和张国清，2015；陈志斌和周曙光，2017；张先治和石芯瑜，2018

第四节　新时代社会经济发展与会计制度建设展望

站在"两个一百年"奋斗目标的历史交汇点，党中央统筹世界百年未有之大变局和中华民族伟大复兴战略全局，作出加快构建以国内大循环为主体、国内国际双循环相互促进的新发展格局的重大战略决策。面对社会经济环境错综复杂的变化，会计制度将在联动机制的驱动下迎来新一轮升级，通过改革和创新焕发新的活力。

一、社会经济发展新机遇与会计制度建设新挑战

(一) 社会经济发展新机遇

1. 数字技术的强势崛起

随着第四次工业革命的到来，数字技术强势崛起，在平台化、网络化的连接下，信息数量激增，信息成本降低，要素流动性大幅提升。近年来，我国十分重视数字技术的潜在动能，提出了建设"数字中国"的战略目标，数字技术在国民经济中的地位日益凸显，社会经济发展也进入了数字产业化和产业数字化时代（中国信息通信研究院，2020）。在数字产业化方面，依托于"大智移云物"技术群，百度、腾讯、阿里巴巴、字节跳动等新产业经济体开始提供数字化的产品和服务，微信、淘宝、支付宝、抖音的出现深刻改变着人们购物、社交、工作和生活的方式；在产业数字化方面，传统实体经济与数字技术的融合也在不断加深，智能制造、互联网医疗、慕课教学等新业态、新模式层出不穷，制造方式、产业组织形态都发生了深刻的变化。数字经济的发展，使数据成为了新的生产要素，引发了数据资源入表的需求，促使财政部出台了《企业数据资源会计处理暂行规定》。

2. 国内经济的高质量转型

改革开放以来，中国依靠要素成本优势和经济后发优势在国际化浪潮中快速发展，但同时也积聚了不少结构性矛盾，比如，过度依赖模仿和技术引进的增长模式导致自主创新缺乏后劲，对自然资源的盲目消耗使得生态环境快速恶化，不平衡的生产力布局导致东西部地区差距加大，这些问题都在一定程度上阻碍着我国经济的可持续发展与人民生活质量的提升。受此影响，我国经济开始由高速增长换挡至中高速增长，党和国家也将经济建设重心由"数量追赶"转为"质量升级"，推动产业变革与技术创新、

协调区域发展、打造绿色生态等对经济高质量发展有着重要的意义（国务院发展研究中心课题组，2020）。与此同时，政府需要在经济高质量发展过程中提供更高质量的公共服务。

3. 世界格局的深刻调整

由于传统要素成本在国际分工布局中的重要性日渐式微，市场和技术的可获得性成为新的比较优势，越来越多的发达国家开始实施"制造业回流""再工业化"战略，一些国家甚至出于民粹主义与贸易保护主义考虑，刻意限制多边贸易与资源跨国流动的自由度，逆全球化倾向逐步加深，特别是近年来一些国家对中国崛起的担忧、质疑甚至战略遏制与日俱增，贸易、科技、金融等领域的摩擦频频发生（王一鸣，2020）。然而，逆全球化回潮并不意味着封闭的国内循环，而是国家竞争更趋激烈、全球治理更为复杂与国际开放更高水平的国内国际双循环。具体而言，在传统生产要素对经济的驱动作用不断减弱的背景下，全球产业循环分工格局发生系统性调整，我国应借此契机调整经济结构，加强科技创新的引领，提升在全球产业链与价值链中的国际地位；面临国家政治经济关系的转变与市场自由的回缩，各国对自身利益的保护不断增强，国家主权与国际治理的重要性日益凸显，提升我国参与国际规则制定与监管的能力尤为必要；为加深国际资源整合与创新合作，我国正积极推进由差别性的政策型开放向更高水平的制度型开放转换。此外，对资本市场而言，后疫情时期，发达经济体不断采取非正常的量化宽松政策刺激市场流动性，这一外部冲击使得金融安全局势更为复杂，是我国高水平开放过程中不容小觑的问题。

（二）会计制度建设新挑战

为积极应对当前国内外环境的深刻变化，党和国家积极发挥战略导向作用，布局未来社会经济的发展，这将再次对我国会计制度建设提出新的诉求。

在企业层面，现行会计制度大多产生于传统经济背景，会计要素的确认十分讲求经济资源的拥有或控制（存在不确定性）、经济利益流入或流出的可能性（结果不确定性）以及成本或价值能否可靠地计量（计量不确定性）（张俊瑞等，2020），相比于具有更高不确定性的无形资产，当前会计制度更适用于对有形资产的核算。可现在数字技术和信息资源正快速取代土地和劳动力要素成为价值创造的关键驱动要素，平台、信息、数据等无形资产日趋重要，零边际成本交易和事项（如共享单车、智能机器人）愈发常见，现行会计制度难以对其进行充分、有效的反映和监督，会计信息的有用性江河日下，尤其是会计数据和财务指标对股票价格的解释力逐年下降（Lev and Zarowin，1999；Gu and Lev，2018；Govindarajan et al.，2018；黄世忠，2020；谢德仁等，2020），由此看来，传统会计制度的桎梏亟须打破。

在政府层面，会计制度是政府开展内部管理与外部治理的有力支撑，是财政体制改革和实现国家治理体系、治理能力现代化的重要基石。在内部管理方面，以往会计制度主要基于收付实现制对预算情况予以反映与监督，对政府资产和债务的核算相对薄弱（陈志斌，2014），进而阻碍了政府绩效评价和资产负债管理。2014 年，权责发生制政府综合财务报告改革开始落实，预算会计和财务会计相互协调、相互补充，改善了我国政府层面财务会计缺位的状态，但相较于经济高质量发展需要，政府财务会计才刚刚起步，资产和负债的核算范围有限，财政总预算中不同基础信息间的勾稽关系也需要进一步厘清，这些问题的解决对提升政府风险防范能力与运行服务的监管评价效率意义重大。在外部治理方面，生态文明建设领域中关于自然资源资产负债表和碳排放权交易核算的实践已迈开步伐，但由于自然资源的计量十分复杂，其核算范围与可靠性存在较大局限；在科技创新领域，当前会计制度对科研成果的资产属性定位相对严苛，无法全面反映创新成果的转移转化和市场价值创造能力，难以充分激发创新的积极性。因此，传统会计理论在外部治理方面的实践与创新仍需进一步探索。

在资本市场层面，会计制度是企业与利益相关者沟通的信息桥梁，是投资决策、风险防范、市场监管的制度基础。随着公允价值的广泛运用，会计制度的顺周期效应不断增强，会计信息往往难以恰当反映会计主体面临的金融风险。特别是新冠疫情后，为应对实体经济和生产力恢复乏力，全球将长期面临"零利率"和"负利率"时代，而低利率又会助长投机，加大资产价格泡沫风险。同时，各国央行也在大幅扩张资产负债表，政府债务激增、通货膨胀飙升、国际货币体系失衡等一列风险随之增加（陈昌盛等，2020），这些都对会计信息透明度提出了更高要求。在监管层面，资本市场全面开放依赖于会计制度国际趋同与金融监管国际协作的深度融合。长期以来，欧盟和美国作为国际会计准则制定与金融监管协调的发起者，在很大程度上基于自身政治经济利益主导着会计与金融监管的国际规则，中国的影响力相对有限。随着大国摩擦的加剧，如何提升国际惯例的影响力，平衡维护国家主权与承担国际义务是国家经济发展与国家安全的重点。

二、会计制度建设的未来展望

面临政府、企业和资本市场层面的诉求，会计制度亟须突破现有理论与制度设计的瓶颈，加强会计制度国际协调与国际趋同过程中对我国经济现实的关切，聚焦于扎根中国实践的会计基础理论研究，从而扩展会计制度功能，推动社会经济发展。

（一）理论与规则设计

1. 表内确认与计量理念的创新

确认是财务会计的第一道门槛，决定着会计核算的范围。长期以来，会计确认标准十分严苛，尤其是对于无形资产研发过程中的不确定性而言，会计确认谨慎，很多无形资产被拒之于报表之外。随着数字技术兴起，无形资产对企业价值创造和竞争优势确立日趋重要，而传统的会计确认模式在一定程度上限制了企业研发创新的积极性与数字技术的发展。尽管 IASB 已适当放松会计确认对不确定性的约束，将计量不确定性和结果不确定性置于计量环节中考虑，但对不确定性的处理仍需改进。基于传统会计要素定义，资产是企业控制的经济资源，其中，控制是指主导经济资源的使用，包括阻止其他方主导该经济资源的使用。然而，数字经济中很多能为企业带来效益的经济资源具有共享性，如平台、信息、数据等，其使用很难由唯一会计主体主导，这些具有价值的资源便很难在会计报表中反映。以往，随着所有权和使用权分离以及合营安排、特殊目的主体等出现，资产的定义由强调拥有转变为强调控制，如今，面临技术进步和社会经济发展，会计要素定义更应关注资源的使用和获取。

在计量方面，金融工具、自然资源、数字技术与传统资产有很大不同，比如，金融工具价格的形成机制复杂，波动十分频繁，特别是在市场过热或萧条时，其增减会助长市场做多或做空的力量，从而引发系统性风险；自然资源的经济内涵复杂，不仅有交易价值，还有生态和文化价值，其估值难度较大，且难以完全基于货币单位计量；数字平台依靠强大的资源整合能力为企业带来超额利润，其价值不会因其使用而发生损耗，相反还会随着使用量的增加而不断提高，呈现零边际成本的特征。对于这些资源，传统的历史成本计量与价值摊销方法并不适用，会计计量需要更多采用现行价值，或引入新的估值技术和其他计量单位。然而，这一变化势必会降低会计信息的可验证性，增大管理层自由裁量和盈余操纵空间，这在一定程度上冲击着追求真实、可靠的传统会计思想。近年来，会计制度中决策有用观和受托责任观、资产负债观和收入费用观之间的矛盾日益凸显，当前会计计量面临的冲击本质上都源于这些矛盾，考虑其他综合收益可调和这些矛盾（苏洋等，2020），其未来将承载更广泛和丰富的信息含量。

2. 表外披露的扩充

在财务报告体系中，表外披露是表内列示的补充，报表附注不仅涉及确认与计量的关键解释，还包含财务报表所不能覆盖的相关信息，未来报表附注的信息含量将进一步增加。具体而言，首先，基于经济资源的多样性和商业模式的复杂性，会计确认更加广泛，计量难度逐渐增加，报表附注将增添更多有关估值方法、输入值来源的说明。其次，会计的确认和计量并不能涵盖所有的经济资源，为避免遗漏企业研发、政府预算与债务状况、自然资源、金融风险等重要且难以量化的信息，表外披露不失为一种权宜之计。最后，与传统经济不同，数字技术的创新与迭代更加迅猛，企业面临的环境变化更为频繁，为了提供及时、前瞻性的信息，自愿披露也成为管理层对外释放这些信息的重要渠道。值得注意的是，表外信息不受审计约束，容易引发信息超载，从而造成会计信息质量隐患，这也对会计监管提出了更高的要求。

3. 基于事项法的财务报告重构

会计报告有事项法（event approach）和价值法（value approach）两种思想，前者主张只提供事项的原始数据，让使用者根据决策需要自行加工信息，所有使用者被同等对待，而后者则假设使用者的需求确切可知，财务报告直接为其决策模型提供最优的输入值（Sorter，1969）。一直以来，会计准则制定更多偏向于投资者的决策需求，财务报告以价值法为主流。然而，数字经济的到来为事项法与数字技术结合重构财务报告模式提供了可能。

以往，报告主体是基于法律产权视角界定的，会计期间是按年度划分的，而这些边界却在新经济环境下日益模糊。对于报告主体而言，各类商业资源和主体在数字经济下被网络化连接，企业之间的资源整合更加自由，业务调整更加频繁（戚聿东和肖旭，2020；刘洋等，2020）。于是，会计主体不再局限于企业、合营安排和集团，开始向供应链、价值链和生态网络延伸。对于会计期间而言，企业的信息化、智能化显著提升，越来越多的交易平台、业务系统可以通过云计算实现即时核算、结算和支付，财务报告也可由此打破会计期间的束缚，向实时化演进（张为国和王文京，2019；黄世忠等，2020）。不仅如此，传统的财务报告是通用目的的，被圈闭在不同使用者信息诉求的权衡之中，而数字化的信息系统可以根据不同的需要快速汇总、加工相关信息，财务报告也将由此变得更加丰富、精准。总而言之，在数字技术的加持下，财务报告完全有能力也有必要重构已有的模式，根据不同主体、不同目的实时汇总、加工出不同信息的做法合乎事项法的思想，政府预算管理、债务管理、环境治理等多元实时财务报表指日可待。

（二）立足国情的会计制度协调与会计基础理论研究

1. 会计制度的国际深度协调

21 世纪以来，中国越来越深地融入世界经济，在国际贸易开放度和金融市场国际化水平提高的同时，我国企业会计准则也与国际财务报告准则（IFRS）实现了实质性趋同。随着经济实力与国际地位提升，中国在 IASB 各级组织和准则制定过程的参与度与影响力逐步提高（张为国，2020）。但是，我国当前会计准则制定与实施与 IFRS 相比仍较为滞后、被动，在很大程度上与 IFRS 亦步亦趋，缺乏创新引领与对我国特殊问题的充分关切。基于经济后果观，会计制度对企业、政府、市场甚至国家发展的影响不容小觑，因而，中国会计制度的国际协调既要承担必要的大国责任，保障规制内在和谐、一致，又要关注我国经济发展的切身利益，维护国家主权。在未来，面对世界经济格局的深刻调整，特别是"一带一路"区域的经济发展，中国将扮演更重要的国际角色，亟须进一步扩展参与会计制度国际协调的深度和广度，从而推动我国在经济、贸易和投资领域的发展。

2. 扎根祖国大地的会计理论研究

会计制度的讨论、制定与实践评价离不开会计理论研究的支撑。自 20 世纪末以来，我国会计学术界积极学习、借鉴国外先进研究成果和经验，在科研评价日益国际化的背景下快速融入国际主流。近十年间，越来越多的中国会计学者在国际顶级期刊上发表研究成果，其国际学术影响力迅速攀升。随之而来的问题是很多研究为迎合国际期刊的偏好，存在偏离中国经济管理实践的现象，大量研究成果很难用于形成和指导我国会计制度建设的理论与实践。为此，随着我国科研能力的提升，我们有能力也有必要由学术跟跑向创新引领转变，特别是我国当前面临着数字技术冲击、经济高质量发展与国际格局变化，会计学者更应基于中国的立场和实践，将文章写在祖国大地上，积极推动中国会计制度建设。

百年实践变迁表明，每一次会计制度的变革都有深刻的社会经济背景，会计制度在自身改革的同时也肩负着推进经济发展的重任，这种联动机制构成了会计制度建设与社会经济发展的内在逻辑与基本框架。无论是服务政府财政经济，还是满足现代企业和资本市场发展的需求，我国会计制度自始至终从未游离于国家战略部署之外，并作为治国谋略的重要着力点，坚定地成为保障国家宏观政策实施、维护市场稳定和促进经济发展的抓手，这也正是我国会计制度建设区别于其他国家的特色和价值所在。站在新纪元的起点，中国会计制度凝结了几代会计工作者的智慧和经验，这一宝贵的财富也构筑了走向未来的基石与底蕴。进入新时代，中国遇到了前所未有的发展机遇和挑战，当前大部分问题还有待寻求答案，会计制度建设任重而道远，不过，我们有理由相信会计制度将注入新的含义与活力，一如既往地发挥推动社会经济发展的建设性作用，会计制度建设的新百年征程正在扬帆起航。

第二章　会计准则的理论架构

在本章，我们将首先辨析财务、会计与报告的概念，框定本书的主要研究领域——财务会计，并将研究视角聚焦于会计准则。经过漫长的发展，会计准则研究成果颇丰，已形成一套相对稳固的理论架构。为此，我们从基本假设、目标、理论要素和运行机制四个维度刻画会计准则的理论架构，并以此为基础解析会计准则价值，拓深会计准则限度。当然，在会计准则国际趋同的影响下，目标逻辑对于概念框架推演和会计准则发展的重要作用日益凸显，为此，我们也对会计目标的前沿动态进行了剖析。

第一节　财务、会计与报告

每当笔者看到国际财务报告准则（IFRS）的名称，总会感觉有些玄妙，报告是会计循环的重要环节，而会计与财务又互相依附，这种称呼或许能体现出报告在财务会计中的重要地位，加之会计准则是财务报告对经济活动的函数，财务、会计与报告之间的关系十分耐人寻味。

一、财务会计

1. 财务与会计

关于财务与会计的关系在我国会计学界曾是一个长期争论的问题，20世纪 50 年代以来，我国主要有以下三种不同的认识：一是相互独立论，即认为财务与会计之间虽然存在密切的联系，但彼此是相互独立的；二是大财务论，即认为会计包含在财务之中，会计工作是财务工作的一个组成部分；三是大会计论，认为财务包含在会计之中，财务工作是会计工作的一个组成部分（余绪缨，1993）。关于这个问题，不同的学者有不同的理解和表述方式，我们不拟详加评述。我们认为，财务与会计互不相同，但相互依附。

　　财务是指企业的资金运动及其所体现的经济利益关系，包括投资、融资、经营、收益分配和绩效评价（苑泽明等，2019）。会计是对价值运动进行反映和监督的经济管理活动，包括确认、计量和报告（张俊瑞等，2017）。我们不难看出，财务与会计的作用对象都是企业资金的循环与周转，主要针对价值形态进行管理，但是，财务侧重于体现资金实体的运动及其所体现的货币关系，而会计侧重于反映资金运动引起的货币金额的变动，二者并不完全相同。通过会计职能，我们更容易感受到二者之间的依存关系，会计的核算需要基于财务活动，而会计的监督又有助于财务活动良好运行，提高企业的经济效益。

　　2. 财务会计的核心地位

　　现代意义上的财务会计一般理解为向企业外部信息使用者提供关于企业财务状况、经营成果、现金流量等信息的系统，在财务会计系统中，企业依据会计准则输出财务报告这一财务会计信息。值得注意的是，作为一个人造系统，会计准则输出的信息究竟由谁使用、如何使用将取决于所处的环境。财务会计虽然主要面向企业外部信息使用者，但财务会计有时也可以满足内部信息使用者的需求。因此，相比于其他会计领域，财务会计的利益相关者最为多元，小到微观决策，大到宏观调控都离不开财务会计信息的辅助。一方面，为了向不同的决策者提供有用的会计信息，会计准则的制定需要平衡各方利益，会计准则研究相对而言更加复杂、有趣；另一方面，由于财务会计信息关注者众多，会计的反映、监督等功能在财务会计中体现得尤为明显，换言之，财务会计信息在引导资源配置、服务国家改革发展、生态文明建设、促进政治文明等方面的作用更为直接，我们有必要对财务会计、会计准则等展开更深入的研究。因此，本书主要研究财务会计，并聚焦于会计准则的研究。

二、财务报告体系

　　依据会计准则所进行的确认、计量、记录都只是为编制财务报告而做的准备，输出财务报告才是财务会计的重点。财务报告包括财务报表和其他财务报告，详见图2-1。我们将简单介绍与财务报表和报表附注相关的概念。

　　（一）表内确认

　　财务报表是财务报告的中心部分，包括资产负债表、利润表（也称损益表）、现金流量表和所有者权益变动表，在财务报表列示的信息必须经过完整的会计循环。基于复式记账法，财务报表间的勾稽关系是其他经济信息并不具备的。

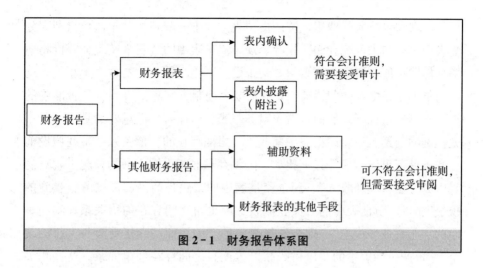

图 2-1 财务报告体系图

1. 会计循环

会计循环（accounting cycle）是一个典型的舶来词，早见于西方财务会计的文章和教材中。基于会计核算步骤的视角，会计循环由确认、计量、记录和报告四个基本环节组成，但随着会计准则逐渐由规则导向转为原则导向，记录环节已不再为人们所强调。基于会计核算方法的视角，会计循环是会计核算专门方法的顺序使用。会计核算有七种专门方法，它们必须按其内在联系以一定的顺序加以运用，即采用设置账户和复式记账的方法，对经济业务在填制和审核凭证处理后登记账簿，包括对生产经营过程中的成本的计算，并定期或不定期地进行财产清查，在账实相符的基础上编制报表。正是这种核算方法依次继起的配合使用，才体现出会计核算所具有的连续性、系统性、全面性和综合性等基本特点（万宇洵，2004）。随着会计电算化、大智移云物的普及，学者们更倾向于从会计核算步骤的视角理解其概念，而不那么关注会计核算的基本方法及其相应顺序（胡益芬，1987）。值得注意的是，如第一章所述，西方主流的观点倾向于将会计视为一个信息系统，并不强调"会计监督"功能，因而，来自西方的"会计循环"未体现出会计参与经济管理这一环节，将其称为"会计反映循环"更准确。

2. 勾稽关系

从逻辑上说，利润表和所有者权益变动表都是对资产负债表中净资产变动的解释（杨有红，2020），而现金流量表是基于收付实现制对权责发生制报表的补充，有助于评估企业的流动性。在财务报表中，有些勾稽关系是精确的，即各个项目之间可以构成等式，比如，资产＝负债＋所有者权益，利润＝收入－费用，资产负债表中"未分配利润"年初数与利润分配表中"年初未分配利润"相等，现金流量表中的"现金及现金等价物净增加额"一般与资产负债表中"货币资金"年末数和年初数之差相等。这些勾稽关系是基本的勾稽关系，也是报表编制者判断报表编制是否准确的最基本的衡量标准。然而，对于财务报表分析而言，更重要的是另一些不太精确的勾稽关系，即报表中某些项目之间存在的勾稽关系在某些假设前提和条件下可以构成等式。比如，在不存在非货币性交易的情况下，利润表中的"主营业务收入"、现金流量表中的"销售商品、提供劳务收到的现金"、资产负债表中的"应收账款"等项目之间存在勾稽关系；利润表中的"主营业务成本"、现金流量表中的"购买商品、接受劳务支付的现金"、资产负债表中的"应付账款"等项目之间存在勾稽关系。这些相关项目之间的勾稽关系有助于分析者从报表及报表附注中发现相关证据，进而形成对分析对象的判断（支晓强，2006），详见图 2-2。

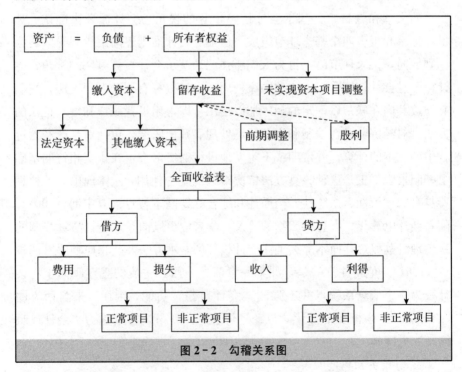

图 2-2　勾稽关系图

（二）表外披露

报表附注既可用文字说明，也可用数字描述，有财务信息，也有非财务信息，一般用来解释或补充说明表内项目，附注中通常包括法律法规要求的强制披露和企业管理当局的自愿披露。

1. 强制披露

强制披露是指上市公司根据法律、法规的明确规定披露必须披露的信息。按照法定的时间、方式披露信息是上市公司应尽的义务，否则就是违规甚至是违法。由于自愿披露存在供给不足和质量参差不齐等缺陷（王惠芳，2010），目前，大多数国家和地区主要实行强制披露制度，并且范围不断扩大。《萨班斯-奥克斯利法案》颁布后，内部控制信息的强制披露引起了学者的广泛关注。比如，Ettredge 等（2004）借助事件研究法从披露信息报告产生的市场反应方面肯定了《萨班斯-奥克斯利法案》。Kam 等（2005）从盈余质量管理和投资回报角度肯定了该法案，发现 404 条款对盈余质量管理和投资回报有积极作用。然而，即使是强制披露，由于管理者在及时性、准确性和完整性等方面具有一定的选择空间，也会造成公司透明度的差异，甚至会增加投资者甄别信息的成本（王雄元等，2008；谭劲松等，2010）。比如，Hollis 等（2007）从审计角度研究发现，上市公司按照《萨班斯-奥克斯利法案》404 条款进行内部控制信息披露时也会给资本市场带来不良影响。Beneish 等（2008）还从收益率和资本成本角度进行了研究，发现遵循 404 条款披露公司内部缺陷与股价和资本成本间不存在显著相关性。

2. 自愿披露

自愿披露是指除强制披露之外，上市公司基于公司形象、投资者关系、回避诉讼风险等动机主动披露信息。自愿披露的信息虽然不受会计准则的限制，不需要注册会计师审计，但需要注册会计师或相关专家审阅，常见的自愿披露的信息有业绩预期、内部控制信息、创新信息、战略信息、企业社会责任信息等。由于强制披露不能满足投资者多样性的信息需求，自愿披露是公司特质信息的重要来源，具有很强的信号传递作用（方红星和楚有为，2019）。与强制披露相比，自愿披露具有相对独立性，更能提高公司的透明度（崔学刚，2004）。

近几年，自愿披露的学术研究多集中于企业披露的内部控制信息。基于影响因素，有研究表明，治理环境较差、上市时间短、财务状况差、经历重大变革以及快速发展的上市公司更容易披露内部控制缺陷（Doyle et al.，2007；Hollis et al.，2007）；内部控制资源充裕、成长性较好、设立了内部审计部门、审计师声誉低的公司更倾向于披露内部控制审计报告（林斌和饶静，2009；方红星和戴捷敏，2012）。基于经济后果，有研究表明，内部控制信息的自愿披露有助于缓解信息不确定性、降低股票价格波动、提高资本市场效率、降低盈余管理程度（黄寿昌和杨雄胜，

2010；张蕴萍等，2017；雷英等，2013）。但也有研究表明，由于信息不对称，公司内部人对信息披露的内容、程度、时机和形式等有较大的选择空间，可能会给投资者造成困惑，降低财务透明度，披露内部控制审计报告有时与支付现金股利之间并不相关（姜永盛等，2014）。

三、会计准则学术研究

会计准则学术研究关注的问题无非是如何提供高质量财务报告[①]并更好地发挥会计监督功能。这些研究若按研究内容可分为会计准则的影响因素与经济后果，若按研究方法可分为实证研究与规范研究。具体而言，哪些因素会影响会计准则的质量？会计准则应该如何制定才能提高自身质量？新制定的会计准则会产生怎样的经济后果？这些经济后果是否合乎我们的设想？我们应如何改进？这些问题贯穿会计准则的制定、执行、监管和评价的各个环节，构建了会计准则学术研究的主要逻辑，这种内容与范式的交叉互动也突显了学术研究对准则实践的重要意义。值得一提的是，回顾美国会计准则制定机构的发展历程不难发现，相比于美国注册会计师协会，美国会计学会（American Accounting Association，AAA）似乎很难得到准则制定机构的认可，学术界的研究成果也很难应用到实践之中。这种忽视理论研究的现象使得美国会计准则制定机构反复改组，难以维持会计准则的独立性。由此看来，会计准则实践离不开扎实的理论研究。

近30年来，会计准则引进了很多新颖的概念和做法，业界同仁也感到会计准则越来越难学、难用。然而，学术界经历漫长的发展已沉淀出大量的学术研究成果，并形成了一套相对稳定的会计准则理论架构，那些看似纷杂的准则其实并未背离这一理论架构。为了解释、理解和预测准则的变迁，帮助读者厘清准则变化背后的逻辑，我们将在本章第二节介绍会计准则的理论架构，在第三节介绍会计准则理论架构在分析现行会计准则价值（解释、理解已有会计准则变迁）、拓深会计准则限度（预测会计准则变迁）方面的重要作用。

第二节　会计准则的理论架构

会计准则的理论架构是指支撑、指导会计准则研究与实践的理论体

---

　① 如前所述，主要是指财务报表与强制披露的附注。

系，由会计准则的基本假设、目标、理论要素及运行机制四部分组成。

一、基本假设

　　每一门学科或每一项理论研究都建立在一系列假设的基础上
(Coace, 1937)，会计学也不例外。考虑到财务会计与会计准则关注的都
是与价值相关的交易和事项以及如何对它们进行确认、计量和报告，财务
会计的基本假设和会计准则的基本假设并无本质的区别。会计准则作为一
个人造系统，面临着价值及其有关交易和事项的不确定性，其运行需要一
定的假设作为基础 (Paton, 1922; Morton, 2007)。这些不言自明的假设
描述了准则运行所处的环境，是会计准则的约束条件和基本前提 (Wolk
et al., 1922)。值得注意的是，除中国会计准则以外，其他准则体系并没
有明确指出基本假设的概念。对 FASB 和 IASB 而言，这种做法不是无视
基本假设的存在，而是因过于强调目标是准则制定的起点而难以恰当地处
理其与基本假设的关系所采取的默认态度 (葛家澍和杜兴强, 2005)。如
图 2-3 所示，基本假设主要包括如下内容：

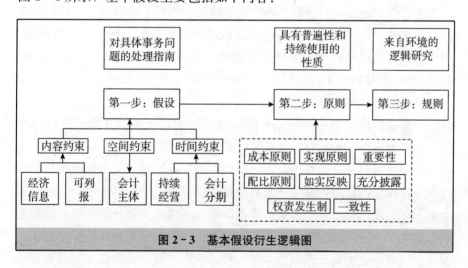

图 2-3　基本假设衍生逻辑图

1. 空间约束——会计主体假设

　　财务会计总是建立在某一会计主体之中，它所处理或报告的是只属于
该主体的财务信息，它不能同时反映其他主体的财务状况和经营业绩，也
不能反映所有者私人的财务活动。会计主体来自经营主体，而经营主体的
形成经过了一个漫长的历史发展过程，从个体经营、合伙经营到股份有限
公司，会计主体是社会经济环境赋予的特征 (Paton, 1922)。当前市场最
主要的参与者是企业，因而，会计主体一般是企业，当然，会计主体也可

以扩展到集团、国家甚至环境。当会计主体发生变化时相应地会产生一些新的会计问题，合并报表、国民经济核算、自然资源资产负债表等就是较好的例证。随着无形资产、知识资本的快速发展，企业的边界将更加模糊，会计主体的属性也可能会变得更加细小。

2. 时间约束——持续经营与会计分期假设

持续经营假设是指企业的生产经营活动将按照既定的目标持续下去，在可以预见的将来，不会面临破产清算。会计分期假设是指在持续经营的基础上，划分成若干相等的会计期间。流动、长期、摊销、递延、应计、配比等概念都是基于这两个假设产生的。在传统工业经济的影响下，会计主体一般以年为会计期间对外发布财务报告，在互联网更加盛行的未来，会计期间会变得更短，当会计期间变得无限小时，会计信息也将由及时传递变为实时传递（张俊瑞等，2017）。

3. 内容约束——经济信息与可列报假设

经济信息假设是指会计准则应提供与经济主体的经济活动相关的会计信息，企业与经济活动不相关或无助于解释说明经济活动的信息不应该纳入财务报告。通过回顾社会经济和会计的发展我们不难看出，会计信息都具有一定的经济含义，尽管经济信息假设在主流教材、研究中并不常见，但我们仍认为这是一个重要的基本假设。这一观点在安东尼（Anthony）教授 1983 年发表的 Tell it like it was—A conceptual framework for financial accounting 中也有所体现。

可列报假设是指在符合成本效益原则的前提下能够在财务报告中科学、公允地表述，包括货币计量假设和文字描述假设。会计准则处理的交易与事项都与财务活动有关，由于价值不能自我体现，货币发挥着价值尺度和交换媒介的作用，对于满足货币计量假设的交易和事项我们可以在报表中予以列示。然而，当前会计准则体系仅强调了货币计量假设，并没有意识到文字描述假设的重要意义。随着知识经济的发展和环境保护意识的加强，很多重要的资产难以货币化，对这些资产而言，若能够通过合理的文字描述提供有价值的信息，我们亦可将其披露在附注当中。

二、目标

1. 受托责任观

受托责任起源于中世纪欧洲庄园经济，产生于两权分离，是指受托者以恰当的方式有效反映受托资源经营运用状况的责任。随着现代契约理论的发展，企业的本质更倾向于是一种多元契约的联结，而委托人与受托人之间的关系则是一种契约关系（Hart，1995），会计只是借用了受托责任的概念。在会计准则体系中，受托责任是财务报告的重要目标，主张通过财务报告如实交代受托责任的履行情况（Ijiri，1975），以便对受托人问责（杨时展，1989）。为降低信息不对称程度并确保披露信息尽可能精确可靠，管理层应当以成本为基础核算其责任资产，确认已发生的经济事项，并坚持具有高度可验证性①的历史成本模式。总体而言，受托责任观包含两方面内容：（1）降低代理成本，即管理层要承担起合理管理和运用受托资源的责任；（2）提升可验证性，即管理层要如实地向委托方报告受托责任的履行情况。

2. 决策有用观

决策有用观是在资本市场日益扩大化和规范化的历史背景下形成的，认为财务报告的目标是提供对经济决策有用的信息。19 世纪 60 年代后期，由于股权高度分散，小股东很难履行评价管理层、更换不称职的管理层等职责，更多是用脚投票，因此，财务报告开始倾向于帮助投资者进行决策（Stone，1967）。随着资本市场的加速发展与现代信息理论、现代决策理论的出现，决策有用观的现实基础与理论基础日益夯实，并已成为会计准则制定者普遍认定的会计目标。为了提供与投资者在资本市场上决策相关的会计信息，公司开始偏向于运用基于市场参与者假设的脱手价值，特别是在决策有用性计量观的驱动下②，公允价值逐渐盛行。随着资本市场的发展与科技变革速度的加快，会计信息的供给与需求更加及时化、随机化、碎片化（张俊瑞等，2017）。为满足投资者评估未来收益和现金流的信息诉求，公司开始公布盈利预测，披露相关的非会计信息，相关性逐渐成为会计信息质量的重要要求。

3. 二元目标论

从历史继承关系来看，受托责任曾是最早的财务报告目标，但随着证券市场的出现与利益相关者的多元化，财务报告的功能逐渐演变为向不同信息需求者的决策提供输入信息，过去导向的受托责任观所提供的信息并不能充分帮助利益相关者预测未来经营状况③。近年来，IASB 与

---

①　可验证性意味着不同的知情及独立观察者能够就某一特定描述是否如实反映达成共识，尽管其意见不一定完全一致（IASB，2018）。

②　由于市场并非充分有效，越来越多的人接受了以会计变量表示公司价值的方法，相比于信息观，决策有用性似乎朝着计量观方向前进（Scott，2003）。

③　值得注意的是，受托责任观并非绝对是过去导向的。比如，激励管理者业绩也可以视为未来预期导向的，因为当管理者知道其过去与未来的经营正在被监督时，会受到鼓励对其未来加以规划。

FASB（美国财务会计准则委员会）虽一致认为对管理层受托责任的评价有助于资源分配决策，但受托责任不再是一个单独财务报告目标，而是隐含在决策有用性之内的二级目标①，决策有用观正逐渐侵占受托责任观财务报告目标的地位。其逻辑是，受托责任观下委托人对代理人的任免本身就是一项决策，而股票市场的持有与抛售也可视为间接地行使受托责任。

然而，受托责任并不完全从属于决策有用性（黄晓韡与黄世忠，2016），利用受托责任信息对管理层任免的决策并不是受托责任观的全部。站在报告的角度，高质量受托责任信息有助于管理层进行决策；站在确认、计量的角度，受托责任观强调对数据、事项真实性和核算方法合理性的判断；站在财务角度，受托责任观强调管理层合理运用受托资源的责任，后两者恰恰是决策有用观并不具备的。若以决策有用观作为唯一目标并不能完全满足受托责任观的需要（Gjesdal，1981），甚至会削弱决策有用性。比如，早期安然公司存在大量缺乏活跃市场的合同和非流动性证券，估值更多地依赖金融模型，交易员可轻松地对估值结果进行操作，而会计人员却缺乏可参考的数据，难以验证（数据不真实）。此外，安然为转移不良资产设立了特殊目的主体（SPE）以构造虚假的会计事项，进而粉饰财务报表（事项不真实）；应用股票期权时，受托者为了获得股票期权的奖励会刻意选择激进的核算方法增加利润，甚至为了哄抬股价而采取短期行为（核算方法不合理），委托者往往对这些信息缺乏认识，进而错误决策。

综上，我们认为受托责任观与决策有用观虽不相互包含但也并不矛盾，本书坚持二元目标。

三、理论要素

会计准则的构建与运行离不开相关基础理论的支持，正是有这些基础理论，会计准则才得以在基本假设下有效地发挥其应有的功能，实现既定的目标，本书将从经济学、管理学和法学三方面梳理相关基础理论，详见图 2-4。

---

① FASB 和 IASB 认为决策有用性包含了受托责任，其逻辑是，在有效的资本市场机制中，投资者买卖股票实际上就是对公司及其管理层的评价，为投资者买卖股票提供信息也同时意味着向股东报告受托责任的履行情况。这个逻辑的成立需要有两个基本条件：一个是存在规模大、流动性强的资本市场，使得股票价格的变化和控制权市场能够对公司管理层产生足够大的约束和激励；另一个是股权高度分散，零散的股东无法对公司管理层形成威慑，公司治理机制作用有限（夏冬林，2015）。

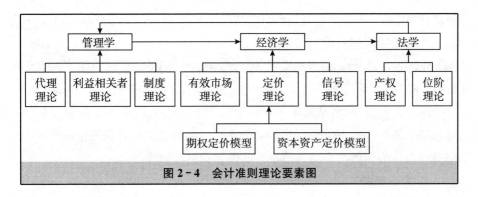

图 2 - 4　会计准则理论要素图

(一) 经济学

1. 有效市场理论

早在 1900 年，巴舍利耶（Bachelier）在他的数学论文中就提到了有效市场的概念。1933 年，考尔斯（Cowles）发现，没有任何迹象表明存在能够跑赢市场的能力。在长达 40 多年的时间里，有效市场一直在金融界占据中心地位。1970 年，法玛（Fama）正式提出有效市场理论，他认为证券价格总能反映有用的市场信息，在完全有效市场中，证券价格充分反映有用的市场信息。此外，他还描述了可能影响价格水平的三种有用信息：弱式、半强式和强式信息。弱式信息（weak form of information）指过去的价格或先前的股票业绩；半强式信息（semi-strong form of information）既包括过去的价格信息，又包括公开的有用信息，半强势信息受到最多关注，例如会计年报；强式信息（strong form of information）指任何人在任何时间都知道的有关证券的所有信息，包括内幕消息。基于这一理论，逐利者会对信息做出快速反应，股票价格随着公司信息快速而有效地变化，这奠定了会计信息在资本市场中的重要作用。学术界有大量的研究佐证了这一观点，企业的股票价格会对收益（Ball and Brown，1968）、资本支出（McConnell and Muscarella，1985）、资产剥离（Klein，1986）和收购（Jensen and Ruback，1983）等信息的披露做出反应。

毫无疑问，有效市场理论为理解证券市场与会计信息的作用做出了宝贵贡献，但建立一个能够完全解释资产价格变化的普遍理论是十分困难的（Dimson and Mussavian，2000），资本市场并不是完全有效的，存在着许多难以被该理论解释的异象，信息并不是改变市场价格的唯一因素。比如，有研究发现，股票收益在 1 月份较高（Rozeff and Kinney，1976），在周一较低（Cross，1973），在节假日前的交易日更高（Keim and Stambaugh，1984），在晴天时较高（Jensen，1978）。还有很多心理学研究表明，投资者很难理性行动，存在过度反应或反应不足（Bondt and Thaler，1985）、股票价格受风险容忍度（Shleifer and Vishny，1989）、羊群效应（McQueen and Thorley，1991）、语言和文化（Grinblatt and Keloharju，2001）等因素的影响。随着行为科学的渗透，有效市场理论取得了重要进展（Okhuysen and Bonaedi，2011），特别是近年来，行为科学方法的发展催生了许多新的研究领域（Subrahmanyam，2007），学术界也面临着如何将有效市场理论中的概念与行为金融学和行为信息学的概念相整合的挑战。

2. 定价理论

定价理论一直是经济学研究的热点，也是会计准则理论与实践的重要基础。站在资产角度，定价理论直接决定了会计要素的计量质量；站在利润角度，定价理论奠定了会计信息的价值基础，有助于利益相关者评价企业未来现金流量的金额、时间和风险；站在学术研究角度，定价理论适用于检验会计准则在资本市场中的经济后果。定价理论包含很多模型，随着会计学科的发展，在未来或许会将更多的定价模型融入会计准则，这里我们主要介绍现行会计准则涉及的资本资产定价模型与期权定价模型。

（1）资本资产定价模型（capital asset pricing model，CAPM）。1962年，夏普（Sharpe）在芝加哥大学报告了其研究成果《资本资产定价：风险条件下的市场均衡理论》，并在1964年发表于 *Journal of Finance*。芝加哥大学的法玛教授将这项理论成果命名为 CAPM。凭借该篇文章的卓著贡献，夏普、马科维茨（Markowitz）和米勒（Miller）共同获得了1900年的诺贝尔经济学奖。该理论认为，证券的投资风险包括能够通过分散投资消除的非系统性风险和无法通过分散投资消除的系统性风险，投资者所要求的风险补偿主要针对宏观经济波动带来的系统性风险，而非公司层面的特有风险。在现代企业中，资本成本决定了企业的股票价格①，而会计准则作为一种影响企业财务报告的系统性因素，融入 CAPM 进行分析，可直接研究会计准则对资本成本及企业投资行为的影响，进而从资本市场的角度评估会计准则的质量（Daske et al.，2008）。不仅如此，资本成本的确定也直接决定了会计计量的结果，如公允价值第三层级所涉及的折现率。

值得注意的是，该理论认为，在微观层面上企业的特质信息并不会影

---

① 有效市场假说认为意料之外的会计信息影响投资者对现金流分布的预期，进而影响股价；CAPM 认为，财务报表是企业特质信息，不影响企业的资本成本，进而不影响股价，二者的机制不同，并不矛盾。

响企业股价的波动，因此，极端天气、法律诉讼或流动性风险等造成的盈余波动不一定会影响企业的资本成本和股票价格（Brennan et al.，2000；Francis et al.，2004；Allaynnis et al.，2005）。很多研究表明，资本市场能够看透会计利润（Trueman and Titman，1988；Penman and Zhang，2002）。然而，由于对盈余波动之于资本成本的影响机制尚不明确，一些证据表明，投资者有时也会对那些可能发生利润波动的事件做出消极反应（Roll，1977），有些管理者还会通过平滑盈余的方式向外界传递私有信息（Levitt，1998），甚至20世纪30年代以来，会计准则制定者在是否应当报告盈余波动这一问题上存在一定的分歧，如外币折算会计、养老金会计和金融工具会计。尽管 CAPM 尚不能解释资本市场中的全部现象，但我们仍然要认识到它在资本成本、会计计量、学术研究等问题上的重要作用。

（2）期权定价模型（option pricing model，OPM）。期权估值的复杂性使得期权的会计处理成了一个十分棘手的问题，而 B-SOPM 的出现恰好解决了这一长期困扰会计界的难题。20世纪80年代，公司董事会普遍把债务工具用作监管管理层的工具，90年代后，债务工具遭到冷遇，期权逐渐成为激励管理层的重要方式。为了激励管理层，公司董事会通常授予管理层一定的股票期权。一旦股价上涨，期权价值便会随之上升，经营者和所有者都能从这种机制设计中获利。然而，由于期权交易不够活跃，市场定价机制很难形成，期权价值难以估算（Berle and Means，1933）。20世纪40年代，会计准则制定机构一直致力于解决期权的估值问题，尤其是期权激励的成本，与此相关，股票期权、可转换债券和认股权证等的会计处理难以满足经济发展的需要。后来事情开始出现转机，1973年4月芝加哥期权交易所成立。随后，布莱克（Black）和斯科尔斯（Scholes）的研究成果《期权定价与公司负债》（The Pricing of Options and Corporate Liabilities）在 *Journal of Political Economy* 上发表，他们利用随机微积分和物理学上的热量传递原理解决了期权定价的问题。自此，期权的会计计量问题得到了有效解决。

3. 信号理论

信号理论由美国经济学家斯宾塞（Spence，1973）提出，研究了信号发送者在环境因素影响下将信号发送至信号接收者并接收反馈的过程。信号理论最根本的特征在于信号发送者是内部人，如高层经理，他们掌握着个人、产品或组织的重要信息，这些信息是外部人不可获得的。更广泛地说，内部人掌握着对外部人来说在决策上有关键作用的正面或负面消息

(Connelly et al.，2010)。对于会计信息而言，公司的债务（Ross，1973）、收益（Bahattacharya，1979）等是代表公司质量的信号，这些高质量的信号往往能说明管理层的经营能力、企业长期盈利情况等，因此，这样的信号影响外部投资者对公司质量的评价与决策。在上市公司的自愿会计信息披露行为上，该理论体现得最为明显。管理层出于公司战略、公司治理等原因，具有主动披露一定程度的公司信息的动机（Healy and Palepu，2001），这些信息包括战略性信息、财务信息和非财务信息（Meek et al.，1995）。一般情况下，信号理论认为内部人会有意识地向外界传递积极的正面信息。比如，CEO 会自愿披露关于企业收益的报告以作为有利质量信息传递给潜在投资者或董事会（Zhang and Wiersema，2009），有才能的管理者有动机通过自愿披露展示其能力（Trueman，1983）。有时，管理层也会主动向外界传递消极信息，一些业绩差的公司提前披露不佳盈余业绩消息，以降低诉讼成本（Skinner，19975）；在股票期权到期之前，持有买入期权的经理人会加速释放坏消息，以在到期时增加套利收益（Aboody and Kasznik，2000）。

信号理论重点关注信息对决策科学性的影响（Spence，1974），这使得该理论在管理实践中的应用越来越广泛。然而，随着商业环境的变化，不确定性逐渐增加，信息逐渐由不对称转向冗杂或过载。此时，不再是解决信息不对称问题，而是如何在不确定和信息过载的情形下传递清晰、有吸引力的信号，这也使得会计准则在未来的发展中需要更加关注会计信息的质量。

（二）管理学

1. 代理理论

代理理论（agency theory）兴起于 20 世纪 60 年代末，最早由詹森（Jensen，1973）和梅克林（Meckling，1976）提出，并逐渐发展为契约成本理论。根据代理理论，代理人受雇于委托人，根据契约开展工作，以达成委托人所预期的结果，并由委托人支付报酬（Petersen，1993）。在委托代理关系中，委托人通常只能根据不完善的信息来评价代理人，委托人和代理人之间存在着信息不对称（Arrow，1985）。当代理人夸大个人能力或为了获得新业务而过度承诺时，委托人很有可能选择错误的代理人，这便产生了"逆向选择"（Davies and Prince，2010）；当代理人以最小的努力获得最大报酬，难以达成承诺水平的结果时，委托人的利益很可能受到不良影响，这便产生了"道德风险"（Holmstrom，1979）。如果委托人和代理人存在利益分歧，代理人就有可能出现不当行为，难以按照委托人的最大利益行事（Jensen and Meckling，1976）。随着所有权与经营权相分离，公司的委托代理问题越来越突出，为了保证委托代理关系良好运转，财务报告作为资本市场中的必要信息，自然而然地承担起了降低信息不对称程度、缓解代理问题、提高契约有效性等责任。在会计准则中，很多常见的问题都与代理理论有着密不可分的关系，如稳健性、限制盈余操纵等。具体而言，企业契约通常以会计数据为基础（Watts and Zimmerman，1986），很多管理者的薪酬都与业绩指标挂钩（Jensen and Murphy，1990）。管理者为了追求个人利益可能会加速对经济收益的确认，选择激进的会计政策，而稳健性的存在恰恰能防止委托人的利益受到管理者机会主义行为的侵害。此外，相对于企业其他契约相关方，管理者拥有更多关于企业未来现金流情况和资产运营状况的信息，管理者很容易通过盈余管理粉饰财务业绩。为了保证业绩指标的可信度，很多会计规则都刻意压缩了管理层操纵盈余的空间，如长期资产的减值一经确认不得转回、一些资产的计量方式一经确认不得随意改变等。

2. 利益相关者理论

利益相关者是指影响组织行为及组织目标实现，或是受到组织目标实现及其过程影响的个体和群体（Freeman，1984）。利益相关者理论的核心观点在于：经济活动应当综合平衡各个利益相关者的利益要求，而不能仅仅关注某一利益相关者的利益诉求（Freeman，2002），比如，企业不能一味地强调自身的财务业绩，还应该关注其本身的社会效益（Cennamo et al.，2009）。值得注意的是，该理论常常将利益相关者的定义范围缩小到主要的、合法的个体和团体，在很大程度上，利益相关者理论已经排除了很多与组织经济管理活动关联甚远的利益相关者（Hillman and Keim，2001；Walsh，2005）。这是因为如果一个组织在经济管理活动中去满足所有不同利益集团的利益要求，那么它很难维持正常的经济运转（Mitchell et al.，1997）。

基于企业的视角，会计准则生成的财务报告应兼顾各方利益诉求，不应只满足股东的信息需求。一般情况下，利益相关者可分为内部利益相关者（internal stakeholders）和外部利益相关者（external stakeholders），前者主要包括员工、管理层和董事会，后者主要包括股东、债权人、供应商和政府等（Sirgy，2002）。这些利益相关者的信息诉求各有不同，比如，债权人更关注资产的流动性与偿债风险，短期投资者更关注股票的流动性与股价波动，长期投资者更关注企业的价值，等等。由于财务报告面对十分广泛的利益群体，会计信息很难满足所有不同的利益诉求，准则制定者与会计师必须结合不同的经济环境，对为"谁"提供"什么"会计信息做出基本价值判断，报告时有所侧重。举例来说，企业合并最初是基于所有权理论，即合并报表仅满足母公司的信息需求，列报企业所有者拥有的资源，不反映非控股股东的权益，然而，随着资本市场的发展和股权的分散，非控股股东的重要性日益提高，企业合并也逐渐转为母公司理论和实体理论。

基于准则制定机构的视角，由于不同的会计规则会产生不同的经济后果，会计准则的制定会受到不同利益集团的游说（Zeff，1978）。比如，随着金融衍生工具逐渐成为企业投资理财和风险管理的工具，会计准则制定机构希望财务报告能及时反映这些金融合同的公允价值，而实务界却极力避免在利润表中确认金融衍生工具的公允价值变动损益。为此，1998年，FASB公布了第133号财务会计准则及长达数百页的应用指南，允许某些符合条件的金融工具的公允价值变动计入所有者权益（King，2006）。再比如，当权益结合法被禁止后，实务界十分反对在利润表中确认商誉摊销，进而降低会计利润，会计准则制定机构也因此将商誉摊销转为商誉减值。值得注意的是，利益相关者因组织、环境和看问题的视角而有所不同（Ramanna and Watts，2008）。随着社会经济的发展，利益相关者的范围并不是一成不变的，如果我们以会计准则的发展为视角，会计准则的利益相关者甚至还包括会计专业的学生、老师、高等院校和研究机构等。

3. 制度理论

制度被定义为"为社会行为提供稳定性和意义的规制性、规范性和认知性结构和活动"（Scott，1995），包括法律、规定、习俗和职业规范等。显然，会计准则属于制度。制度理论（institutional theory）认为制度是环境的一个关键组成部分，制度会对组织施加约束性影响（称为"同构"），使得位于同一制度域、受到相同外部制度因素影响的组织趋于一致（DiMaggio and Powell，1983；Hawley，1986）。制度对组织施加的同构压力包括：强制性同构（coercive isomorphism），即法律或规则迫使组织在结构和程序方面采用同样的制度；模拟性同构（mimetic isomorphism），即当组织不确定要做什么时对其他成功组织的模仿；规范性同构（normative isomorphism），即因遵循教育培训、专业标准、行业惯例等所做出的适应性调整。在会计准则实践过程中，这三种压力同时存在。具体而言，会计准则是依据法律执行的，这种强制性要求属于强制性同构（Oulasvirta，2014）。有研究表明，加拿大采用权责发生制会计的决策主要归因于加拿大审计总署以及联邦政府组织领域内对其他成员的模仿，这属于模拟性同构（Baker and Rennie，2000）。职业组织和其他利益相关者会施加压力导致会计准则制定机构修订准则，这属于规范性同构（Comes et al.，2015）。由此看来，制度理论对于会计准则的理论与实践而言十分重要（李建发等，2017）。

（三）法学

1. 产权理论

从法学角度看，产权包括物权和债权两类，物权又分为所有权（自物权）和他物权（详见图2-5）。其中，所有权是指财产所有人对财产依法享有的占有、使用、收益和处分的权利，是所有制在法律上的表现，而占有、使用、收益和处分的权利又称为所有权权能。他物权是在他人所有物上所设定的权利，分为用益物权和担保物权。债权是指债权人有要求债务人做出一定行为或不做出一定行为的权利。整体而言，所有权是一切财产权利的基础和核心，是产权逻辑展开的出发点，所有权权能的分割和转让形成了他物权，所有权权属的转移形成了债权（田昆儒，2000）。1960年，科斯（Coase）在《社会成本问题》一文中提出了科斯定理，从法学和经济学的双重视角分析了产权安排与经济效率之间的关系，这一关系便是产权理论的核心问题。他认为，在不存在交易费用的情况下，产权制度与经济效率无关；在存在交易费用的情况下，产权制度将影响经济效率，不同的产权制度会导致不同的资源配置效率。虽然产权的界定主要源于相关法律，但产权的变动主要基于经济原因，会计与产权结构变化有着密不可分的关系（Watts and Zimmerman，1983），二者在发展的过程中相互交叉、渗透而共同进步（伍中信等，2006）。

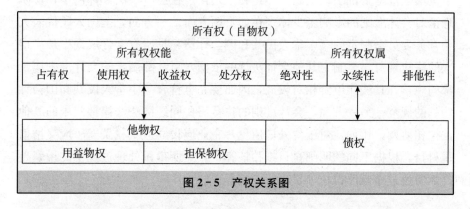

图2-5　产权关系图

基于产权理论，财产不只代表价值，还有隐藏在价值背后的权利交易和流动，将资源等同于权利更能突出其内在属性（Demsetz and Alchcian，1973）。

受此影响，会计的确认十分关注企业所拥有的权利，近几年会计准则中的"计量单元"、新修订的资产概念等皆体现了产权理论的思想。由于会计准则关注会计要素的确认、计量和报告，会计准则在某种意义上被视为一种产权制度，有鉴于此，以"交易费用""经济效率"为视角的会计准则研究逐渐形成了产权会计学派。20 世纪 90 年代后期，我国迎来了产权会计的研究热潮，取得了许多可喜的研究成果，如史立新的《企业产权变动的会计操作实务》(1997)、伍中信的《产权与会计》(1998)、田昆儒的《企业产权会计论》(2000) 等都是具有代表性的著作。

2. 位阶理论

位阶理论由奥地利法学家梅克尔（Merkl）提出。他认为，法律是一个有等级秩序的规范体系，即由条件性规范（conditioning norm）和附条件性规范（conditioned norm）组成的体系。其中，条件性规范是指那些包含其他规范得以创造的条件的规范。这种等级创造表现为从高级法律秩序到低级法律秩序的复归（regression），并且是一个具体化和个别化的过程，进而可以描述为法律秩序的"梯井结构"（stairwell structure）。在此基础上，凯尔森（Kelsen）继承并发展了梅克尔的位阶理论。他在论述"规范等级体系"这一内容时指出，只要一个法律规范决定着创造另一个规范的方式，而且在某种范围内还决定着后者的内容，法律就调整着它自己的创造。决定另一个规范的创造的规范是高级规范（superior norm），根据这种调整而被创造出来的规范是低级规范（inferior norm）。由此可见，位阶理论强调以下两点：一是上位法规范是下位法规范的效力依据，下位法规范的创造应当符合上位法规范预设的创制方式和内容要求；二是下位法规范是上位法规范的具体化和个别化。在经济法法律部门中，位阶理论对会计准则的影响至少体现在如下两方面：一方面，全国人民代表大会常务委员会制定的《中华人民共和国会计法》是所有会计法规中最高层次的法律规范，是制定其他会计法规的依据，财政部制定的会计准则属于部门规章，其法律位阶相对较低，因而要完全符合《中华人民共和国会计法》的规范。另一方面，会计准则的执行需要同经济法法律部门中的其他法律相协调，比如，对于价外增值税，企业应设立应交税费——应交增值税科目，根据不同的明细科目抵扣核算，企业所得税处理过程中的税费差异需要通过递延所得税项目进行调整等。

四、运行机制

我们已经介绍了会计准则理论框架中的基本假设、目标和理论要素，在会计准则理论框架中，它们之间的关系是什么？各自又发挥着怎样的作用？它们如何相互协调进而构建出系统的框架？这些问题便由运行机制来回答。

为了便于理解，我们将以房建施工为类比说明相关问题。基本假设是受客观的环境、惯例等长期影响而内化成会计准则空间、时间和内容的约束，对会计准则的建立起到了不可替代的基础作用。正如大厦的构建离不开地基，会计准则的建立也不能离开基本假设。在此基础上，会计准则应怎样建立又取决于目标，即怎样建立会计准则才能提供决策有用和能反映管理层受托责任履行情况的信息。这一过程中，目标就相当于建筑的总图设计。为实现目标，我们需要相关的理论作为支撑，这些理论就相当于建筑所需的必要材料。在此基础上，如何组合应用这些材料搭建出建筑的主体就相当于会计准则在理论框架的基础上应如何制定、执行、监管和评价。以上这一过程，我们称为运行机制。会计准则的理论架构详见图2-6，图中虚线部分表示会计准则的理论架构，实线部分表示理论架构对会计准则理论与实践产生的影响。

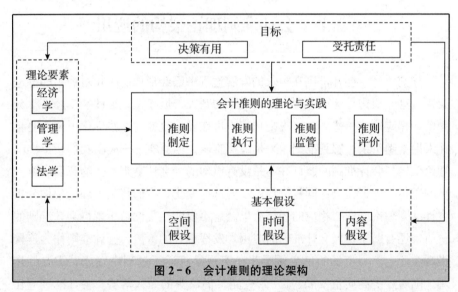

图2-6 会计准则的理论架构

1. 基本假设与目标

基本假设与目标同是会计准则理论框架中的最高层次，基本假设决定了会计准则的范围和特点。尽管FASB和IASB将目标视为建立会计准则的起点，并且各种概念、规则的提出都应为实现目标发挥各自的作用，但包括目标在内的会计准则不能离开基本假设，即财务会计由客观环境所决定的基本特征。就像我们所打的比方，如果建筑的地基不牢固，建筑的总图设计就难以实现。

2. 基本假设与理论要素

在漫长的社会经济发展过程中，客观环境逐渐内化为会计准则的基本假设，会计准则承担了立足于企业并对外发布信息的责任。由于财务会计关注内部组织及其价值运动，加之会计准则具有法律效力，理论要素主要集中于经济学、管理学和法学三个学科上。值得注意的是，哲学作为科学中的科学，对任何学科的建设都具有理论指导意义，考虑到其普适性，我们并未对此详细论述。

3. 目标与理论要素

会计准则具有很强的目标导向，受此影响，财务报告得以帮助投资者决策、反映管理层的受托责任。会计作为一种经济管理活动，与管理学有着千丝万缕的联系，为了实现会计目标，作为规范会计行为的法律规章，会计准则自然离不开管理学、法学理论的支持。从学科划分上看，会计学属于经济学范畴，会计目标的实现自然离不开经济学理论的支持。

第三节　会计准则理论架构的应用

如前所述，会计准则在漫长的发展过程中已经形成一个相对稳定的理论架构，这一架构是会计准则理论与实践的基础。近年来，会计准则修订十分频繁，相应地，一些概念、规则和理论也在发生改变。这些变化虽然有时会让人摸不到头绪、感到准则越来越晦涩难懂，但其实并未脱离我们所提出的理论架构。会计准则的修订并不是没有道理的，会计准则变化的背后具有一定的逻辑。为了使会计同仁解释、掌握这些变化，我们将基于理论架构分析会计准则理论变迁与相应的经济后果。这不仅能让我们解析现行会计准则的价值，还有助于拓展会计准则的应用，发挥更大的价值。会计准则作为连接微观企业与宏观市场的信息桥梁，在宏观经济运行过程中发挥着重要的作用。随着经济高质量发展、"一带一路"倡议等的深入落实，会计准则应在国家战略服务中发挥更大的价值。为使读者整体把握本书的内容结构，我们暂对相应部分进行简述，具体分析将在后面的章节一一展开。

一、解析会计准则价值

1. 理论价值

会计规则的变化对应着会计理论的变迁，会计理论的变迁对应着会计准则的理论架构。结合会计准则的理论架构，我们将分析准则修订的理论变迁，解释会计核算规则的变化，说明会计准则理论变迁、规则变化的背景、原因及其意义，进而突显会计准则的理论价值。基于会计循环，会计准则可分为确认、计量和报告三个部分，为此，我们将分别介绍相应的理论和规则变迁。在会计确认部分（第三章），我们将介绍风险报酬观与控制观、企业合并相关理论（所有权理论、母公司理论和实体理论）；在会计计量部分（第四章），我们将介绍历史成本、公允价值等；在会计报告部分（第五章），我们将介绍传统收益观、综合收益观、收益费用观、资产负债观和会计信息质量。

2. 实践价值

外界条件构成会计运行的环境，会计信息通过对企业经营政策的影响，进而对外界环境条件产生影响（Littleton，1953）。基于泽夫（Zeff，1978）提出的经济后果理论，经济后果是财务报告对企业、投资者、债权人、政府和工会等利益相关者决策行为产生的影响，不同会计制度将导致相关主体产生不同的利益分配安排（Zeff，1978）。我们认为，会计准则的实践价值主要是指会计准则产生的经济后果，由于会计准则是连接企业和市场的制度纽带，不同国家的会计准则也会相互影响，因此，会计准则的经济后果贯穿微观与宏观层面。会计准则的经济后果包括直接后果和间接后果。会计准则的实践价值如图 2-7 所示。

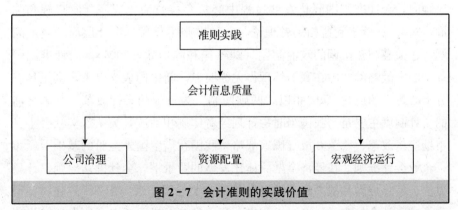

图 2-7　会计准则的实践价值

其中，直接后果指准则执行对信息质量特征产生影响；间接后果则是通过影响会计信息质量特征，影响分析师行为、资本市场发展、委托代理问题以及公司内部经营决策效率等（叶康涛和臧文佼，2018）。值得注意的是，为更加清晰、具体地说明会计准则的宏观价值及其对经济高质量发展的重要作用，本书将从资源配置（第六章）、金融稳定（第七章）、第四次工业革命（第八章）与全面深化改革（第九章）四方面进一步论述相关内容。

二、拓展会计准则的应用

1. 纵向拓展——满足经济发展的需要

根据制度理论，制度环境改变、知识进步和潜在利益是会计准则变迁的主要原因，并可以将其看作一个多次博弈的过程。一旦出现新的变迁需求而现有会计准则未能涵盖，并且新的变迁需求具有足够的潜在收益，就可能产生新的博弈，会计准则经过多次博弈得以不断完善。随着资本市场、互联网技术的快速发展，金融工具的种类越来越复杂，数据资产、智力资本等无形资产越来越重要，已有金融工具、无形资产相关准则难以满足经济发展对会计信息的利益诉求。这些制度环境的改变、知识的进步和利益相关者的需求使得会计准则需要在已有准则的基础上进一步拓展，纵向拓深会计准则的价值。为此，会计学界十分关注金融工具、数据资产等问题的研究，我国会计准则制定机构也在近几年颁布《企业会计准则第22号——金额工具确认和计量》《企业会计准则第23号——金额资产转移》《企业会计准则第24号——套期会计》《企业会计准则第37号——金额工具列报》。这些内容我们将在第七章予以详细介绍。

2. 横向拓展——服务国家战略的实施

由于会计准则具有经济后果，会计准则制定不可避免地具有政治化程序倾向，会计准则国际化发展过程中必然存在政治化程序（曲晓辉和陈瑜，2003）。基于利益相关者理论，会计准则不仅仅是会计层面的技术问题，还关乎利益协调的政治问题（陈冬华和陈信元，2004）。会计准则服务于国家战略的实施在我国体现得尤为明显。新中国成立以来，真正具有分水岭意义的应是1992年以"两则两制"为特征的会计改革。改革之前的会计制度主要是与我国当时的计划经济体制相适应，为了落实社会主义市场经济改革、改革开放等国家战略，我国在借鉴国外经验的基础上颁布了企业会计准则。在经济金融一体化发展的背景下，会计确认原则、计量方法、信息披露和提高财务信息质量等方面已经实现与IFRS的趋同，得到了国际社会的广泛认可。近年来，我国经济发展逐渐由高速发展转为高质量发展，财税改革、供给侧改革、可持续发展等战略的实施需要会计准则向更广阔的领域延伸，横向拓展会计准则的价值，碳排放权会计、自然资源资产负债表等都在一定程度上响应了国家的号召，这部分内容我们将在第八、九章予以详细介绍。

第四节　基于二元目标定位的财务报告 概念框架透视

国际会计准则制定机构①在 1989 年概念框架中将决策有用和受托责任并列为财务报告的两大目标，但与美国财务会计准则委员会（Financial Accounting Standards Board，FASB）开展联合项目后，在 2010 年的概念框架中将决策有用作为财务报告的唯一目标。由于财务报告目标是财务报告概念框架制定的逻辑起点②，这一改变显然对会计信息质量、要素定义、确认条件以及计量产生一定的影响。在联合概念框架（2010）和新概念框架（2018）的相关修订中③，以"如实反映"替换"可靠性"更改会计要素定义及其确认条件、进一步推行综合收益观等做法均能体现出受托责任观的弱化。

一、"受托责任观"与"决策有用观"之辨

受托责任（accountability）④ 最早出现于宗教用语，后延伸至中世纪欧洲的庄园经济，是指受托人有效经营和管理受托资源并以恰当的方式反映受托资源经营和管理状况的责任。受托责任与财产权有关，财产权不仅

---

① 1973 年，国际会计准则委员会（International Accounting Standards Committee，IASC）成立，该委员会由澳大利亚、加拿大、英国和美国等国家的 16 个职业会计师团体发起，制定并发布国际会计准则（International Accounting Standards，IAS）。2001 年，国际会计准则委员会基金会（IASCF）成立，IASC 改组为国际会计准则理事会（International Accounting Standards Board，IASB），制定并发布国际财务报告准则（International Financial Reporting Standards，IFRS），力图实现会计准则的国际化协调。

② 由于会计准则属于规范性模型，其构建包括目标假定和演绎两个程序，即先将假定的目标清楚地表述出来，然后从目标演绎出模型所具备的一些性质。具体而言，财务报告的各个方面（包括确认、终止确认、计量、分类、列报和披露）均存在多种替代方法，在制定准则时，制定者将选择一种最有助于实现财务报告目标的方法。如果不存在适用的准则或在采用特定准则的过程中需要判断或进行选择，财务信息提供者也必须选择某种方法来实现财务报告目标。

③ 2004 年，IASB 和 FASB 决定联合制定一套单一趋同的概念框架，并计划分八个阶段实施。2010 年，联合概念框架的阶段性成果发布，包括通用财务报告目标和有用财务信息的质量特征。随后，该项目由于工作重点变更而中止。2012 年，IASB 重启概念框架项目，不再与 FASB 联合实施。2018 年，IASB 发布了新修订的概念框架。有鉴于此，我们采用"1989 年概念框架""联合概念框架（2010）""新概念框架（2018）"的称谓。

④ 受托责任早期的英文表述为 custodianship，随着受托责任在经济生活中的普遍化，其英文表述更突出经管责任，逐渐演变为 stewardship。在此基础上，以井尻雄士（Yuji Ijiri）为代表的学者们丰富了其与公司治理相关的内涵，其英文表述变为 accountability。

包括所有权，还包括使用权，而使用权源于所有权。随着现代契约理论的发展，企业的本质更倾向于是一种多元契约的联结，而委托人与受托人之间的关系则是一种契约关系（Hart，1995），会计只是借用了受托责任的概念。尽管如此，财务会计在反映公司管理层受托责任履行情况时，仍在很多方面与受托人向委托人报告的目标十分契合，运用财务报告监督契约关系的本质与受托责任概念基本一致（Watts，1986）。在会计准则体系中，受托责任是财务报告的重要目标，主张通过财务报告交代受托责任的履行情况（Ijiri，1975）。为降低信息不对称程度并确保信息披露尽可能精确可靠，管理层应当以成本为基础核算其责任资产，确认已发生的经济事项，并坚持具有高度可验证性的历史成本模式。随着委托代理理论在会计学领域的深入，受托责任观下的会计信息也在公司治理过程中发挥着重要的作用。

决策有用观（decision usefulness）是在资本市场日益壮大、资产证券化程度日益提高、监管日益规范的历史背景下形成的，是 FASB 在其财务会计概念框架中的创新①。该观点认为，财务报告的目标是提供对经济决策尤其是投资决策、信贷决策有用的信息。随着股票市场快速发展，股权结构逐渐分散，小股东难以履行评价管理层、更换不称职的管理层等职责，更多是用脚投票，因此，财务报告开始倾向于帮助投资者进行决策（Stone，1967）。随着资本市场规模的扩大与现代信息理论、现代决策理论的出现，决策有用观的现实基础与理论基础日益夯实，并成为会计准则制定者普遍接受的财务报告目标。石油危机以后，美国通货膨胀加剧，加之次贷危机的爆发，历史成本的不足日益凸显。进入 20 世纪 90 年代，金融管制放松，大量金融衍生品开始出现，为了提供与证券投资决策相关的会计信息，公司开始采用基于市场参与者假设的脱手价值，特别是在决策有用性计量观的驱动下，公允价值逐渐盛行。到了 21 世纪，科技变革速度加快，会计信息的供给与需求更加及时化、随机化、碎片化（张俊瑞等，2017）。为满足投资者评估未来收益和现金流的信息诉求，公司开始公布盈利预测，披露相关的表外信息，相关性随之成为准则制定者和报表使用者重点关注的信息质量特征。

财务报告在产生之初是那些不参与企业经营管理的债权人用于监管企业

---

①　1971 年，美国注册会计师协会设立以特鲁布拉德（R. M. Trueblood）为首的财务会计目标委员会，该委员会 1973 年发表著名的研究报告《财务报表目标》（Objectives of Financial Statement），作为重要的理论遗产留交接替会计原则委员会（Accounting Principles Board，APB）的 FASB；1978 年，FASB 发布《财务会计概念说明第 1 号——企业财务报告的目标》，揭示了决策有用观的内涵。

管理层受托责任履行情况的工具。从历史继承关系来看，受托责任是最早的财务报告目标，但随着证券市场的出现与利益相关者的多元化，财务报告的功能逐渐演变为向不同信息需求者的决策提供输入信息，过去导向的受托责任观提供的信息并不能充分帮助利益相关者预测未来经营状况。近年来，IASB 与 FASB 虽一致认为对管理层受托责任的评价仍有助于资源分配决策，但受托责任不再作为一个单独的财务报告目标，而是隐含在决策有用性之内的二级目标，决策有用正逐渐吞噬受托责任财务报告目标的原有地位。然而，受托责任并不完全从属于决策有用（黄晓韡和黄世忠，2016），以决策有用作为唯一目标的通用财务报告模式不能完全满足受托责任的需要（Gjesdal，1981），甚至会引发一些不利的会计与经济后果。

二、"可靠性"与"如实反映"

财务报告概念框架将有用的会计信息质量特征分为基本质量特征和提升质量特征两个层次[1]，前者包括相关性与如实反映（可靠性），后者包括可比性、可验证性、及时性、可理解性。IASB 认为有用的财务信息必须具有相关性，并如实反映其意图反映的经济现象（而非会计信息本身），如果会计信息具有提升质量特征，则会计信息的有用性将会增强。换言之，不具备基本质量特征的会计信息是无用的，具有基本质量特征的会计信息即便不具备任何提升质量特征也仍然是有用的。

1989 年概念框架以"可靠性"来描述现称为"如实反映"的内容[2]，并将如实反映、可验证性及中立性列为可靠性的内容，将完整性作为如实反映的一部分进行讨论；联合概念框架（2010）将如实反映作为一项基本质量特征，替代原先的可靠性，可靠性则演变为确认条件中对计量不确定性的容忍[3]，不再作为有用会计信息的质量特征。所谓如实反映，是指如实反映其意图反映的经济现象，完全体现如实反映的描述应具备三个特

---

① 有用的会计信息质量特征对应我国《企业会计准则——基本准则》中的会计信息质量要求，相比较而言，从其命名来看，IASB 强调有用，偏重决策有用观。

② 早期概念框架中并未明显体现出会计信息质量特征的层次，不存在"基本质量特征"与"提升质量特征"的划分。

③ 联合概念框架（2010）中资产要素的确认条件为：满足要素定义的项目，仅当经济利益很可能流入，且其成本或价值能够可靠计量时，才能够确认。其中，成本或价值能够可靠计量意味着对计量不确定性水平的容忍度，也可解释为可验证性和无措的。然而，这一确认条件在新概念框架（2018）中被修订，详细论述见下文。

征：完整、中立和无误①。这一变化体现了受托责任观会计目标地位的变化。一方面，在1989年概念框架中，可验证性是可靠性的重要内容（杨翼飞，2006），而在新概念框架（2018）中，可验证性不为如实反映所强调，并蜕变为提升质量特征②。相比较而言，新概念框架（2018）中关于会计信息质量的评价对可验证性的要求有所减弱，而可验证性恰恰是受托责任观所遵循的重要基础。另一方面，如实反映强调审慎的中立（中立性）而非不对称的谨慎（稳健性）③。曾有大量研究表明，稳健的会计政策与会计信息可降低委托代理关系中的信息不对称（Watts，2003），提高契约的运行效率（Ball and Shivakumar，2005），有效抑制管理层的代理成本（Lafond and Roychowdhury，2008）。仅就上述研究而言，强调审慎的中立并不一定有助于受托责任观的实现。值得注意的是，也有学者认为稳健性并不能提升会计盈余的信息含量（Hendriksen，1977；Gigler and Hemmer，2001；Balachandran and Mohanram，2011），不利于会计理论的自治（周华和戴德明，2016），中立性、稳健性对会计信息的影响仍需进一步探讨，笔者认为，中立性与稳健性的权衡在不同环境、不同问题下可能会得出不同的结论，不应一概而论。综上所述，将可靠性替换为如实反映的修订在某种程度上体现了对受托责任财务报告目标的弱化。

三、会计要素定义及其确认条件

在会计准则核算体系中，只有既满足要素定义又满足其确认条件的项目才能在财务报表中列示，而资产和负债要素的定义及其确认条件在新概念框架（2018）中均有所变化④。在要素定义方面，资产原指由过去交易或事项所形成的、由主体拥有或控制的、预期会导致未来经济利益流入主体的资源，现指由过去交易或事项所形成的、由主体控制的现时经济资源；负债原指主体由过去交易或事项所形成的、预期会导致含有经济利益

---

①　无误是指对现象的描述不存在错误或遗漏，以及用于生成所报告信息的流程，在选择和应用的过程中没有发生差错。在此情况下，无误不是指所有方面都完全精确。

②　FASB在1980年明确表示可验证性是可靠性的重要内容，尽管IASB在1989年概念框架中并未明确表述这一观点，但这两个框架中可靠性的差异并不大。

③　稳健性的理解应与中立性的理解相结合，并非所有的不对称谨慎都与中立不一致。此处的稳健性是指条件稳健性。

④　在资产负债观下，经济资源（资产）和要求权（负债和所有者权益）的确认更为重要，考虑到权益是资产扣除负债的剩余权益（residual interests），本部分主要讨论资产和负债的相关概念。值得注意的是，由于概念框架缺少所有者权益的独立概念，金融负债和权益工具的划分有时并不恰当。

的资源流出主体的现时义务，现指由过去交易或事项所形成的、主体转移经济资源的现时义务。其中，控制是指主导经济资源的使用[1]；经济资源是指有潜力产生经济利益的权利。在确认条件方面，原确认条件为：（1）与该项目有关的未来经济利益将很可能流入或流出主体；（2）该项目的成本或价值能够可靠地计量。现确认条件为：仅当向财务报表使用者提供了有用信息时，才确认资产或负债，即（1）能提供有关资产或负债及其导致的收益、费用或权益变动的相关性信息；（2）能如实反映资产或负债及其导致的收益、费用或权益变动。

在要素定义方面，新概念框架（2018）引入了经济资源的单独定义，替代了经济利益的未来流动，经济利益的未来流动则体现在经济资源的支持性定义中，而不是在资产和负债的定义中。这一变化更加强调资产的本质，即资产是一项经济资源，而不是该经济资源可能产生的经济利益最终流入的现象。以资产为例，即便某一权利将产生经济利益是不确定的，只要该权利已经存在，并且至少在一种情况下将为主体产生超过所有其他方可获得的经济利益，就符合经济资源的界定。这种关注经济资源本质的做法有助于确认更多的表外资产，如保险权利、期权[2]。新定义还强调经济资源是一系列权利而非物理事物本身，这有助于会计计量单元的应用与推广[3]。在确认条件方面，联合概念框架（2010）中有关结果不确定性的约束会限制一些资产的确认，如进货选择权、书面期权有时难以入表；有关计量不确定性的约束会在一定程度上妨碍会计信息的质量，如一些高度不确定的估计辅以适当的描述有时会提供有用的信息[4]。为此，新概念框架（2018）基于先确认"有无"再计量"多少"的逻辑，将这些因素置于计量环节中考虑，并以引用会计信息的基本质量特征取代了之前的确认条

---

[1]　与《国际财务报告准则第 10 号——合并财务报表》中关于"控制"的界定一致，都体现了会计确认与终止确认的控制法（control approach）。此外，会计确认还有风险报酬法（risk-rewards approach），但 IASB 并不推崇该方法，这在收入准则的修订中体现得尤为明显。

[2]　举例说明，一项买入期权是通过在未来某一时点行使该期权而产生经济利益的潜力，从而获得价值。经济资源是在未来某一时点行使该期权的权利，而非持有者行使该期权将收取的未来经济利益。换言之，主体控制的是经济资源而非经济利益。

[3]　举例说明，物理实物的法律所有权可能包含多种权利，如出售权、担保权和使用权，会计可将这些权利单独或将其组合作为单项资产的单项计量单元进行处理。收入准则中"识别单项履约义务"就体现了会计计量单元的思想。

[4]　IASB 认为不确定性（uncertainty）包括存在不确定性（existence uncertainty）、结果不确定性（outcome uncertainty）和计量不确定性（measurement uncertainty）。存在不确定性对应是否满足要素定义，结果不确定性对应经济利益流入或流出的可能性，计量不确定性对应成本或价值能否可靠计量。存在不确定性有时会影响结果不确定性和计量不确定性，尽管它们联系十分紧密，但分开考虑仍旧是有价值的。

件。相比之下，对于结果不确定性和计量不确定性水平较高的项目，会计主体在计量时需要依赖更大程度的估计，这一变化不仅对受托责任观所推崇的可验证性产生了较大的冲击，还会在决策有用观的驱动下增加误导性陈述的风险。

传统的会计准则十分注重过程和结果的可靠，而联合概念框架（2010）的规定体现了会计准则对可验证性的追求①，这些都在一定程度上反映了受托责任观在会计发展历史中所留下的烙印。次贷危机之后，金融审慎监管成为世界经济发展的重点，为迎合证券行业的发展需要，提高金融监管信息系统的集成性，会计准则制定机构积极协调《巴塞尔协议》与会计准则之间的差异。金融审慎监管十分关注资产和资本的风险，会计准则的修订也试图将更多的表外业务纳入会计确认的范围。与此相关，新概念框架（2018）有关会计要素定义及其确认条件的修订顺应了"如实反映"对"可靠性"的替代，降低了对可验证性的要求，即使信息受限于高度不确定性，只要其可能具有相关性便可纳入会计准则的核算体系②，管理层也由此拥有了更大的主观裁量空间。从代理成本的角度，受托责任观主张提供可验证的"硬计量"③，强调抑制或减少代理人出于对自身利益考虑所引发的道德风险，而会计要素定义及其确认条件的修订显然提高了管理层蓄意操纵的可能性，进一步蚕食了受托责任财务报告目标的地位。

四、会计计量基础选择与其他综合收益

财务报表中确认的会计要素需要以货币单位量化，为实现不同的会计目标，会计主体需要基于不同的计量观念选择相应的计量基础④，为此，新概念框架（2018）提供了两大类、四种计量基础⑤以供选择。其中，历史成本计量⑥所使用的信息主要源于产生资产或负债的交易或其他事项中的价格，具有较高的可验证性。在持续经营假设下，历史成本计量模式通

---

① 基于上文论述，可验证性是可靠性的重要基础。

② 当对不确定性的估计程度过高时，这一估计便不具有决策有用性，进而不满足相关性。

③ "硬计量"是指在一个给定的条件下，只允许唯一的一套规则存在于会计系统中，应用可验证性规则对可验证性事实进行处理的过程。

④ 举例说明，基于决策有用观，为便于报表使用者评估不同资产或负债对企业未来现金流的影响，对于直接影响企业现金流的资产通常采用现行价值，如交易性金融资产，而对于通过价值转移等方式间接影响企业现金流的资产通常以历史成本计量，如固定资产。

⑤ 计量基础包括历史成本与现行价值，现行价值又包括公允价值、现行成本与资产在用价值/负债履约价值，本部分主要讨论历史成本与公允价值。

⑥ 值得注意的是，摊销、折旧、摊余成本、认定成本都是历史成本的组成部分。

过成本与收入的配比实现成本的补偿，体现了财务资本保全观念。由于历史成本计量所提供的信息与实际交易具有更直接的联系，基于财务资本保全的经营业绩尽可能避免了管理层的主观判断，有助于对管理层的评价。因此，在传统模式下，受托责任观倾向于历史成本计量，其他计量属性在某种意义上只是评价受托责任的一个补充性基础①。公允价值所使用的信息主要基于市场参与者对未来现金流量的金额、时点和不确定性的预测，其脱手的含义体现了变现观念（任世弛，2018）。相比之下，公允价值具有较高的预测价值，并不注重持续经营假设。当汇率、物价水平和价值发生显著波动时，公允价值要比历史成本更容易捕捉到经济环境的变化，特别是对于证券市场的投资者而言，公允价值更为有用，更加贴合决策有用财务报告目标。在新概念框架（2018）下，会计要素定义的改变和确认条件的放松使得会计计量承担起更多的任务，计量具有高度不确定性的项目势必会进一步增加公允价值的应用。

公允价值的推广与综合收益观的发展联系紧密。资产负债表曾是唯一的财务报表，主要向债权人提供受托责任信息。现代会计理论中基于流动性的报表项目排序和稳健性原则都是这一历史阶段留下的特征。随着资本市场的发展，企业逐渐摆脱单一举债的融资方式，分散的投资者不参与企业经营，更关注盈利与分红情况。因此，收益计量变成了会计的重心，利润表也得以产生。20 世纪 30 年代到 70 年代，财务报告倾向于收入费用观，利润表取代资产负债表成为第一财务报表。然而，基于配比原则，大量性质不明的递延费用和递延贷项等进入资产负债表，会计信息的质量受到了严重影响，因此，财务报告又重新转为以资产负债表为第一报表的资产负债观，强调以资产和负债的变化来决定收益。为改进传统实现原则难以提供全面、真实的业绩信息，FASB 于 1980 年率先提出综合收益的概念（FASB，1980）。美国次贷危机爆发以后，为了准确计量资产和负债的价值，对公允价值的讨论日益激烈。由于历史成本是会计人员在理论学习早期就根深蒂固的理念，公允价值在推广过程中遇到了很大的阻力。在以美国证券交易委员会为代表的证券业与以美联储为代表的银行业反复周旋之后，公允价值才进入会计准则。自此，基于公允价值的综合收益观财务报告模式得以逐渐取代基于历史成本的传统收益观财务报告模式。

会计准则的发展是渐进式的（葛家澍和杜兴强，2006），虽然不同的

①　也有学者认为，在某些情况下，现行价值计量可能对评价受托责任更有用，因为这能够提供有关信息，评价相对于其他当前可采取的活动，管理层如何更好地履行其职责。

历史阶段有不同的理论偏重，但很多时候这些理论共同影响着会计准则的制定。为了调和资产负债观和收入费用观以及决策有用观和受托责任观的矛盾，其他综合收益（OCI）应运而生（张为国和王文京，2019）。从收益构成来看，综合收益与传统收益的差别主要体现在 OCI。依据损益和 OCI 的划分原则，在宽口径法下我们可将 OCI 分为三大类：搭桥项目（bridging items）、会计错配重计量项目（mismatched remeasurements）与暂时性重计量项目（transitory remeasurements）①。其中，搭桥项目减小了公允价值计量与历史成本计量的差异，会计错配重计量项目和暂时性重计量项目在保证反映资产和负债价值变化的同时，剥离了部分客观因素对评价管理层经营和管理受托资源效果的干扰。值得注意的是，尽管公允价值的推广在某种程度上说明会计准则制定者对决策有用观的偏重，但 OCI 的存在为坚守受托责任观保留了一定的余地。

五、坚持二元目标定位

财务报告应服务于现有的和潜在的投资人、债权人、政府和监管机构等，由于不同财务报告使用者的特定决策需要基于不同的会计信息，财务报告是平衡不同决策信息诉求后的通用信息，因而，决策有用观是以财务报告的服务对象为着眼点的。相比之下，受托责任观认为财务报告应恰当地反映管理层经营和管理受托资源的状况，更关注财务报告的内容质量。尽管 FASB 和 IASB 认为决策有用性包含受托责任，但这一观点其实只考虑了委托人基于受托责任信息进行决策的表象，并未意识到受托责任观对于财务报告内容质量的本质意义。现代社会和组织建立在复杂的受托责任基础之上，委托代理双方经常存在利益冲突，保证受托责任信息的真实、畅通是财务会计在经济管理中面临的重要问题。基于受托责任观，财务报告可以提供更可靠的有关经济资源、要求权及其变动的信息，这也是财务报告区别于其他经济信息的价值所在。然而，进入 21 世纪以来，证券投资者的比例大幅增加，为提高会计信息在投资决策方面的有用性，会计准则在金融领域快速延伸，会计准则制定机构似乎也把主要精力用在了帮助

---

① 搭桥项目：当资产或负债重计量且其损益信息的计量不同于财务状况报表（资产负债表）时，两种计量的差额就应作为搭桥项目确认为 OCI。会计错配重计量项目：当相关联的若干项目中的一个项目按照现行价值进行计量，而相关联的项目没有重计量或者以后再确认时，就会出现重计量错配。暂时性重计量项目：某些长期资产或负债的重计量对于输入值微小的变动都具有敏感性，其价值变动反映在损益之外可降低重计量对损益可预测性与可理解性的影响。这些项目的确认与计量以资产和负债的公允价值变化为核心。

证券投资者精确地预测现金流、估计企业价值之上，这些难以验证的预测和估计正在慢慢偏离传统财务会计所追求的可靠性。在决策有用观的促进下，财务报告的功能大幅提升，这固然值得肯定，但即使在发达的资本市场中，契约成本依旧存在，公司治理、社会责任等问题仍然是现代企业经济管理不可忽视的问题，因此，受托责任观在会计理论发展与准则制定过程中依然值得重视。

一方面，受托责任观契合会计的本质属性。"管理活动论"是中国为会计学科所提供的"东方见解"，具有鲜明的中国特色，探讨了比概念框架更深层的问题，直接揭示了会计最本质的特征——会计是一项经济管理活动。作为公司财务报告独有的重要信息，受托责任信息具有较高的可验证性，有助于提高会计信息在契约关系中的价值，这种有益于公司治理的财务报告目标更符合会计是一项经济管理活动的本质。值得注意的是，财务报表的设计初衷并不是为了反映企业的价值，若过多地关注证券市场的决策而置受托责任信息于不顾，会计便偏离了其经济管理活动的本质。另一方面，受托责任观与决策有用观虽不相互包含但也并不矛盾，如若只强调决策有用，会计信息就会产生不良的经济后果。比如股票期权的应用，受托人为了获得股票期权的奖励会增加利润的确认金额，甚至会诱发短期行为，不利于战略价值投资，而委托者往往对这些信息缺乏认识，进而错误决策。比如预期收益模型的应用，为协调金融监管规则，降低公允价值的顺周期效应，会计准则制定机构以"预期损失模型"替代"已发生损失模型"来确认金融工具的减值，由于新模型并不基于客观事实，缺少可靠的记账依据，一旦管理层操纵减值，会计信息便很难帮助投资者评估金融风险，甚至会对投资者决策产生误导。综上所述，受托责任观不仅契合会计的本质属性，还可以约束管理者的不道德行为，提升财务报告的决策有用性。在会计准则国际趋同的背景下，我国企业会计准则应继续保持决策有用与受托责任的二元财务报告目标。在未来的会计理论发展中，如何调和受托责任观和决策有用观之间的关系是值得学者们深入探讨的。

第三章 会计确认的理论变迁

在本章，我们首先阐述会计确认的含义、作用与基本标准，并聚焦于近几年会计准则的修订，解释会计确认理论与核算规则的变化，分析这些变化的背景、原因、逻辑与意义。具体而言，我们将结合收入准则、合并财务报表准则和在其他主体中权益的披露准则分析会计确认理论的变迁；结合合并财务报表准则分析企业合并过程中与会计确认相关的基本理论与规则变化。

第一节 会计确认的概述

"确认"（recognition）是会计准则核算程序的第一道门槛，在会计学科当中具有十分丰富的含义。虽然会计确认是大家耳熟能详的知识点，但学术界对其概念理解依旧有一定争议。为了探求会计确认的含义，我们梳理了中外具有代表性的文献，并对相关概念进行辨析。在此基础上，我们结合要素定义、确认条件洞察会计确认的内涵，介绍与此相关的理论与规则演进。

一、会计确认的概念

（一）会计确认概念的演进

1. 概念源起

财务会计中使用类似于"确认"的概念最早可追溯到 20 世纪 20 年代，早期文献中并未就"确认"给出明确的定义或概念，会计确认的理论意义在当时还不大显著。1922 年，佩顿（Paton）就在其《会计理论》一书中频频使用"会计确认"一词，但未给出会计确认的定义，也未将"确认"列入书末的术语索引表。1936 年，美国会计学会刊发《影响公司报告的会计原则暂行公告》，提及会计确认，但同样未给出定义。1938 年，美国会计师协会（美国注册会计师协会（AICPA）的前身）出版桑德斯（Sanders）、哈特菲尔德（Hatfield）和摩尔（Moore）合著的《会计原则公告》一书，该书并未将"确认"作为会计专业术语使用。1940 年，美国会计学会为深入论证《影响公司报告的会计原则暂行公告》出版了其资助的第 3 号研究著作《公司会计准则导论》（Paton and Littleton，1940），该书探讨了收入和费用确认的若干原则，并在探讨费用确认时引入了初始确认的提法，但仍旧没有给出会计确认的定义。1966 年，美国会计学会为纪念成立 60 周年出版了《基本会计理论说明书》（ASOBAT），提到"会计是为了信息使用者能够做出有根据的判断和决策而辨认、计量和传递会计信息的程序"，其中辨认的概念类似于确认。

在早期，对确认问题分析较为详细且有独到见解的历史文献应是美国注册会计师协会下属的会计原则委员会于 1970 年发布的《会计原则委员会第 4 号研究公告——企业财务报表的基本概念和会计原则》（APB Statement No. 4）。该报告虽然未就"确认"给出明确的定义，但反复探讨了各项会计要素的确认和计量的原则。比如，资产与负债的"初始记录"需要确定：（1）进入会计程序的数据；（2）做出分录的时间；（3）通常要予以举例的金额（第 145 段）。比如，收入通常是以企业销售和提供劳务的时点——实现原则——为基础来确认的。实现原则需要考虑两个条件：（1）盈利过程已完成或实质上已完成；（2）交换行为已发生。从该报告的一系列说明来看，会计确认的内涵已经相对明朗。

2. 概念提出

关于会计确认概念的正式提出尚有争议，有学者以美国财务会计准则委员会（FASB）1980 年发布的《财务会计概念公告第 3 号——企业财务报表的要素》（SFAC 3）为标志，有学者以 1984 年发布的《财务会计概念公告第 5 号——企业财务报表项目的确认与计量》（SFAC 5）为标志。其实，这两个公告关于会计确认的界定并无本质差异，只不过后者比前者更详细。在 SFAC 3 中，确认是指将某种信息正式纳入会计程序进行记录或者将其列报于财务报表的过程（第 83 段）。在 SFAC 5 中，确认是指将某种信息正式纳入会计程序，列入资产、负债、收入、费用等会计要素进行记录或者将其列报于财务报表的过程，这一过程包括同时使用文字和数字描述某一项目，并将该金额包括在财务报表的总计金额之中（第 6 段）。通过 FASB 给出的定义不难看出，会计确认包括两层含义：一是会计人员通过辨认原始数据确定是否应当将某些信息列入会计要素从而纳入会计程序进行记录；二是会计人员根据财务报表的要求确定将某些信息列为某一列报项目，账户与报表的项目相互对应。与此同时，FASB 还给出了四个确认的基本标准，即可定义性、可计量性、相关性和可靠性。这些标准概括起来表示，一个项目只有符合要素的定义，且能可靠计量、与决策相关、真实可靠才予以确认。

（二）初始确认、再确认与终止确认

SFAC 5 指出，对于资产和负债这两类会计要素而言，会计确认包括对某一项目的初始确认和对该项目的后续变动及销账的确认两个方面（第6 段和第 58 段），后者既包括对已确认项目的后续变动的确认（如对固定资产计提折旧），也包括对已确认项目的销账处理，即终止确认（如对已达到经济使用寿命的固定资产进行清理处置）。

基于这一理解，我国有学者认为确认分为两步，即初始确认和再确认。初始确认也叫第一步确认，即按复式簿记的要求将原始数据制作成会计分录，再按分录分类计入各要素所属账户的借方或贷方。再确认也叫第二步确认，即根据财务报表的要求对记录的账户信息进行调整和重组以实现会计目标。显然，这一划分并未考虑销账，初始确认实则对应确认的第一层次，再确认对应确认的第二层次，这些观点并不与 SFAC 5 矛盾。值得注意的是，第一步确认和第二步确认是整个财务会计系统对一项交易和事项最终计入财务报表的处理程序，是对其变动后果可计入财务报表的一切交易和事项来说的，不要把第一步确认、第二步确认和初始确认、再确认、终止确认混为一谈（葛家澍和林志军，2011）。考虑到初始确认与再确认一般在同一个会计期间内完成，本书并不对这两个概念予以分拆。此外，由于终止确认是会计确认的镜像，我们没有必要特意对其展开讨论，本书不对终止确认单独论述。

（三）确认与计量

会计确认、计量和报告是会计人在学习会计入门时朗朗上口的会计循环，但这种说法有待商榷。2014 年版《会计从业资格考试大纲》指出，会计要素的计量是为了将符合确认条件的会计要素登记入账并列报于财务报表而确定其金额的过程。该大纲虽然没有明确给出会计确认的定义，但"将符合确认条件的会计要素登记入账并列报于财务报表"其实就是会计学术界所称的"会计确认"。据此，会计计量就是为了进行会计确认而确定会计要素金额的过程，会计计量是服务于、从属于会计确认的，它并不是独立的会计程序。会计要素的计量是在会计确认的过程中完成的，没有人能完成不包含会计计量的会计确认（周华和戴德明，2015）。站在另一个角度，我们通过 SFAC 5 中会计确认的基本标准也可以发现，可计量性是会计确认的基本标准之一，会计确认本身就已经包含会计计量。然而，当前无论是会计教材、会计准则还是学术作品，确认与计量这两个概念往往是相对独立地出现，这一问题还需要各位同仁进一步探讨。

在本书，我们认为会计确认与会计计量有着十分紧密的关系，在理论上，会计计量与会计确认并列的做法的确不妥，然而，考虑到会计计量在理论研究中的相关问题较为清晰、具体，若将这些问题完全纳入会计确认会使得这一部分的论述过于庞杂，甚至有可能给初学者带来不必要的困扰，为此，我们将在下一章单独论述会计计量。

二、会计确认的内涵

基于 FASB 报告，图 3-1 呈现了会计确认的内涵图。不难看出，会计确认一方面要满足要素的定义，另一方面要满足确认条件，本书也将从这两方面分析会计确认的内涵，并梳理与此相关的理论与规则演进。

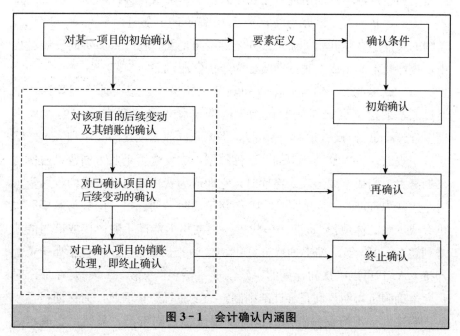

图 3-1　会计确认内涵图

（一）要素定义

会计要素既是财务报表内容划分的大类，又是用于报告账户体系内容划分的大类。通俗地讲，会计要素的设置就是基于会计目标把会计对象划分为若干性质相近且相互联系的大类，借以提供基于权责发生制、相互勾稽的会计信息。在我国会计准则体系中，会计要素有资产、负债、所有者权益、收入、费用和利润，其中，前三个要素是用于反映财务状况的实账户大类，后三个是用于反映经营状况的虚账户大类①。与此类似，在美国会计准则体系中，会计要素有十个：资产、负债、所有者权益、业主投资、派给业主款、全面收益、收入、费用、利得和损失（FASB，1984）；在国际会计准则体系中，会计要素有五个：资产、负债、权益、收入和费用。在不同的会计准则体系中，尽管会计要素的设置略有不同，但这些内容并无本质差异。值得注意的是，随着报表体系的扩展，现金流量表和股东权益变动表也派生为财务报表，而当前的会计要素仅仅针对传统的资产负债表和利润表，并未涵盖与现金流量表和股东权益变动表相关的内容。会计要素到底是什么？会计要素应包含哪些内容？这些问题还需学者们进一步探讨。

1. 成本观与经济资源观

如果没有资产的存在，不可能出现所有者权益和负债，如果没有资产的使用和经营，不可能出现费用和收入，资产要素在会计准则当中十分重要。为此，我们首先研究与资产要素相关的理论演进。早在 20 世纪初，美国的会计学者就开始关注资产并尝试给出定义，在一百多年的发展过程中，资产的定义由成本观逐渐演变为经济资源观。

（1）成本观。1940 年，佩顿和利特尔顿在《公司会计准则导论》中通过成本来定义资产，他们认为，资产实际上是"暂未决定的收入借项"（revenue charges in suspense），即未来同收入配比的费用和成本。基于这一观点，成本是会计中的基础性数据，它反映了企业为创造收益所付出的努力，当成本成为收入借项时，它即成为费用，而尚未成为收入借项时，应视为资产②。与此类似，1953 年第 1 号名词公报"回顾与摘要"中也有成本观的体现："资产……代表一项支出但能产生财产权或恰当的未来利益"；1970 年，APB Statement No. 4 也指出"资产……包括属于资源却按 GAAP 可以确认和计量的一定的递延借项"（第 132 段）。在那个时代，准确确定每期盈利是会计准则制定的主流思想，因此，为保证损益表的正确性甚至不惜把非资源的借方支出余额视同资产。显然，在成本观下，通过配比确认收益是会计的主要职能，资产是未来作为费用与收入配比的价格基数。

（2）经济资源观。1907 年，曾任美国会计师协会主席的斯普拉

---

① 实账户的特点是在期末必有余额，而虚账户的特点是期末没有余额，它们的当期发生额会在期末全部结转。

② 利特尔顿较为主张成本观，而佩顿更倾向于经济资源观。

格（Sprague）是美国最早提出资产定义的会计学者，他在《账户的哲学》一书中认为资产的概念是未来服务的现值。1922 年，佩顿在《会计理论》中把特定企业和主体的资源、财产视为资产。1929 年，在继承斯普拉格观点的基础上，坎宁在《会计中的经济学》中强调资产是未来服务带来的利益性的权益。受到这些研究的影响，会计准则基于经济资源观的资产概念逐渐形成。1985 年，FASB 在第 6 号概念公告中指出，资产是特定主体由于已发生的交易或事项而取得或能控制的可能的未来经济利益。其中，带来未来经济利益正是经济资源的重要特征。在随后的会计准则修订中，经济资源的本质在资产的定义中日益突显。在 FASB 和 IASB 开展的财务会计概念框架联合项目中，资产的定义已不再强调未来带来经济利益这一外在特征，而是直接强调其经济资源的内在本质。IASB（2018）财务会计概念框架指出，资产是因过去事项形成的由主体控制的现时经济资源。IASB 认为，尽管一项资产是从其产生未来经济利益的潜力获得价值，但主体所控制的是包含该潜力的现时权利，而非控制未来经济利益，未来经济利益应出现在经济资源的支持性定义中。

2. 收入费用观与资产负债观

收入费用观与资产负债观原本是确认和计量收益的两种理论，而资产要素的成本观向经济资源观的变迁可以基于收入费用观向资产负债观的变迁来理解。由于收入费用观和资产负债观对会计准则的影响十分广泛，我们会在本书的其他章节经常见到与此相关的论述，这里，我们暂且初步探讨收入费用观和资产负债观的基本内涵，并分析这两个观念对资产定义的影响。

收入费用观认为收益是企业已确认收入与相关成本配比的结果，收益确定的重心应当放在对收入和费用的处理上，资产和负债的确认应依附于收入和费用的确认。与之相反，资产负债观提倡直接以资产和负债的变动来确认收益，该观点认为收益的本质是净资产的增加，更接近经济收益的概念。收入费用观下，资产和负债的确认是收益和费用倒挤而来的，往往不能反映企业实际的财务状况，这种做法极易忽略资产负债表的真实性。资产负债观下，资产的经济资源本质更容易凸显，但对于现行价值的计量存在很高的环境要求。由此不难看出，成本观的概念将收入和费用的配比放到了首位，十分契合收入费用观，而经济资源观更偏重于独立分析资产的本质，合乎资产负债观。

20 世纪以前，企业的规模一般较小，生产组织简单会计记账的目的一般在于反映受托经营责任，企业的所有者往往又是企业的经营者，他们十分关注企业实际拥有多少资产，对外承担多少负债，自己的权益是多少。因此，企业一般只编制资产负债表，不编制损益表。到了 20 世纪初，西方资本主义国家工业革命陆续完成，生产技术得到很大改进，企业原有的生产经营规模已不能满足不断扩大的市场需求。为此，股份公司、企业合并的浪潮随之兴起。随着企业产权向社会化和分散化方向发展，少数产权所有者已无力对公司及其管理层施加直接的控制，在主观上并不关心公司的长远发展，所以市场上的投资目的主要是获取短期的投资收益，并未将企业的财务状况放到首位。这样一来，投资者便对企业利润格外关注，加之税法不再以财产税为主而改以企业所得税为主，20 世纪 30 年代，相比于资产，投资者更关注企业的收益，收入费用观在这样的环境下开始流行。拥护收入费用观的利特尔顿在其著作《会计理论结构》(1953) 中提到，所有利益集团在大部分情况下最重要的信息只能由损益表来提供；在其与佩顿合著的《公司会计准则导论》(1940) 中也强调会计的基本问题是在计量定期收益的过程中将已发生成本在当期和未来期间进行分配。20 世纪 70 年代以后，美国出现了波及世界范围的通货膨胀，这对会计长期以来的历史成本原则等提出了严重挑战。随着金融衍生工具、用股份支付管理人员薪酬等新生事物的出现，人们开始关注资产的价值和质量。FASB 开始认为资产负债观优于收入费用观。1980 年 FASB 发布的 SFAC 3 是对偏好资产负债观而不是收入费用观的一个公开宣告 (Zeff，2003)。自此以来，资产负债观占据了会计准则制定的主流。

(二) 确认的基本标准

一般认为，确认的基本标准是 1984 年 FASB 在 SFAC 5 中首先提出来的。FASB 认为，在符合成本效益原则和重要性原则的前提下，所有要素的确认应满足下列基本标准。

(1) 可定义性：某一要素的所属账户或项目应符合相关定义；

(2) 可计量性：具有可用货币计量的属性并保证充分可靠；

(3) 相关性：有关信息对使用者的决策至关重要；

(4) 可靠性：信息的反映真实、可稽核且公允无偏向。

由此看来，会计确认不仅要符合要素的定义，还应满足其他确认条件。一直以来，会计准则中的确认条件在修订过程中发生着变化，但基本上都符合上述基本标准，只是侧重点有所不同。

IASB 财务会计概念框架 (1989；2010) 中的确认条件规定，如果满足以下条件，则主体应当确认一个满足要素定义的项目：(1) 结果不确定性，即与该项目有关的未来经济利益很可能流入或流出主体；(2) 计量不确定性，即该项目的成本或价值能够可靠地计量①。然而，这一规定很可能将一些结果不确定性和计量不确定性较高的有用信息排除在外，如专利权或研发支出、金融衍生资产等。为此，IASB 财务会计新概念框架（2018）中的确认条件规定，只有当确认某项资产或负债以及由此产生的收入、费用或权益变动能为财务报表使用者提供有用信息时，该项资产或负债才会被确认，即（1）有关资产或负债及其导致的收益、费用或权益变动的相关性信息；（2）对资产或负债及其导致的收益、费用或权益变动的如实反映。相比较而言，旧条件更偏重于可靠性和可计量性而新条件更偏重于相关性。

三、会计确认的扩展

通过上面的论述不难发现，会计确认似乎隐含着一个约定俗成的假设，即资产负债表和利润表之外的事项一般不作为会计确认的对象。随着互联网繁荣、智力资本积累和金融工具创新，传统意义上的会计确认、计量越来越难以满足投资者的"胃口"。其实，无论是要素定义还是确认条件的变迁，其本质意图无非是增强会计准则的普适性，进而增加资产负债表和利润表的信息价值，近几年修订的具体准则也都在迎合这些诉求。然而，财务会计发展到今天，其理论体系主要还是依托于传统会计环境建立的，现有概念框架的很多问题都存在着不同的观点对立，越来越多的新事项正猛烈地挑战会计理论的根基。严肃地讲，会计准则已经陷入亟须突破现有理论体系的关键历史时期。针对这一现象，我们的思考如下。

1. 对会计准则的理解

每当遇到根本性的理论问题时，我们往往会回归到最本质的问题上来，会计准则的学术研究也不例外。近年来，随着会计环境的不断变化，资产评估、金融分析对会计准则的影响极大，有时候会计准则看起来更像一套估值系统，其自身理论愈发难以自洽。关于会计的本质第二章已有所论述，在这里，笔者想谈一谈对会计准则的主观理解。

会计为什么令人尊敬？会计准则生成的信息为什么能引起如此广泛的关注？财务报告与其他经济信息的区别或许是最好的答案。财务报告的独

---

① 财务概念框架中与确认相关的不确定性包括存在不确定性、结果不确定性和计量不确定性。存在不确定性本质上是指是否满足要素的定义，存在不确定性有时会影响结果不确定性和计量不确定性。尽管它们联系十分紧密，但分开考虑仍旧是有价值的。详见 IASB（2018）4.12、4.35、5.14、5.19 段。

特之处体现在：（1）能提供科学、系统的经济信息；（2）具有公信力。具体而言，会计能反映企业财务状况和经营成果，是唯一能提供利润信息的学科，基于复式簿记，不同报表项目间的勾稽关系使得会计信息十分系统，易于向读者描述企业经济活动的来龙去脉。不仅如此，会计核算十分注重原始数据，审核凭证、填制凭证、登记账簿等程序使得会计信息有迹可循，具有极高的公信力。无论是受托责任观还是决策有用观的目标在某种程度上都以此为根基。

经过文艺复兴、宗教改革和启蒙运动洗礼，欧洲重商主义开始流行，以意、法为代表的众多欧洲国家逐渐用会计记录法定的财产权利和收益分享，会计的公信力极强。到了 19 世纪，随着证券市场的发展，为满足证券行业信息披露的需要，在美国证券交易委员会的支持下，FASB 逐渐将金融分析、估值等技术融入会计准则体系，以便为投资者提供决策有用的信息。由于在分析、估值时具有较强的主观性，财务报告的公信力有所下降。随着经济金融一体化的发展，这种趋势日益明显，会计准则也因此遭到了很多质疑，有学者甚至认为这种华尔街式的理论根本就不是会计理论，而是把证券分析思路强加于会计而炮制的魔鬼逻辑。我们认为，财务会计随着社会经济的发展逐渐承担起了更多的职能，这在未来也不会改变。然而，无论是反映受托责任、提供决策有用信息，还是反映法律权属，甚至在未来提供其他有价值的信息，我们都应把公信力视作会计准则发展的价值底线。

2. 确认标准的突破

近些年来，很多重要的经济资源，如数据资产等，难以通过会计确认在财务报表列示，为了弥补这一缺憾，实务人员通常以附注表外披露这些内容。随着表外披露的内容越来越多，面对表外披露不断膨胀导致的信息泛化和过载，投资者真正需要的有价值的信息经常淹没在日益泛滥的信息汪洋之中，对相关信息的筛选和使用要求越来越高，除了部分专业机构之类的信息使用者，大量不具备足够专业分析能力的普通信息使用者，特别是以中小投资者为代表的利益相关者往往难以应付海量的信息而不堪重负。当表外信息不断增多成了简单的数量累积时，会计信息的有用性难以令人满意。这一"不能确认即披露"的惯例一方面是因为表外披露缺乏规范的口径和质量要求，另一方面是因为财务报表边界即会计确认概念相对狭窄。一直以来，会计确认都被习惯性地限定在财务报表层面，作为一个反映有关项目由进入到退出报表的直线式过程，成为一种平面化的概念（郑伟，2015）。为了适应新的会计环境，在未来会计准则一方面要进一步提高表外披露的质量要求，以免信息冗杂无用，另一方面已有的确认标准有待突破，在扩大确认范围的同时兼顾会计信息的质量。

第二节 控 制

"控制"（control）一词在会计准则中出现的频率极高，无论是在财务会计概念框架或基本准则中，还是在具体会计准则中，关于控制的理解与应用都十分关键。在现行会计准则体系中，判断是否控制了某一经济资源是资产要素确认过程中的重要环节，与此相关，企业合并、收入等相关会计准则也常常涉及控制。在本节，我们将介绍控制的概念，并分析与此相关的准则修订。

一、控制的含义

基于 IASB 财务会计新概念框架（2018），资产是因过去事项形成的由主体控制的现时经济资源，其中，经济资源是指有潜力产生经济利益的权利[1]。

控制是指主体主导经济资源的使用，并获得可能自其经济利益流入的现时能力。控制包括阻止其他方主导该经济资源的使用，以及获得可能自其流入的经济利益的现时能力。据此，如果一方控制了一项经济资源，则不会有其他方控制该项资源；如果主体有权利在其活动中利用该项经济资源，或者允许另一方在其他方活动中利用该项经济资源，则主体具有主导该项经济资源使用的现时能力。值得注意的是，控制并不是说主体可以确保该项资源在所有情况下都将产生经济利益，而是指如果该项资源产生经济利益，则该主体将是直接或间接获得的一方。对经济资源的控制，通常来源于可执行法定权利的能力。但是，控制也可以来源于其他方式，倘若主体有其他方式确保其自身而不是其他方具有主导该项经济资源使用，并获得可能自其产生的经济利益的现时能力，该主体也可控制这一经济资源。例如，当主体可使用一项专有技术，并具有保守该专有技术秘密的现时能力时，即使该专有技术不受注册专利的保护，主体也可以控制这项不受专利权限制的专有技术。相比于财务会计概念框架（2010），IASB（2010）

---

[1] IASB 和 FASB 开展财务会计概念框架联合项目后，关于"控制"的界定本质相同，因此，本文借用 IASB 的概念论述。

的概念更加强调资产（或负债）是一项经济资源（或义务），而不是该项经济资源（或义务）可能产生的经济利益最终流入（或流出）的结果。此次修订简化了定义，更清楚地解释资产和负债的本质，有助于明确控制的对象。

值得一提的是，原则上主体所控制的各项权利都对应于某一单独的资产，但为便于会计处理，相关权利通常会作为单项资产的单项计量单元进行处理。例如，一项物理实物的法律所有权可能包含多种权利，包括：使用该实物的权利、出售针对该实物权的权利、针对该实物担保权的权利以及除上述以外的其他权利。在很多情况下，物理实物法律所有权所产生的一系列权利往往会作为不同的单项资产进行会计处理。有时，相同来源会同时产生权利和义务，如某些合同同时设定了合同各方的权利和义务，这些权利和义务相互依赖，不能单独拆分，则它们构成了单项不可分割的资产或负债，从而形成单项计量单元，如待执行合同。以上便是当前 IASB 较为提倡的"计量单元"的主要逻辑①。

二、相关准则修订

财务会计概念框架站在会计主体的视角定义了资产并详细阐释了控制的含义。当我们扩大会计主体视域时，企业合并相当于母公司对子公司主要资产的控制（对主体的控制）；收入相当于转移一项经济资源而对另一项经济资源的控制（如收取销售货款的权利）。据此，与企业合并相关的准则定义了对一个主体的控制，并将其作为判断某一会计主体或其他特殊主体是否应纳入合并范围的标准；与收入相关的准则定义了对一项资产的控制，并将其作为何时确认收入的主要依据。尽管这些准则的定义在形式上有所不同，但它们都基于相同的基本概念——主体有能力主导资产（或主体）的使用且获得经济利益（或回报），在本质上别无二致。为加深对控制的理解，我们将介绍相关准则的修订与国际比较。

（一）合并财务报表准则

合并财务报表的编制对象是企业集团整体，实质性控制是确定合并范围的主要依据，这一点在相关准则的修订过程中体现得格外明显，表 3-1 呈现了相关准则的修订过程。

---

① 计量单元是在考虑确认条件和计量概念如何适用于资产或负债以及相关收益和费用时，所选择的一项资产或负债。

表 3 - 1　企业合并相关准则

发布时间	制定机构	文件
1959.8	会计程序委员会	《会计研究公报第 51 号——合并财务报表》
1976.6	国际会计准则委员会（IASC）	《国际会计准则第 3 号——合并财务报表》
1978.9	会计原则委员会	《标准会计实务公告第 14 号——集团账目》
1983.6	欧盟理事会	第七号理事会指令 83/349/EEC
1987.10	财务会计准则委员会	《财务会计准则第 94 号——控股子公司的合并》
1989.4	国际会计准则委员会	《国际会计准则第 27 号——单独财务报表》
1992.7	会计准则理事会	《财务报告准则第 2 号——子公司会计》

1. 企业合并中的"控制"

为了应对金融危机，2011 年国际会计准则理事会（IASB）发布了《国际财务报告准则第 10 号——合并财务报表》（IFRS 10）、《国际财务报告准则第 11 号——合营安排》（IFRS 11）和《国际财务报告准则第 12 号——在其他主体中权益的披露》（IFRS 12）。此次准则的发布实现了其在资产负债表表外活动会计处理方面与美国公认会计原则（GAAP）的基本一致，IFRS 10 替代了 IAS 27《国际会计准则第 27 号——单独财务报表》及 SIC 12《国际会计准则委员会常设解释委员会解释公告第 12 号——合并：特殊目的主体》中关于控制和合并的所有指引。

《国际财务报告准则第 10 号——合并财务报表》认为，控制是指投资方实体因对被投资方投资而产生的可变回报承担风险或拥有权利，且有能力影响该可变回报。可见控制必须满足三个条件：（1）投资方拥有对被投资方的权利；（2）通过对被投资方的涉入而产生可变回报的风险或权利；（3）投资方有能力影响该可变回报。关于暂时性控制，准则认为其并不影响投资方的控制能力，因此也应并入合并范围。准则认为权利应体现为投资方有权控制对被投资方回报有重大影响的活动。在分析是否存在控制时，不应局限于持股比例，而应核实实质性权利和非保护性权利。准则认为，投资者仅持有保护性权利不能主导被投资者，且无法阻止其他方主导被投资者。保护性权利的应用条件比较极端，如被投资者的经营活动有根本改变等情况，因此权利的确定不仅应考虑权益工具授予的投票权，还应考虑其他情况，如合同或契约、潜在表决权、经济依赖性以及相对持股比例等。即使投资者未持有多数表决权，也可能拥有主导被投资者的权利。总之，新准则对权利的确定不再以持股比例作为判断标准，更倾向于从实际情况出发判断是否控制。

2. 合并范围的比较分析

（1）合并范围豁免的比较。合并范围豁免是指不纳入合并范围的特殊情况，IASB 认为不纳入合并范围的主要集中于暂时性控制的子公司，在与 FASB 开展联合项目后，IFRS 和 GAAP 所规范的合并财务报表的豁免范围均呈现逐步缩小的趋势。与此相比，我国 2014 年发布的《企业会计准则第 33 号——合并财务报表》并没有指出不纳入合并范围的特殊情形，只规定"母公司应当将其全部子公司（包括母公司所控制的单独个体）纳入合并财务报表的范围"。虽然企业合并准则应用指南对暂时性控制有所涉及，但由于我国准则对暂时性控制的相关规定不明晰，母公司可能以暂时性控制而非实质性控制为借口，将本应纳入合并范围的子公司排除在合并范围之外。

（2）投资性主体纳入合并范围的探析。2014 年《企业会计准则第 33 号——合并财务报表》第二十一条规定："母公司应当将其全部子公司（包括母公司所控制的单独个体）纳入合并财务报表的合并范围。如果母公司是投资性主体，则母公司应当仅将为其投资活动提供相关服务的子公司（如有）纳入合并范围并编制合并财务报表；其他子公司不应当予以合并，母公司对其他子公司的投资应当按照公允价值计量且其变动计入当期损益。"第二十四条规定："投资性主体的母公司本身不是投资性主体，则应当将其控制的全部主体，包括那些通过投资性主体所间接控制的主体，纳入合并报表范围。"该规定虽然在一定程度上精简了企业合并范围，但没有指出"为其投资活动提供相关服务的子公司"的判断标准。

（3）结构化主体纳入合并范围的探析。结构化主体是指在确定其控制方时没有将表决权或者类似权利作为决定因素而设计的主体。在美国次贷危机后，学术界对结构化主体及其信息披露广泛关注。在 2011 年 IASB 发布《国际财务报告准则第 12 号——在其他主体中权益的披露》之后，我国财政部于 2014 年发布了《企业会计准则第 41 号——在其他主体中权益的披露》，对结构化主体的披露做出了明确要求。这也显示出我国会计准则向国际会计准则趋同的决心和努力。

在 IFRS 12 中，在其他主体中的权益是指导致主体从另一主体的业绩中获得可变回报的合同或非合同涉入。在其他主体中的权益可以用以下情况证明，但不限于以下情况：持有权益性或债务性工具以及诸如提供融资、流动性支持、信用增级和担保等其他形式的涉入。相比之下，我国会计准则中，在其他主体中的权益是指通过合同和其他形式能够使企业参与其他主体的相关活动并因此享有可变回报的权益。参与方式包括持有其他主体的股权、债权，或向其他主体提供资金、流动性支持、信用增级和担保等。企业通过这些参与方式实现对其他主体的控制、共同控制或重大影响。该准则适用于企业在子公司、合营安排、联营企业和未纳入合并范围的结构化主体中权益的披露。虽然该准则规定了将纳入与不纳入合并范围的结构化主体的信息均置于子公司的信息披露之中，但是并没有明确给出应将结构化主体纳入合并范围的具体判断依据。

（4）合营企业纳入合并范围的探析。合营企业的特点是共同控制，这与企业合并的基础——控制有显著的不同。因此，合营者如果共同控制某一企业，并不能利用财务杠杆控制该企业的全部资源。同理，用完全合并法来编制合营企业的合并报表将会误导会计信息使用者对可控资源的理解；用比例合并法编制合并报表虽然可以如实反映合营者在合营企业中拥有的资源，但忽视了企业会计要素、经济资源的整体性。因此，IASB 于 2011 年 5 月发布《国际财务报告准则第 11 号——合营安排》，废除了比例合并法，规定需要按权益法核算合营方的权益。2014 年，我国财政部在借鉴了《国际财务报告准则第 11 号——合营安排》的内容后，将合营安排分为共同经营和合营企业两类，要求在合并报表中统一采用权益法核算合营企业的权益，并取消了比例合并法。

（二）收入准则

国际会计准则理事会（IASB）和美国财务会计准则委员会（FASB）自 2002 年 6 月启动收入准则的联合项目。2008 年 12 月，双方发布了《讨论稿：对源于客户合同收入的初步观点》。该讨论稿阐述了双方对于收入的初步观点，包括提议作为未来准则基础的部分理论原则。2010 年 6 月，IASB 发布了《征求意见稿：源于客户合同的收入》（首次征求意见稿），相应地，FASB 也发布了一项"会计准则更新"提议，共同拟定了对收入确认的一些基本规则，并在全球范围内征求意见。2011 年 11 月 14 日，在第一次征求意见稿的基础上，双方再次联合发布了征求意见稿（ED/2011/6），明确了部分复杂交易的收入确认问题。2014 年 5 月 28 日，FASB 和 IASB 联合发布了修订完成的收入确认准则。其中，FASB 发布了《主题 606——客户合同收入》，IASB 发布了《国际财务报告准则第 15 号——源于客户合同的收入》。随后我国财政部启动收入准则的修订，并于 2017 年 7 月发布修订后的《企业会计准则第 14 号——收入》，将原收入准则（CAS 14）和建造合同准则（CAS 15）合并为一项准则，体现了与国际财务报告准则的进一步趋同。

1. 新收入确认模型

新收入准则以合同为基础，提出了收入确认的五步法模型，更加强调收入产生过程中交易各方的权利和义务。具体而言，第一步：识别客户合同。新收入准则规定，明确交易各方相关的权利和义务、支付条款并且具有商业实质的客户合同是收入确认的前提条件。在实务处理中，企业应尤其注意区分收入准则界定的客户合同和其他合同，如租赁合同。第二步：识别单项履约义务。履约义务是指企业向客户转让能够明确区分商品或者服务的一种承诺、一种义务。企业是否尽到履约义务是确认收入的关键节点，并且识别履约义务应以客户取得商品控制权为标志，而不应站在销售方的角度来识别，即将客户取得商品控制权的时点作为收入确认的时点。第三步：确定交易价格。交易价格是企业履行了合同中规定的履约义务——转让商品或服务而有权预期向客户收取的对价，但不一定是合同标价。企业应该根据合同条款并结合以往习惯做法，同时充分考虑对价金额中可能存在的可变对价、重大融资成分、非现金对价、应付客户对价等成分综合确定交易价格。第四步：将交易价格分摊至合同中的各单项履约义务。合同中包含两项或多项履约义务的，企业应当在合同开始日，按照各单项履约义务所承诺商品或服务的单独售价的相对比例，将交易价格分摊至各单项履约义务。企业不得因合同开始日之后单独售价的变动而重新分摊交易价格。第五步：履行各单项履约义务时确认收入。首先需要明确时段履约义务与时点履约义务的概念。时段履约义务是指企业在履约过程中持续地向客户转移商品或服务控制权的承诺、义务。具体来说，满足客户能够通过企业提供商品或服务得到相关经济利益或者企业拥有在建商品控制权又或者企业就自身履行履约义务有收取款项的权利之一即为时段履约义务。时点履约义务的确认采用排除法，不属于时段履约义务即为时点履约义务。时段履约义务和时点履约义务分别按照履约过程中的履约进度和取得相关商品控制权的时点确认收入。

2. 风险报酬观与控制观

此次准则修订最明显的特征就是以商品控制权的转移为确认标志，取代了原准则以商品所有权上的主要风险和报酬的转移为确认标志。基于风险报酬观，收入确认过程中侧重于风险和报酬转移的判定，强调经济利益的流入和收入金额的可靠计量。具体而言，确认收入（销售商品收入）应当同时满足以下五个条件：第一，与商品所有权有关的风险和报酬已经转移到购买方；第二，会计主体既没有保留通常与所有权相联系的继续管理权，也没有对已售出的商品实施实际控制；第三，收入的金额能够可靠地计量；第四，与交易相联系的经济利益很可能流入企业；第五，与交易相关的成本能够可靠地计量。

在原准则中，收入分为销售商品收入、提供服务收入和让渡资产使用权收入，收入的确认应考虑交易活动的性质，商品所有权上的主要风险和报酬的转移需要财务人员结合行业经营特征进行判断。然而，随着销售模式的发展，企业在销售产品的同时往往会打包销售或提供后续服务，商品和服务的收入确认标准边界不清晰，如何准确确认混合业务收入是一大难题，有些公司以销售收入的标准确认服务收入，有些公司以服务收入的标准确认销售收入，这样一来，会计信息质量便有所降低。相对而言，新收入确认模型对合同中履约义务的分拆有效解决了这一问题。进一步地说，所有权上主要风险和报酬的转移一般是基于控制权转移派生而来的，控制权的转移更符合交易的经济实质。这一思维的转变与 IFRS 以控制观定义资产的思路一致。

第三节　企业合并

企业合并是指一家企业与另一家或多家企业联合，或取得其净资产控制权和经营权，将各单独的企业组成一个经济实体（IASC，1998）；是指一家公司与另一家公司或者几家公司或非公司组织的企业合并成一个会计主体（APB，1970）。不同的企业合并理论决定了不同的会计处理方法，进而影响会计确认。

一、合并理论及其演进

一方面，合并理论是编制合并报表的依据，是处理企业合并问题的基石，合并理论是研究企业合并问题的关键和起点；另一方面，财务报告的目标又是会计理论的起点和归宿点，指导会计理论的发展。随着经济的发展，会计理论界相继提出了所有权理论、实体理论和母公司理论。由于财务报告目标、经济环境等的变更和主流理论各自的特点，所有权理论被逐渐摒弃。

（一）合并理论

1. 所有权理论

所有权理论（Ownership Theory）源自业主权益理论，认为业主是会计主体的所有者，且该主体与业主是不可割裂的一个整体。换言之，企业只是业主财富的载体，业主对于该主体的资源拥有排他性的绝对拥有权和控制权。在该理论下，企业与所有者没有明显的区分，母公司和子公司之间是拥有与被拥有的关系；合并报表仅满足母公司的信息需求，列报企业所有者拥有的资源，不反映少数股东的权益；将母公司的投资成本与子公司可辨认资产中母公司享有份额的差额确认为归属于母公司的商誉；按母公司持股比例抵销未实现的内部损益。

首先，所有权理论虽然充分考虑了大股东的利益，但违反了实质重于形式原则。在股权分散的情况下，母公司只需持有子公司的部分股权就可利用合并过程中的财务杠杆控制该子公司的全部财产。虽然大股东只拥有部分资产，但能控制所有资源，因此，在该理论下编制的合并报表不能有效反映"控制"的经济实质。其次，企业的各项资源共同决定了企业的经营和财务状况，是不可分离的。所有权理论将少数股东的资源从企业中分割出来，扭曲了会计信息。再次，对于未实现的内部损益按照持股比例抵销的做法给利用关联方交易进行盈余管理留下了空间。最后，所有权理论并不能满足时代的要求。随着现代企业制度的完善，所有权与经营权明确分离，无论是控股股东、非控股股东还是债权人都是企业资源的提供者，也是平等的会计信息诉求者。

2. 实体理论

实体理论（Entity Theory）源于企业主体理论，与所有者理论不同，它认为会计主体与其终极所有者是相互分离的，一个会计主体的资产、负债、所有者权益、收入、费用以及形成这些报表要素的交易和事项都应独立于终极所有者。因而，该理论将企业集团看作独立于其终极所有者、可独立进行资产运用经营的会计主体；该理论下的合并报表涵盖了集团全部的资产和权益，不考虑母公司的持股比例，同等对待控股股东和非控股股东，将少数股东的权益和损益分别作为合并报表权益项目和净利润的一部分；母公司与子公司是控制与被控制的关系。对于未实现的内部损益，该理论规定需要按母公司持股比例进行抵销。

虽然该理论契合实质性控制，也能更好地满足多方相关者的信息诉求，但是在商誉处理上还不够完美。该理论以母公司支付对价的公允价值除以母公司持股比例确认子公司的整体价值，将子公司的整体价值和可辨认资产的公允价值的差额确认为商誉，并按少数股东的持股比例确认归属于少数股东的商誉。由此不难发现，该理论默认非控股股东愿意以与控股股东同样的价格购买子公司的少数股权。显然，这与现实情况不符，因此，其合理性尚待讨论。

3. 母公司理论

与前两种理论不同，母公司理论（Parent Company Theory）没有独立的理论渊源，而是上述两种理论的糅合。该理论既坚持实体理论中母、子公司的控制与被控制关系，又同意所有权理论中合并报表只为母公司服务的观点。在该理论下，少数股东权益按少数股东的持股比例在合并资产负债表中单独列示；少数股东损益在合并利润表中作为费用项目列示；母公司投资成本减去子公司可辨认资产中母公司份额的正值作为商誉并归母公司所有；对于未实现的内部损益，顺流交易，全额抵销，逆流交易，按母公司持股比例抵销。值得注意的是，母公司理论采用双重计价标准，对于归母公司拥有的子公司净资产份额用公允价值计量，而对于少数股东拥有的份额用账面价值计量。

该理论作为其他理论的折中，缺少自成一体的理论体系，颇受理论界和学术界质疑。一方面，其双重计价标准影响了会计信息的可比性；另一方面，母公司理论虽然兼顾了对少数股东相关信息的披露，但实质上还是以满足母公司的信息诉求为首要目的，不能满足诸多信息需求者的信息诉求，也不符合现代会计主体假设。

（二）合并理论的演进

通过上述分析不难发现，不同合并理论提供的会计信息可以不同程度地满足不同的财务会计目标。笔者认为，在合并理论的演进与选择过程中，财务会计目标是最关键的影响因素。

1. 美国对合并理论的选择

1959 年，美国会计程序委员会（CAP）发布了关于合并报表的准则《会计研究公告第 51 号——合并报表》（ARB 51）；1970 年，美国会计原则委员会（APB）发布了第一个相对完善的第 16 号意见书《企业合并》；1987 年，FASB 在第 94 号财务会计准则（SFAS 94）中对 ARB 51 进行修订并选择了以母公司理论为主、实体理论为辅的合并理论，比如，少数股东损益作为合并利润表中的费用项目列示，集团内部的未实现损益需要全额抵销。随着经济的发展，学术界认为，将少数股东权益作为集团的负债有违负债要素的确认，缺乏概念的支持，应将其在所有者权益项目"非控制性股权权益"中列示。与此同时，FASB 还建议以集团为单一经济主体编制合并报表，将少数股东的净收益在合并净收益中反映。随后，1999 年 FASB 发布了征求意见稿《合并财务报表：目的和政策》。该文件规定，合并财务报表应报告由母公司和子公司构成的单一经济实体的财务状况、经营成果和现金流量。此时，美国会计准则凸显了实体理论的特点，实现了从母公司理论向实体理论的转变。

2. 国际会计准则制定机构对合并理论的选择

1997 年修订的《国际会计准则第 1 号——财务报告列报》（IAS 1）中并未明确体现所青睐的合并理论，但在其后所附的报表格式中，少数股东权益在所有者权益及长期负债之间列示（非负债项目也非权益项目），少数股东损益作为一项费用从本期合并利润中扣除。由此不难看出，此时 IFRS 选用的合并理论较为模糊，但大多数业界人士更倾向于将其理解为母公司理论。由于现代企业制度的产生和资本市场的利益相关者理论的发展，债权人、供应商、客户、雇员和政府都成为会计信息的需求者，最初的"股东至上"不复存在。因此，实体理论下的会计信息能更好地满足各方利益相关者对会计信息的诉求。2003 年，国际会计准则理事会修订了《国际会计准则第 1 号——财务报告列报》，并将少数股东与控股股东平等对待，将少数股东权益在合并资产负债表中所有者权益项目下列示，将少数股东损益在合并利润表中净利润之后列示，不在计算合并利润之前扣除。由此不难发现，此时的国际会计准则更加倾向于实体理论。随后，《国际会计准则第 27 号——单独财务报表》进一步深化了实体理论，规定集团内部未实现损益需要全额抵销；合并财务报表是将集团视为单个企业编报的财务报表。

3. 中国对合并理论的选择

与其他国家类似，我国 1995 年颁布的《合并会计报表暂行规定》规定少数股东权益在所有者权益项目之前列示，少数股东损益在净利润之前列示。这样的规定更倾向于母公司理论。然而，随着我国不断完善现代企业制度，实体理论下的会计信息具有更好的相关性，能更好反映集团的经济实质；随着我国的经济和财产制度的改革，集团的业务范围、业务性质、结构层次日益复杂，以集团为报告主体更具有逻辑性。因此，2006 年财政部发布的《企业会计准则第 33 号——合并财务报表》修改了之前的做法，将少数股东权益在合并资产负债表所有者权益项目"非控制权益"中列示，将少数股东损益在合并利润表净利润项目"少数股东收益"中列示。新准则的修订反映了我国会计界逐渐倾向于逻辑性更强的实体理论。

综上，我们不难看出，由于不同理论有不同的优缺点，各个国家并没有只选择一种合并理论。虽然母公司理论曾广泛应用，但随着时代的发展，各国更青睐于实体理论。笔者认为，在合并理论的选择上，各国已达成共识，不存在明显差异。

二、合并方法

1. 完全合并法

完全合并法基于实体理论，是指编制政府合并财务报表时，将合并主体与被合并实体的会计报表项目单行逐项合并的方法，其基础是合并主体和被合并实体的会计报表要采用统一的会计政策和会计期间。完全合并法目前是理论界比较认可的合并会计处理方法，完全合并法包括权益联合法与购买法等。2001 年，FASB 认为企业合并应该统一使用购买法进行会计处理，投票一致通过彻底废除一直以来受到合并企业青睐的权益联合法。然而，我国会计准则仍旧保留权益联合法，要求同一控制下采用权益联合法和非同一控制下采用购买法的会计处理方式。

（1）权益联合法。权益联合是一种合并形式，在这种企业合并中，参与合并的股东联合控制他们全部的或实际上是全部的净资产和经营活动，以便继续从合并后的实体分享利益和分担风险。因此，任何一方都不能认定为购买方，其实质是权益联合而非购买（IASC，1998）。它适用于换股合并，即一家企业完全用自己的普通股去交换另一家企业几乎全部的普通股，无经济资源流入与流出，合并后企业所有者权益继续存在。权益联合法是基于股东权益联合性质的合并方法，不会出现新的计价基础，其会计处理是建立在历史成本和持续经营假设基础上的，无论合并发生在哪个时点，被合并企业的经营成果即整个会计年度的利润都应该计入到合并企业的合并利润中。

（2）购买法。购买是一种通过转让资产、承担负债或发行股票等方式，由一家企业（购买方）获得对另一家企业（被购买方）净资产的控制权和经营权的企业合并形式（IASC，1998）。购买法是指将合并企业获得被合并企业净资产的行为视为购买行为，即将企业合并视为合并企业通过付出一定的价款来获取被合并企业的存货、固定资产等的行为，以公允价值计量合并的资产、负债，将合并成本超过被合并企业净资产的公允价值的部分确认为商誉。购买性质的合并必须确认购买方。在购买法中，被合并企业的经营成果从购买日起计入到合并企业的合并利润中。

（3）新起点法。新起点法是 IASB 成员在讨论权益联合法的去留问题时提出的。主张取消权益联合法的成员认为，在特定情况下，确实无法辨认购买方和被购买方，此时将企业合并视作建立一个新的经济实体。先把参与合并的企业资产负债的账面价值调整为公允价值，再将相应项目进行合并，编制合并报表。这种做法虽然可以直接反映企业合并后的市场价值，但目前只存在于理论中，在实务中鲜有人使用，所以本书并不对此展开论述。

在国际会计准则体系中，1983 年，IASC 在其发布的《国际会计准则第 22 号——企业合并》（IAS 22）中对"购买"和"权益联合"做出了界定。1993 年修订的 IAS 22 进一步规范了权益联合法使用的三项标准：一是参与合并企业的有表决权的绝大多数普通股股东参与交换与合并；二是参与合并企业的公允价值相当；三是各参与合并企业的股东在合并企业中保持与合并前实质上同样的表决权和股权。IASC 强调，即使符合上述三项标准，也仅仅在能够证明购买方难以确定时才能使用权益联合法。2003 年，由于"对实质上同类的交易允许采用两种会计处理方法削弱了财务报表的可行性"及"将导致构造便于获得预期会计结果的交易的动机"，IASB 发布《国际财务报告准则第 3 号——企业合并》（IFRS 3）征求意见稿对 IAS 22 进行修改，并最终于 2004 年 3 月 31 日通过，正式禁用了权益联合法。

美国是最早将购买法和权益联合法共同作为企业合并会计处理方法的国家。1950 年，美国会计程序委员会发布了《会计研究公告第 40 号——企业合并》（ARB 40），将权益联合法纳入 GAAP。其中，它提出三项标准来判断合并是不是股权联合：一是参与合并的企业规模的相近性；二是合并后经营管理活动的持续性；三是参与合并的企业应具有相似或互补的经济业务。ARB 40 及后来取代它的 ARB 48 实际上确认了权益联合法和购买法同等的合法地位。1970 年，由于有关权益联合法的批评意见日益增多以及证券交易委员会频频施压，美国会计原则委员会发布了著名的第 16 号意见书，分别从参与合并企业的性质、合并所有者权益的方式以及不存在有计划的交易三个方面具体规定了权益联合法应用的 12 个前提条件。可这并没有阻止权益联合法的滥用，1999 年，FASB 全体成员一致同意取消权益联合法，并在 2001 年发布的《财务会计准则公告第 141 号——企业合并》（SFAC 141）中明确了这一规定，使得购买法成为在美国唯一合法的企业合并会计处理方法。

在我国会计准则体系中，企业合并可以分为同一控制下的企业合并和非同一控制下的企业合并，两者在经济实质上具有本质的差别。同一控制下的企业合并不能视为一种产权交易，实质上属于股权联合的一种方式，它与集团内部的交易和事项具有相似之处，只是控制方内部的资产转移，因此同一控制下的企业合并采用权益联合法进行合并会计处理。非同一控制下的企业合并本质上是一场公平的博弈，合并方通过各种方式获得被合并方的控制权，与企业购买固定资产有异曲同工之处，交易的价格也是在公平公正的基础上确定的，因此非同一控制下的企业合并采用购买法进行合并会计处理。

2. 比例合并法

比例合并法基于所有权理论，是指合并主体依照所持被合并实体的权益比例，逐项将被合并实体资产、负债、收入、费用并入合并主体的会计报表。比例合并法源于法国，在欧洲盛行。此方法与母子公司的（完全）合并方法类似，都有抵销投资性、往来性和交易性的内部会计事项以及合并和编报等步骤。只不过，该方法按合并者在合并企业中的各项资产、负债、费用和收益所占份额与合并企业财务报表中的类似项目逐一合并。

在《国际会计准则第 31 号——合营中权益的财务报告》（IAS 31）（1990）中会计处理方法的选择与合营的法律结构紧密相关，分为共同控制经营、共同控制资产和共同控制主体三类。共同控制主体①可以选择采用权益法或比例合并法，比例合并法是当时国际会计准则更推崇的方法。IAS 31 的分类标准较为注重法律形式，有时不能有效判断赋予参与方享有与安排相关资产的权利并承担与安排相关负债的义务，还是享有该安排的净资产的权利。比例合并法和权益法的选择权也会削弱会计信息的可比性。为此，《国际财务报告准则第 11 号——合营安排》（IFRS 11）将合营安排分为共同经营和合营企业两类，要求根据法律形式、合同条款以及其他事实和环境三个方面进行判断。如果各参与方对合营安排的资产和负债享有权利和承担义务，就属于共同经营，应确认相应的资产、负债、收入和成本等（类似于比例合并），这一规定与 IAS 31 相比并无本质改变；如果各参与方仅对生产经营的最终结果——净资产享有权益，就属于合营企业，应确认为投资并按照《国际会计准则第 28 号——在联营企业和合营企业中的投资》（IAS 28）采用权益法核算，取消比例合并法的选择权②。为此，有学者质疑权益法用于核算不同性质的投资（联营企业和合营企业）是否会削弱会计信息质量。

3. 单行合并法

权益法的设计思路与企业合并类似，也称作单行合并法，是指投资以初始成本计量后，在投资持有期间，合并主体依据持有被合并实体所有者

----

① IAS 31 称为共同控制主体，而 IFRS 31 称为合营企业，二者在概念本质上并无差异，只不过 IAS 31 的判断标准更偏重于法律形式。

② IAS 31 原先将比例合并法作为基准方法，将权益法作为备选方法，后来根据与美国会计准则趋同的要求，仅允许采用权益法（汪祥耀和吴心驰，2013）。

权益份额的变动对投资实体的账面价值进行调整的方法。在现行准则下，权益法适用于共同控制、具有重大影响条件下对联营、合营主体的合并，但权益法也曾作为合并报表编报程序的替代品。早在 20 世纪 30 年代就有人倡导以权益法代替烦琐的合并报表编制程序（Dickerson and Jones，1933）。在英国，它最初适用于所有对子公司的投资；在美国，它最初仅适用于未列入合并报表的对子公司的投资。后来，随着 20 世纪 60 年代金融投资活动日趋活跃，权益法的适用范围扩大到并不拥有控制权的股权投资。伴随着六七十年代投资银行业的快速发展，企业间的交叉投资比较普遍，合营、联营等投资日益增多。由于这种情形下会计规则不要求编制合并报表，而投资方倾向于在实际收到股利之前先行记录潜在的盈亏，于是就出现了倡导及时反映被投资方盈亏信息的呼声，权益法的适用范围从而扩大到那些并不拥有控制权的股权投资（Driscoll，1971）。可见，权益法实际上把合并报表的思路推广到并不拥有控制权的股权投资（Gunther，1971；Nobes，2002）。权益法要求投资方在得知被投资方利润表中出现净利润时，按照以其持股比例乘以净利润所计算出的理论上的分享额，增记资产（股权投资）和利润。但是，如此增记的资产和利润仅仅是金融预期而非法律事实，并无法律证据表明投资方的财产权利和业绩有实际变动。虽然在投资方能够对被投资方施加控制、共同控制或重大影响的情况下，投资方往往预期其能够按照投资比例分享被投资方的利润，但那仅仅是预期而已，它们能否实现，在记账时尚无证据提供佐证（周华等，2011）。因此，权益法在某种程度上夸大了企业的账面价值。

第四章　会计计量的理论变迁

在本章，我们首先论述会计计量的定义，从资产计价和收益确定视角分析其重要意义，从计量单位和计量属性视角分析其组成。以此为基础，在理论层面讨论从以历史成本为主到推行公允价值的计量模式演进，分析公允价值产生的理论背景与经济意义；在实践层面，针对当前资本市场中有关会计计量的现实问题，着重分析多重计量属性并存的准则体系，并以资产减值核算为落脚点，探讨金融工具的减值模型和商誉的后续计量模式。

第一节　会计计量的概述

一、会计计量的含义

1. 定义

井尻雄士（Yuji Ijiri）在《会计计量基础》中指出计量是一种特殊的语言，它通过数字和数字系统预先决定的数字关系来反映现实世界的现象。1971 年，美国会计学会在《会计计量基础委员会的报告》中指出，会计计量是指按照规则，在观察和记录的基础上，将数字分配给一个主体的过去、现在或将来的经济现象。通过这些定义不难看出，会计计量是借助数字反映经济现象的过程，特别是价值的量化。然而，会计计量在财务会计和管理会计中具有不同的导向，财务会计重在恰当分配经营活动产生的收益，协调股东和主体内部或外部利益相关者的权益；管理会计重在向企业内部提供有关资源决策的有用信息（AAA，1971）。虽然二者有一定交叉，但会计计量在财务会计与管理会计中仍有较大的差异，在本书，我们主要讨论财务会计中的计量。对于会计准则而言，会计计量的对象主要是由企业交易和事项产生的各种要素。值得注意的是，财务会计一般是针对企业过去的交易和事项，而近年来金融工具核算引进的预期收益模型打

破了这一传统，该模型的引入是否合理？会计理论该如何创新？这些问题
我们将在下文予以详细讨论。

2. 重要性

财务会计通常被认为是一个对会计要素进行确认、计量和报告的过
程，而会计计量在会计确认和报告之间起着十分重要的作用，会计计量是
会计系统的核心职能（Yuji Ijiri，1975）。会计可以提供经济主体的数量信
息（APB，1970），从某种意义上讲，会计人员职责的本质包括分期决定
企业净收益和财务状况（Paton，1922），基于这一思路，会计计量的重要
作用主要体现在收益的确定与资产和负债的计价两方面。从会计的历史考
察，20 世纪 40 年代以前，会计界重视资产和负债的计价，资产负债表被
视为第一报表；20 世纪 40 年代以后，会计界转向重视收益的确定，利润
表成为第一报表（葛家澍和林志军，2001）；进入 21 世纪，由于一系列财
务造假的发生，投资者逐渐意识到企业财务状况与资产质量的重要性，资
产和负债的计价重新得到了重视。基于收入费用观，收益的确定先于资产
和负债的计价。由于企业行为具有连续性，其最终的经营结果总是在不确
定的将来才能呈现，管理当局、投资者和政府以及所有与企业利益相关的
团体的决策不能等到企业经营的最终结果确知才作出，因此必须对企业业
务进度在不同期间进行"测量上的读数"（test reading），其方法就是把某
一期间的收入同对应的成本进行比较，即会计的配比原则（Paton and
Littleton，1940），将不归属于这一期间的收入和费用"倒挤"成资产或
负债的计价。基于资产负债观，资产和负债的计价先于收益的确定，主体
净资产的增加即为收益，因而，收益的确定取决于资产和负债价值的
变化。

二、会计计量的组成

(一) 计量单位

会计计量的第一个组成部分是计量单位。计量必须根据计量对象的特
征选择适用的计量单位。如果计量对象的特征是质量，则计量单位可以是
千克、磅等；如果计量对象的特征是长度，则计量单位可以是千米、米
等。对于财务会计而言，会计计量的对象是交易或事项引起的价值运动，
计量单位是价值尺度，即货币。货币的每一单位都代表一定的购买力，当
某一国家或地区的物价比较稳定时，货币的购买力基本不变，计量单位应
是名义货币（normal money）；当某一国家或地区出现恶性通货膨胀时，
货币的购买力不稳定，计量单位应是不变购买力（constant purchasing

power)。当前，全世界绝大多数国家和地区物价基本稳定，因而会计计量所用的计量单位主要是企业所在国或所在地区的名义货币。跨国、跨地区的分公司需要向总公司提供财务报告时，应按总公司所在地采用的计量货币为计量单位进行折算。

（二）计量属性

会计计量的第二个组成部分是计量属性，本书主要参考 IASB 最新财务报告概念框架介绍计量属性。IASB 自 2012 年重启财务报告概念框架项目以来，历时 5 年有余，于 2018 年发布了最新修订的财务报告概念框架。在 IASB 的"项目总结"（project summary）中，关于计量的新变化被放在了首位。在 IASB 新概念框架中，计量基础分为历史成本和现行价值两类，后者包括现行成本、资产在用价值/负债履约价值和公允价值，这些计量属性分别体现了入手价值（entry value）、主体特定价值（entity specific value）和脱手价值（exit value）的思想，详见图 4-1。

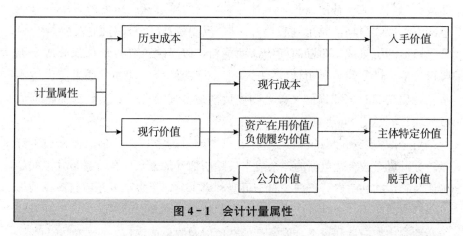

图 4-1　会计计量属性

基于 Barth 等（1995）和任世弛（2018）的研究，入手价值和脱手价值的思想是基于市场参与者视角的，而主体特定价值是基于主体管理者视角的。具体而言，入手价值是指在计量日取得一项资产将支付的金额，脱手价值是指在计量日卖出一项资产将收到的金额；主体特定价值是指主体从资产使用和到期处置中获取的预期收益。在完全有效市场中，上述三者并无差别，但在不完善、不完全的环境里，每种价值所提供的信息各不相同。相比较而言，入手价值往往较为可靠、客观，强调持续经营理念，以投入成本的足额补偿为基础，着眼于企业投入资本的保持；脱手价值更注重脱手转让而非持续经营获利；主体特定价值包含更多的管理层内部信息。

1. 历史成本

资产的历史成本是指资产取得或创造时的成本，是取得或创造该资产时发生的成本的价值，包括取得或创造该资产所支付的对价加上交易成本；负债的历史成本是指负债承担或接受时的成本，是承担或接受该负债所收取的对价减去交易成本。历史成本计量源于其产生的交易或其他事项中的价格。不同于当前价值，历史成本不反映价值的变动，除非这些变动与资产减值或负债亏损相关。值得注意的是，当资产取得或创造，或负债承担或接受时，作为非市场条款交易的事项导致的结果，可能无法识别成本，或者成本无法提供有关该资产或负债的相关信息。在这些情况下，资产或负债的当前价值被用作初始确认的认定成本（deemed cost），该认定成本被用作历史成本后续计量的起点。

历史成本体现了入手价值的思想，资产的历史成本可反映：（1）构成该资产的经济资源的部分或全部消耗（折旧或摊销）；（2）消耗部分或全部资产对应的成本补偿（折旧或摊销）；（3）导致资产历史成本的部分或全部不可回收事项的结果（减值）；（4）反映资产融资成分的应计利息。

负债的历史成本也随时间流逝而更新，以反映：（1）负债部分或全部履行价值；（2）履行该负债所需转移经济资源的价值增加，如果历史成本不足以反映履行该负债的义务，则该负债是亏损的；（3）反映负债融资成分的应计利息。

对金融资产和金融负债适用历史成本计量的方式之一是以摊余成本计量。金融资产或金融负债的摊余成本反映所估计的未来现金流量，并以初始确认时确定的利率进行折现。对于可变利率工具，折现率需要更新以反映该可变利率的变动。金融资产或金融负债的摊余成本随时间更新，以反映其后续变动，比如应计利息、金融资产的减值以及收取或支付。

2. 现行成本

资产的现行成本是指计量日同等资产的成本，包括计量日可能支付的对价，加上当日可能发生的交易成本；负债的现行成本是指计量日同等负债所收取的对价，减去当日可能发生的交易成本。现行成本同历史成本一样体现了入手价值的思想，它们都反映主体取得资产或承担负债可能获得的市场价格。与历史成本不同的是，现行成本反映了计量日的条件。在某些情况下，现行成本不能直接通过活跃市场的可观察价格确定，必须通过其他方式间接确定。例如，如果价格只对新资产可用，则可能需要调整新资产的当前价格，来反映所使用的资产的现行成本，以反映主体持有资产的当前年限和状况。

3. 公允价值

公允价值是指市场参与者之间在计量日进行的有序交易中出售一项资产所能收到或转移一项负债所需支付的价格。公允价值反映市场参与者——主体可进入市场的参与者——的视角。资产或负债的计量，采用市场参与者对资产和负债进行定价时所使用的相同假设，且市场参与者是以其最佳经济效用来使用该资产或负债。在某些情况下，公允价值可以直接通过活跃市场中的可观察价格来确定。在其他情况下，它间接通过使用计量技术来确定。值得注意的是，公允价值不会因取得该资产时发生的交易成本而上升，也不会因承担或接受该负债时发生的交易成本而下降，公允价值也不反映资产最终处置或负债转移结算时可能发生的交易成本。公允价值体现了脱手价值的思想，其产生背景、理论优势及经济后果将在下一节详细讨论。

4. 资产在用价值/负债履约价值

资产在用价值是指主体预期从一项资产的使用及其最终处置中产生的现金流量，或其他经济利益的现值；负债履约价值是指主体预期有义务作为履行负债而转移的现金，或其他经济资源的现值。这些现金或其他经济资源的金额，不仅包括向负债对手方转移的金额，还包括主体为履行该负债而预期有义务向其他方转移的金额。资产在用价值和负债履约价值不能直接观察到，需要采用基于现金流量的计量技术，并反映与公允价值相同的因素，但要以特定主体的视角而不是以市场参与者的视角。由于资产在用价值和负债履约价值基于未来现金流量，它们不包括取得资产或接受负债所发生的交易费用。但是，资产在用价值和负债履约价值包括主体预期的资产最终处置或负债最终履行所发生的交易成本的现值。此外，资产在用价值和负债履约价值反映特定主体的假设而不是市场参与者的假设，体现了主体特定价值的思想。

以上就是会计理论中常见的计量属性及相应的计量思想，会计准则要针对不同的交易和事项选用相适应的计量属性以实现会计目标。

第二节　公允价值

一、公允价值的产生与演进

1. 准则制定机构与证券行业

1887 年，美国公共会计师协会（American Association of Public Accountants，AAPA)① 成立，1896 年，纽约州通过美国第一部关于注册会计师资格认定的法律，美国公共会计师行业的发展自此拥有了组织上和法律上的保障。然而，受美国法律结构的限制，美国根本就没有联邦的公司法，各州的公司法相互独立且差异甚大，美国的公共会计师行业难以找到联邦统一的会计法规，无法得到联邦法规的保护（周华等，2009）。迫于无奈，美国会计师协会先后试图与州际商务委员会、联邦储备委员会和联邦贸易委员会建立合作关系，但都未能如愿。1926 年，美国会计师协会谋得了与纽约证券交易所的合作，为纽约证券交易所起草了会计报表和审计报告的标准格式，纽约证券交易所也规定公司报送的财务报表要交由公共会计师审计。在美国会计师协会的积极争取下，美国颁布了《1933 年证券法》（Securities Act of 1933）和《1934 年证券交易法》（Securities Exchange Act of 1934）要求上市公司的报表必须交由公共会计师审计，公共会计师行业自此获得了公司财务报告的审计权。1934 年，美国证券交易委员会（SEC）依《证券交易法》成立，负责制定适用于跨州发行证券的公司的信息披露规则。1938 年，SEC 正式发文决定由美国注册会计师协会制定证券市场的会计规则，SEC 保留否决权（Previts，1978）。自此开始，美国会计师协会先后附设会计程序委员会（CAP）和会计原则委员会（APB），制定证券市场的会计规则。1973 年，美国注册会计师协会与证券行业协会（Securities Industry Association）、注册金融分析师协会（CFA Institute）、财务经理国际协会（Financial Executives International）、管理会计师协会（Institute of Management Accountants）、美国会计学会共同设立财务会计基金会（Financial Accounting Foundation），借以组成美国财务会计准则委员会（FASB），由其负责准则制定工作至今（Zeff，1984）。通过上述内容不难看出，会计准则制定机构一直都与证券行业保持着十分紧密的联系，会计准则的制定也十分关注金融投资者的信息需求。

2. 公允价值理念的兴起

公允价值概念可以追溯到 19 世纪末期，当时美国物价持续下跌，历史成本会计导致企业资产账面价值虚高，利润偏低。1898 年，美国高等法院在 Ames 诉 Smith 一案的判例中，允许企业固定资产按照重估价计

---

① 该协会于 1916 年改称公共会计师协会（Institute of Public Accountants），1917 年又改称美国会计师协会（American Institute of Accountants），1936 年合并了 1921 年成立的美国注册会计师公会（American Society of Certified Public Accountants），1957 年改用现名美国注册会计师协会（American Institute of Certified Public Accountants）。

量，资产重估从此在美国开始广泛应用（王澹如和陈今池，1987）。20 世纪 20 年代，美国企业经常对资产进行重估，由于早期资产重估不规范，会计计量十分混乱，利润操纵、财务舞弊并不罕见。1929 年美国发生了大萧条，SEC 通过制定会计规范来遏制已存在的舞弊现象，要求资产重估的公司必须提供充足的证明材料。这一要求加大了企业披露成本，大多数公司又重新使用历史成本（Walker，1992）。至此，美国资产重估会计得到一定程度的遏制，但仍有部分公司在报表附注中披露资产重估信息（Walker，1992）。与此同时，会计理论界也十分避讳资产重估，传统理论认为会计是一个配比过程而不是一个计量过程，哈特菲尔德（Hatfield）和利特尔顿等都是历史成本的拥护者。1965 年，APB 正式发布第 6 号意见书，禁止企业对厂房、设备等固定资产进行重估。

　　直到 20 世纪 60 年代末，美国学术界才开始从会计确认和披露研究转向会计计量的探讨，包括重置成本、脱手价值、净现值和市场价值等，具有代表性的学者及其观点如下。钱伯斯（Chambers）毕生竭力推广公允价值概念，在其 1966 年出版的《会计词库：会计学的五百年》（*An Accounting Thesaurus—500 Years of Accounting*）中指出财务报表应当采用现行销售价格（current selling price）而不应该采用历史成本计量资产。斯特林（Sterling）在 1980 年接受《财富》杂志采访时表示会计人员应当采用脱手价值计量资产的市场价格，会计人员不能满足于成本分配，还应了解市场价值。斯普劳斯和穆尼茨（Sprouse and Moonitz，1962）合著的《会计研究文集》第三辑《企业广义会计原则试行公告》（*A Tentative Set of Broad Accounting Principle for Business Enterprises*）也提议按照服务潜力的折现值来计量资产，按可变现净值来计量待售存货。舒茨（Schuetze）在毕马威工作时就认为历史成本相关性较弱，积极主张盯市会计（Sechuetze and Wolnizer，2004；Colson，2006）。1973 年，舒茨和斯普劳斯都被财务会计基金会（FAF）选中，成为 FASB 的委员，公允价值会计在会计准则中进一步推广应用。1974 年由斯普劳斯负责完成的《财务会计准则公告第 2 号——研发支出的会计处理》（SFAS 2）和 1975 年由舒茨负责完成的《财务会计准则公告第 5 号——或有事项的会计处理》（SFAS 5）都体现了公允价值的理念。

　　3. 证券业与银行业的博弈

　　20 世纪 80 年代以来，美国金融市场蓬勃发展，金融工具所带来的会计问题引发会计界的广泛争议。美国次贷危机的爆发大大推动了公允价值会计改革的进程。这次危机爆发后，人们普遍认为历史成本会计传递了错误的信息，误导了投资者的决策，因此呼吁使用公允价值会计替代历史成本会计。为此，1990 年 9 月，时任 SEC 主席理查德·布雷登（Riehard C. Breeden）在所罗门美邦第四届金融服务年会中发表了《财务报告的恰当角色：以市值为基础的会计》的演讲，他表示以历史成本为基础的会计信息不能预防和化解金融机构的危机，以市场行情为基础的信息有助于管理层对金融机构的真实价值和风险暴露做出更有意义的评估，现行价值信息比历史成本信息更能精确地测度金融机构的健康程度。作为 SEC 的亲密助手，FASB 在准则制定中进一步贯彻公允价值理念。

然而，银行业并不愿意以公允价值会计替代历史成本会计。1990 年，时任美联储主席格林斯潘（Greenspan）在给 SEC 主席布雷登的信中表示，商业银行的战略一般是运用其信贷经验将资产分散配置到特定的贷款人身上，并将此资产持有至到期，我们不能以贷款立即转让的价值来衡量战略的成败。显然，在衡量交换价值时需要考虑交付期间的长短，但对于大多数银行贷款和表外承诺的价值来说，合适的估价是其初始取得代价减去预期其在到期日的表现，利用盯市会计反映其在当时的清算价值不能用于衡量商业银行的运营是否成功。1992 年，时任联邦存款保险公司总裁威廉·泰勒（William Taylor）也表示市值会计（market value accounting）会使银行业关注短期利率的波动，忽视借款人的还款能力。1993 年，时任美国财政部长尼古拉斯·布雷迪（Nicholas F. Brady）认为银行业为减小利润和资本的波动可能会减持抵押贷款支持证券，这会加剧证券市场的下行预期，影响市场流动性；为了保证资本充足率，当资产市值下跌时，会通过降低存款利率的办法降低负债额度，进而使资金流出银行系统，引发信贷紧缩。

为此，FASB 不得不在证券业和银行业之间进行调和。1993 年，《财务会计准则公告第 115 号——特定债券类和权益类证券投资的会计处理》（SFAS 115）提出了一套方案：管理层可根据意图将持有的证券分为交易性证券和可供出售证券，并分别将其价值变动计入损益和权益（其他综合收益）。这种做法既照顾了 SEC 推行公允价值的决心，也适当安抚了银行业的利益诉求。

4. 公允价值会计的不断完善

FASB 着手加强会计概念框架研究的做法在某种程度上奠定了公允价值发展的理论基础。1978 年，FASB 发布了《财务会计准则公告第 1 号——企业财务报告的目标》（SFAS 1），提出财务报告的目标是为决策制定提供有用信息。1980 年又发布了《财务会计准则公告第 2 号——会计信息的质量特征》（SFAS 2），指出相关性和可靠性是会计信息最重要的质量特征。依据上述准则，随着证券行业的发展，历史成本有时难以提供相关、可靠的信息，而公允价值则满足了相关性要求。

20 世纪 90 年代，FASB 共发布了 32 份财务会计准则公告，其中 15 份直接涉及现值的计量问题（王肖健，2009）。但《财务会计准则公告第 5 号——企业财务报表的确认和计量》（SFAS 5）中有关现值计量的应用指引还不是很明确，仍需提供具体指导。为此，FASB 于 2000 年发布了《财务会计准则公告第 7 号——在会计计量中应用现金流量信息与现值》（SFAS 7），首次在会计概念框架中讨论公允价值计量问题，并对公允价值定义、估值技术等相关问题进行了较为详细的阐述。然而，SFAS 7 发布后引起了巨大的争议，比如，如何理解公允价值与现值的关系，如何计量公允价值等。为此，FASB 于 2003 年重新启动公允价值计量研究项目，并于 2006 年 9 月发布了《财务会计准则公告第 157 号——公允价值计量》（SFAS 157），详细论述了公允价值的定义、主要（或最有优势）市场、公允价值的初始确认和后续确认、估值技术和公允价值层次、披露等内容。值得注意的是，该准则仍有理论上的不足。比如，成本法估值技术实则是现行重置成本（current replacement cost），体现了入手价值的思想，收益法估值技术实则是企业预期自用资产所带来的收益，体现了主体特定价值，这些并非公允价值本身所体现的脱手价值思想。

2007 年，美国次贷危机引发了金融危机。在本次金融危机中公允价值的顺周期效应备受争议，不同利益集团围绕公允价值会计的问题展开了激烈博弈。以金融界和审慎监管部门为代表的反对方认为，公允价值会计具有顺周期效应，是金融危机的罪魁祸首；以投资者和证券监管部门为代表的支持方认为，公允价值会计提升了信息的透明度，有助于投资者及时了解金融机构的财务状况，有助于恢复金融稳定，公允价值是风险信息的"传递者"而非风险的来源之一。为此，二十国集团（G20）峰会领导人提出了建立全球统一的高质量会计准则、提升金融市场透明度的要求。金融稳定理事会（Financial Stability Board，FSB）也提出了关于完善资本监管和减值拨备改革的设想。以 G20、金融稳定理事会、金融危机咨询组为代表的政治势力的介入，给会计准则的制定带来了压力，在保持会计准则制定相对独立的情况下，如何协调好会计与审慎监管之间的差异是未来改进公允价值会计的重要课题。

5. 公允价值与金融分析

有学者认为当前的会计准则体系更像一套金融分析规则，特别是公允价值会计的应用。公允价值需要运用金融预期和估计，这些分析虽然基于客观事实，但并非基于法律事实，因而公信力相对较低。传统意义上，会计是以加强企业经营管理和国民经济管理为中心的，强调通过会计凭证传递、依据法律事实记账。特别在我国，会计准则具有法律效力，公允价值的推行更需谨慎。不仅如此，基于金融分析的公允价值有时不能提供有用的信息。因为金融产品的价格取决于边际投资者和多头空头的预期，任何一门学科包括会计都难以精确算出产品的价值，加之管理层盈余操纵等因素的干扰，公允价值是否深入推广仍需更基础的理论论证支持。

二、公允价值的经济后果

1. 公允价值的信息质量

收入费用观倾向于采用历史（折旧）成本计量，而资产负债观主张采用公允价值计量（Dichev，2008），对历史成本计量和公允价值计量的优劣争论由来已久。公允价值计量与历史成本计量的争论本质上是对相关性和可靠性概念的权衡：支持者认为公允价值计量为财务信息使用者提供了更加相关的信息，反对者认为公允价值信息缺乏可靠性，尤其是在不存在活跃交易市场的情况下，公允价值信息更加难以验证（Laux and Leuz，2010）。一些研究表明，公允价值计量为财务报告使用者提供了更多的信息，提高了财务报告的及时性和透明度（Ryan，2008），是管理层向资本市场传递私有信息的媒介（Beaver and Venkatachalam，2003；Beatty and Harris，1999），能够比历史成本计量提供更具有预测性的信息（Barth et al.，2001；Carroll et al.，2003）。然而，也有研究表明，在相关资产和负债不存在活跃交易市场或者其价值是基于管理层假设确定的情况下，至少有一部分相关资产和负债的不可观察的真实价值被噪声替代（Kolev，2009），公允价值估值的可靠性受到质疑（Nissim，2003）。由于在估值过程中过分依赖管理层假设，管理层有动机利用公允价值进行盈余管理，这降低了相关公允价值估值的可靠性。

公允价值的价值相关性是公允价值会计研究的重要内容（Barth et al.，2001）。早期，公允价值的应用效果研究主要集中在石油和天然气储备会计以及养老金和其他退休福利会计领域，很多研究表明公允价值具有显著的价值相关性（Beaver and Landsman，1983；Beaver and Ryan，1985；Harris and Ohlson，1987；Landsman，1986；Barth，1991）。1991年，随着FASB发布《财务会计准则第107号——金融工具的公允价值披露》（SFAS 107），金融工具采用公允价值计量的经济后果成为研究的焦点。多数研究表明公允价值计量能够更好地解释股票价格，其价值相关性显著高于按历史成本计量的证券投资（Barth，1994；Petroni and Wahlen，1995；Venkatachalam，1996），但也有研究认为贷款、存款和长期债券的公允价值不具有价值相关性（Nelson，1996）。还有一些研究聚焦于非金融资产，支持非金融资产的公允价值具有价值相关性（Easton et al.，1993；Barth and Clinch，1998；Dietrich et al.，2000）。此外，还有一些研究发现公允价值会削弱稳健性（Watts，2003）。

2. 公允价值的契约有效性

会计信息作为企业契约各方相互制衡的重要手段，影响着经济资源在契约各方之间的流动和分配，公允价值也不例外。关于公允价值的契约有效性的实证研究文献相对较少，且多数围绕债务契约，比较有代表性的研究包括：Barth 等（1995）针对 SFAS 115 发布实施后引发的广泛争议，实证研究了公允价值会计对银行利润的稳定性、自有资本金要求和契约性现金流量的影响，在契约有效性方面的研究结果发现，在公允价值基础上，银行违反自有资本金要求的频率增加；Carroll（2003）认为，由于 SFAS 115 只要求对证券资产采用公允价值，而负债的会计处理并没有发生变化，所以它与历史成本会计一样会使银行资本计量不当，这种新会计模式并不会影响银行失败的概率；另外，Burkhardt（2004）假定银行从历史成本会计转向公允价值会计会减少市场投资者与银行之间的信息不对称，并对采用公允价值会计后的银行投资行为、违约风险、投资价值和监管影响进行了实证研究，结果表明，公允价值会计增强了银行资产的流动性、强化了银行负债的道德风险，如果负债率非常高的银行从历史成本转向公允价值，还会增大银行违约的概率，从而减少社会福利。此外，还有一些研究关注管理层的薪酬契约，认为委托人难以通过公允价值变动辨别新增财富的可实现性与现实性的差异，也不能辨别市场优势地位与管理层努力程度对业绩的影响，常见的公司治理机制在该问题上并没有发挥应有的控制作用（Shleifer and Vishny，1997）。

3. 公允价值的顺周期效应

公允价值能够有效地向资本市场传递银行的内在风险（Hodder et al.，2005），由于公允价值会计与资本监管比率之间存在相互作用（Adrian and Shin，2007），在一个以公允价值会计为导向的金融系统中，为满足某些偿债比率的要求，金融机构被迫出售风险资产，导致资产价格下跌。如果市场吸收过量供给的能力不足，则可能会导致市场衰退。当资产按照新的市场低价计量时，为规避监管资本的限制，金融机构会出售更多的风险资产，导致资产价格进一步下跌，增大金融系统整体倒塌的风险（Heaton et al.，2005；Cifuentes et al.，2005；Khan，2009），对于那些具有短视行为的公司而言，这种顺周期效应将更加明显（Plantin et al.，2005）。在金融危机时期，由于公允价值会计增大了财务报表的波动性（Novoa et al.，2009），公允价值会计可能引发金融市场的传染效应，金融机构的过度反应加剧了公允价值的顺周期效应（Allen and Carletti，2008；Brunnermeier and Pedersen，2009）。然而，也有很多学者认为公允价值会计在银行损益表和监管资本比率方面发挥的作用较小（Laux and Leuz，2010），金融危机期间证券的抛售与公允价值会计无关，并未找到公允价值导致顺周期效应的证据（Amel-Zadeh and Meeks，2013）。

随着当代财务会计试图把越来越多的所谓"资产负债表外业务"纳入表内核算和试图在会计报表中反映资产、负债价值的变化，会计准则中越来越多引入了公允价值计量基础。然而，通过上文论述不难发现，公允价值的实施有利有弊，如何利用公允价值提供有用的财务信息，在何种情况下应当如何采用公允价值计量，这些问题仍需学者们给予足够的重视。

第三节　资产减值

会计的计量属性不仅与资产和负债的初始计量有关，而且与资产和负债的后续计量有关。一般而言，资产和负债以历史成本和公允价值进行初始计量，以公允价值、现行成本和资产在用价值（负债履约价值）进行后续计量。对于资产减值会计而言，会计的多重计量属性模式（mixed attribute model）体现得最为明显。

一、资产减值

1. 资产减值与多重计量属性

在现行会计准则体系中，在资产负债表日，存货应当按照成本与可变现净值①孰低计量。存货成本高于其可变现净值的，应当计提存货跌价准备，计入当期损益。企业应当在资产负债表日判断固定资产是否存在可能发生减值的迹象。存在减值迹象的，应当估计其可收回金额。资产的可收

---

① 可变现净值是指在日常活动中，存货的估计售价减去至完工时估计将要发生的成本、估计的销售费用以及相关税费后的金额。

回金额低于其账面价值的，应当将资产的账面价值减记至可收回金额，减记的金额确认为资产减值损失，计入当期损益，同时计提相应的资产减值准备。值得注意的是，可收回金额、可变现净值等并不是概念框架中的计量属性，但其计算或多或少涉及概念框架中的计量属性，在一定程度上体现了会计计量属性的相应思想。比如，可收回金额应当根据资产的公允价值减去处置费用后的净额与资产预计未来现金流量的现值两者之间较高者确定，这两部分分别体现了脱手价值的思想和主体特定价值的思想。因此，资产减值会计是会计多重计量属性的有力体现。

2. 资产减值与谨慎性原则

15 世纪以来，谨慎性（conservatism）原则便影响着会计实践与会计理论（Givoly and Hayn, 2000）。谨慎性原则之所以备受推崇，主要有三个原因：第一，在中世纪，面临审计压力的庄园管家倾向于尽量低估资产，这种具有自保性质的保守做法对庄园管家更为安全。这被认为是谨慎性原则的起源。第二，英国的会计师为了避免法律风险，防止从资本中分配红利，倾向于故意低估资产价值和利润。成本与市价孰低法受到推崇。第三，美国的公共会计师行业为了讨好商业银行，把谨慎性原则列为职业信条。美国在 19 世纪末尚未形成全国性的资本市场，企业周转资金主要来源于银行借款。这一时期，美国的公共会计师行业以商业银行为主要客户，主要通过验证企业资产负债表中的流动资产和流动负债来谋生存。对于商业银行来说，它们更需要了解发生预期损失（而不是获取利润）的可能性，为此提出了谨慎性原则的要求。于是，公共会计师行业便把谨慎性原则列入了自己的职业信条（Chatfield, 1989）。

然而，理论界对谨慎性原则一直存在争议。谨慎性原则又称稳健性原则，主张记录资产市场价值的下跌、记录预期负债，从而达到不高估资产或收益、不低估负债或费用的效果。根据性质的差异，谨慎性可分为条件谨慎性和非条件谨慎性。对于条件谨慎性而言，会计人员在确认"好消息"时对可验证性的要求更高，对于损失（"坏消息"）要及时确认而对于利得（"好消息"）要有充分的证据时才予以确认（Basu, 1997）。受此影响，会计准则中不乏计提减值却不允许其转回、只记录资产减值而非资产增值的规定[①]。谨慎的会计处理会低估本期的资产和利润，高估以后期间的利润，进而造成信息有偏。这种对"好消息"的苛求看似一种"美德"，实则是缺乏理论支持的会计惯例。为此，FASB 和 IASB 都在最新的

————————

① 这些规定的初衷在某种程度上是基于谨慎性而限制管理层的盈余管理行为。

财务概念框架中取消了谨慎性要求，并以中立的"审慎"（prudence）代之。尽管谨慎性原则现已不被提倡，但其对会计准则的影响一时还难以消退，支持谨慎性原则的学术研究也不在少数。

二、金融工具的减值

基于审慎做法计提减值以如实反映企业财务状况的做法是可取的，而与其他资产和负债的减值规则相比，金融工具的减值规则最为特殊。一方面，基于未来可能发生的事项而计提的资产减值是否契合会计学理论本质？另一方面，主体因资信状况恶化而确认利得的做法是否合理？

1. 预期信用损失模型

2014 年发布的《国际财务报告准则第 9 号——金融工具》引入了"预期信用损失"（expected credit loss）的概念，使得金融资产减值准备的计算摆脱了此前《国际会计准则第 39 号——金融工具确认与计量》要求只有在具备"客观证据"时才能对"已发生损失"（incurred loss）计提减值准备的规定。二者的差别主要体现在：已发生损失模型基于截至资产负债表日的客观事实确认减值，不考虑未来事件造成的损失，而预期信用损失模型还需要考虑未来可能发生的客观事实（IASB，2014）。新准则的这套规则与《巴塞尔协议》中的银行业监管规则思路一致，联系紧密。

次贷危机之后，贷款损失准备会计规则、证券监管规则和银行业监管规则面临着巨大的改革压力。1991 年，美国国会通过《联邦存款保险公司促进法》，要求银行业监管机构采用与公认会计原则一致的统一会计原则（uniform accounting principles consistent with GAAP），公认会计原则的适用范围被扩大至银行业监管领域。1993 年，FASB 发布《财务会计准则公告第 114 号——债权人对贷款减值的会计处理》（SFAS 114），提出了运用现值算法进行贷款减值测试的规则。同年，为借助 SFAS 114 敦促银行业提高贷款损失准备的水平，减少监管和会计标准间的差异，美国货币监理署（OCC）、美联储、联邦存款保险公司（FDIC）、储蓄机构监管署（OTS）四家联邦银行监管机构（以下合称"四大机构"）联合发布《贷款和租赁损失准备的联合政策公告》，要求银行业在计算"估计信贷损失"（estimated credit losses）时遵循公认会计原则。该文件坚持原有的银行监管规则，要求按照 5C 原则①进行五级分类，对次级类、可疑类、损失

---

① 5C 原则包括：品德（character）、资本（capital）、能力（capacity）、贷款担保（collateral）和经营状况（condition of business）。

类贷款分别按 15%、50%、100% 计算贷款损失准备，对于关注类贷款按照未来 12 个月的估计损失来计算，这一预期信用损失的理念大幅提高了银行业的贷款损失准备水平。然而，这种基于假定的计算为上市公司提供了操纵利润的机会（Levitt，1998）。1994 年，美国联邦审计署向参众两院提交报告《存款机构：多样化的贷款损失计算方法破坏了财务报告的有用性》，认为与 1991 年拨备不足的情形相反，现在的问题是拨备过度，大多数接受检查的银行的贷款损失准备缺乏合理依据。1999 年，FASB 发布《第 5 号和第 114 号准则在贷款组合中的应用》，禁止银行对预期的未来信用损失计提减值准备。尽管如此，主张降低减值准备的 SEC 与主张提高减值准备的银行监管机构之间的冲突依然存在。

作为风险管理的指南，《巴塞尔协议》已基本被全球银行业认同，是国际银行业的主要监管标准。2008 年次贷危机后，金融稳定理事会和巴塞尔银行监管委员会（Basel Committee on Banking Supervision，BCBS）遵循二十国集团领导人确定的方向，全面推进国际金融监管改革。2010 年，G20 首尔峰会召开，金融稳定理事会关于降低系统重要性金融机构道德风险的政策框架和 BCBS 关于商业银行资本监管、流动性监管的改革方案获得批准。同年，BCBS 发布《巴塞尔协议Ⅲ：更稳健的银行与银行系统的全球监管框架》（Basel Ⅲ：A Global Regulatory Framework for More Resilient Banks and Banking Systems）和《巴塞尔协议Ⅲ：流动性风险计量、标准和监测的全球框架》（Basel Ⅲ：International Framework for Liquidity Risk Measurement，Standards and Monitoring），确立了微观审慎和宏观审慎相结合的金融监管新思路。为缓解顺周期性，BCBS 积极推动实施前瞻性拨备制度，倡导会计准则拨备模型向预期损失方法转变。随后，准则制定机构顺应 BCBS 等金融监管组织的立场，多次讨论了前瞻性拨备的会计规则，如 IASB 于 2009 年发布的《金融工具：摊余成本和减值（征求意见稿）》（ED/2009/12）、IASB 与 FASB 于 2011 年联合发布的《金融工具：减值（增补征求意见稿）》（ED/2009/12）、IASB 于 2013 年发布的《金融工具：预期信用损失（征求意见稿）》（ED/2013/3）等。最终，IASB 于 2014 年正式发布了 IFRS 9 最终稿，要求主体在初始确认时就预估信用损失，并在金融资产的全部生命周期内及时确认预期损失的变动。

回顾金融资产减值模型的发展历程我们不难看出，会计的核算规则和银行业监管法规最初并不相同，为了加强次贷危机后的金融监管，会计准则的制定机构努力满足银行业监管对会计信息的需要，并引入了预期信用损失模型。虽然这种做法减少了监管规则与会计规则的差异，降低了监管成本，但这种做法是否符合现有会计的理论架构，会计理论还需如何完善，这些问题有待深入讨论。

2. 金融负债

1975 年，FASB 颁布《财务会计准则公告第 5 号——或有事项的会计处理》，有关预计负债的会计处理标志着谨慎性原则开始向负债进行渗透。对于金融负债而言，当主体的资信状况恶化时，债务的公允价值下降，债权人对主体资产的要求权降低，股东要求权增加，这种情况将使得公允价值会计确认一项利得。Lipe（2002）曾对一家丑闻缠身的美国上市公司 Boston Chicken① 进行财务报表（1997）调整，以反映资信状况下降的影响。有趣的是，调整后的报表使这家公司从 2.397 亿美元的亏损转变为 0.873 亿美元的盈利，所有财务比例大幅改观，这家次年申请破产的企业如果当初被允许在损益表里确认资信状况下降的利得，其报表将呈现出欣欣向荣的景象。由此看来，资信状况下降的利得有时难以提供有用的会计信息。

为了迎合证券业的会计诉求，重在反映资产和负债价值的公允价值逐渐渗入会计准则体系，财务报告中确认的未实现收益随之增多，其中一些资产和负债价值变化所带来的收益能否在未来实现不得而知。众所周知，会计之所以被人们重视，根本原因是会计信息相比于其他信息具有更强的公信力。在会计准则发展的过程中，我们需要了解不同利益集团的信息诉求，与此同时更要保证自身的独立性，坚守会计固有的理论基础，不能盲目迎合，也不能故步自封。

第四节　商誉减值的决策有用性困境：基于净空高度和盈余操纵视角

为研究商誉后续计量决策有用性欠佳的现状与成因，本节以沪深 A 股 2014—2017 年上市公司为样本，实证分析商誉减值披露的市场反应与经济含义。研究发现，商誉减值披露会引发投资者负向市场反应，但披露商誉减值的企业在未来两年内的经营业绩并不会显著下滑，这一反常现象主要与管理层"洗大澡"行为有关，与未确认净空高度的存在关系不大，特别是在管理层任期较长、持股比例较高的企业中，这一现象尤为明显。

---

① 该公司由于财务造假，股价严重下跌，1998 年宣告破产。

经验证据表明，我国当前商誉减值的会计反应背离其经济含义，投资者难以有效甄别商誉减值的信息质量，如何限制管理层的盈余操纵是优化商誉后续计量的主要问题。研究结论支持商誉"双重计量确认模型"的提出，对会计准则制定与资本市场监管具有一定的启示意义。

一、引言

商誉代表企业未来获取超额收益的能力，是企业未来超额收益的期望现值（Johnson，1998），但由于商誉的可辨认性较低，会计核算只能以非同一控制下企业合并的购买价差对外购商誉的入账价值进行间接计量，加之企业并购交易存在定价虚高的可能（Heaton，2002；Aktas et al.，2013），商誉的初始计量往往与其理论内涵存在偏差①，虚高现象普遍（Gu and Lev，2011）。要如实反映企业外购商誉的真实价值，商誉的后续计量至关重要。自商誉由摊销法核算转为减值法核算后②，世界各国对于商誉减值法的应用效果普遍欠佳（Hamberg et al.，2011），原因主要有两方面：基于会计准则的技术瓶颈，无法确认的表外经济资源和表内项目的计量偏差形成未确认净空高度（unrecognized headroom）③影响商誉减值法的应用效果（Andre et al.，2016；IASB，2018）；基于会计准则的执行效果，复杂的减值测试程序和较高的管理层主观判断降低了商誉减值的可验证性，商誉减值的信息质量很容易受到代理成本、管理层过度乐观等问题的影响（Beatty and Weber，2006；Li and Sloan，2017；IASB，2020），不乏盈余操纵。然而，若要在商誉减值测试中考虑未确认净空高度势必会进一步增大减值测试的复杂性与管理层的主观裁量空间（陆建桥和王文慧，2018），从而增大管理层操纵盈余的可能性，因此，优化商誉后续计量模式有必要在未确认净空高度与盈余操纵之间适当权衡。为此，结合我国资本市场高比例商誉、大规模商誉减值，甚至是与此相关的"业绩变脸"等问题日益凸显的现实背景（谢德仁，2019；宋建波和张海晴，

---

① 研究发现，基于总计价账户论"倒挤"出的商誉价值一般可分为六个组成部分，其中，只有核心商誉严格契合商誉的本质概念，其他部分则因会计稳健性、错误定价等影响，并不严格符合商誉的本质认知（Johnson and Petrone，1998），详细内容请参见本系列研究其他成果的论述。

② 2001 年，FASB 在 SFAS 142 中取消了商誉摊销法；2004 年，IASB 在 IAS 36 中取消了商誉摊销法。不同国家的会计准则制定机构对商誉后续计量的要求不同，我国财政部会计准则委员会与FASB、IASB 要求对商誉进行减值，而有些国家则允许对商誉进行摊销，如日本、意大利。

③ 未确认净空高度也称为商誉减值缓冲，是指现金流产出单元中可收回金额超过已确认净资产账面价值的部分。

2019），分析并比较未确认净空高度与盈余操纵对商誉减值决策有用性的影响程度，从而明确优化商誉后续计量模式的导向，对我国会计准则建设与资本市场发展具有十分重要的理论与实践意义。

决策有用性是指会计信息在如实反映的前提下，尽可能与财务报告使用者的决策相关。为研究我国商誉减值决策有用性欠佳的现状与成因，本书基于投资者决策视角，选取沪深 A 股上市公司数据实证分析商誉减值披露的市场反应（相关性）与经济含义（如实反映）。具体而言，（1）借助倾向得分匹配法（propensity score matching，PSM）实证检验了商誉减值信息与投资者决策的相关性，发现无论是对已发生商誉减值的企业，还是对潜在商誉减值的企业，减值信息的披露均会引起投资者负向市场反应；（2）借鉴 Li 等（2011）的研究，分析商誉减值如实反映信息质量特征，发现企业披露商誉减值后两年内的经营业绩并不会显著下降，商誉减值的会计反应背离其经济含义，这主要是管理层"洗大澡"行为所致，与未确认净空高度关系不大，特别是在管理层任期较长、持股比例较高的企业中，这一现象尤为明显。研究表明，商誉减值是投资者决策所需信息，但投资者不能有效甄别其信息质量，优化商誉后续计量模式的主要问题在于如何限制管理层的盈余操纵空间，而商誉后续计量的混合模式，即"与其他综合收益相结合的双重计量确认模型"可在一定程度上提升商誉减值的决策有用性[①]。

二、文献回顾

商誉的会计处理因企业合并会计方法的选择而不同[②]，在权益联合法下，合并双方是权益形式的联合，最终控制权并未发生转移，企业合并权益、资产和负债的账面价值并不改变。在购买法下，最终控制权发生转移，外购商誉以合并价差的形式被确认在会计系统中。20 世纪中后期，由于权益联合法允许合并整个年度的收益，并且购买法下产生的商誉应在不超过 40 年的期限内摊销进而对未来业绩造成负面影响，很多不满足条件的企业为追求高额收益会滥用权益联合法。尽管 AICPA、SEC 相继发布了很多有关权益联合法使用的限制性条款，如 APB 16 中提及的 12 个条

---

① 与其他综合收益相结合的双重计量确认模型是指"双重计量——对商誉进行摊销的同时进行减值测试"与"双重确认——将摊销额计入损益，将减值损失计入 OCI 并在后续期间循环至损益"。本书将于本章第四节"研究结论与政策启示"部分论述该模型与商誉减值决策有用性的初步关联。

② 新起点法（fresh-start method）在现行会计准则中并不常见，本书不予讨论。

件、AICPA 发布的 39 个说明、SEC 发布的 3 个会计公告补充指引等，但仍未有效解决这一问题。1999 年，FASB 在关于"企业合并与无形资产"的征求意见稿中提议取消权益联合法并缩短商誉的摊销期限至 20 年，但遭到了工商界与美国国会的强烈抵制，它们认为 FASB 的技术性观点难以令人信服，特别是对于创新增长型公司，这一做法会造成很多负面影响（Wallman et al.，1999）。为此，历来不支持商誉减值测试的 FASB 迫于压力在 SFAS 142（2001）中摒弃了商誉摊销的规定（Weil，2000；丁友刚，2004；黄世忠等，2004；Romanna，2008）。基于经济后果观（Zeff，1978），商誉的后续计量不单是纯粹的会计技术问题，还涉及不同利益集团之间的博弈；基于会计技术观，商誉减值能否提供高质量的决策有用信息一直以来都是值得探讨的有趣话题。

一些研究认为，商誉减值是基于企业未来业绩的预期，向市场传递了有助于决策的私有信息（FASB，2001；IASB，2005），反映了企业潜在的投资机会（Godfrey and Koh，2009），具有价值相关性（Chen et al.，2004）。也有研究对商誉减值能否如实反映企业财务状况提出质疑，一方面，商誉减值涉及资产组认定、外购商誉分配等问题，相比于一般资产的减值，这些问题对管理层的能力提出了更高的要求，较高的执行成本会在一定程度上削弱会计信息的质量（Kothari，2000）。另一方面，较之于资产摊销，资产减值依附于较大的主观裁量权（Rees et al.，1996），特别是对于商誉而言，其减值金额的计量较为主观且可验证性较低，这便赋予了管理层更大的盈余操纵空间（Romanna and Watts，2012；Alves，2013）。商誉由摊销改为减值核算后，信息质量并未得到显著的提升，商誉减值甚至沦为管理层操纵盈余的工具（Li and Sloan，2017）。由此看来，这些研究似乎并不对商誉减值的决策有用性持乐观态度，对商誉减值的盈余管理问题存在较大顾虑。

IASB 对商誉后续计量的讨论从未停歇。2014 年，IASB 开展《国际财务报告准则第 3 号——企业合并》实施后审议项目（Post-implementation Review of IFRS 3，PIR IFRS 3）。2015 年，在 PIR IFRS 3 的反馈结果中，一些投资者认为商誉减值有利于评估管理层的受托责任，可以提供有用的信息；一些利益相关者认为商誉减值过于复杂，执行成本较高，及时性较差，并建议重新引入商誉摊销。2016 年，IASB 就改进商誉减值的测试方法进行了重点讨论，并建议引入净空高度法（headroom approach）以解决商誉减值不及时、不充分的问题。在会计准则国际趋同的背景下，我国也积极关注未确认净空高度的国际动态，但已有研究大多聚焦于概念界定与应用说明，尚未有文献对净空高度法的有效性予以量化分析，未确认净空高度在多大程度上影响商誉减值的决策有用性有待实证检验。

在我国，A 股市场中因商誉减值而发生业绩反转的案例屡见不鲜，商誉减值已成为资本市场稳定发展的一大隐患（张新民等，2020；周泽将等，2019）。为强化商誉减值的会计监管，我国证监会于 2018 年 11 月发布《会计监管风险提示第 8 号——商誉减值》，进一步规范上市公司商誉减值的会计处理及信息披露。作为与商誉最相关的制度基础，我国会计准则的制定与研究亟须重新审视商誉的后续计量方法，从根本上提升商誉会计信息的决策有用性，进而推动我国资本市场长期健康发展。有鉴于此，市场参与者是如何对商誉减值信息做出反应的？商誉减值是否如实反映了企业未来的经营状况？商誉减值的决策有用性困境到底是管理层盈余操纵所致，还是净空高度所致？这些问题的答案对资本市场管控商誉减值风险、进一步优化商誉会计尤为重要。

三、研究假设

（一）商誉减值的市场反应

由于商誉难以独立产生现金流，应当结合与其相关的现金流产出单元（cash generating unit，CGU）① 进行减值测试，若 CGU 的可收回金额低于其账面价值，应就差额确认减值损失。在确定可收回金额的过程中，公允价值是基于市场参与者角度的脱手价值，而在用价值是基于特定主体视角的自用价值，无论采用哪一种计量属性②，管理层都需要对 CGU 的未来现金流量做出合理预期，因此，商誉减值的披露可视作管理层向市场传递企业未来经营状况的私有信息。作为对商誉潜在经济属性的有效反映（Chalmers et al.，2011），商誉减值意味着企业获取超额收益的能力下降，向市场传递了企业未来经营业绩的负向消息（Chalmers et al.，2011）。在有效市场条件下，投资者会基于这一信息对公司未来的盈利能力和经营风险做出不乐观预期，进而产生负向市场反应，增大股票下行压力（Cheol，2011；Bens et al.，2011）。基于上述分析，本书提出假设 H₁：

H₁：投资者会对商誉减值披露做出反应，即累计超额报酬与非预期商誉减值负相关。

---

① 基于 IAS 36，CGU 是指可以独立于其他资产和资产组合而产生现金流入的最小可辨认资产组合。

② IASB 近年来正在讨论是否要简化可收回金额的计算，但这超出了本书的研究范围，暂不予讨论。

然而，资产减值信息并不总能向市场传递有用的决策信息（Edward，1996；Dechow and Skinner，2000），特别是对于商誉减值而言，减值测试尤为复杂，管理层的主观裁量权更大，如实反映信息质量难以保证。在信息不对称的环境下，投资者难以基于不可靠的信息做出合理决策，会计信息的决策有用性难以为继（Healy and Palepu，2001）。有鉴于此，为分析商誉减值的决策有用性，若投资者对商誉减值的披露产生市场反应，那么商誉减值能否如实反映其意欲反映的经济内容有待进一步探究。

（二）商誉减值的经济含义

随着经济资源由分散式向集约式整合，上市公司通过并购活动实现优势互补、提升综合竞争力（张俊瑞等，2003），而商誉是在这一过程中优化资源配置所付出的代价。在企业并购活动中，来自被并购企业的持续经营效应和因并购产生的协作效应构成了商誉的核心[①]，推动着企业未来经营业绩的增长（Johnson and Petrone，1998），特别是在我国，企业并购对未来业绩的承诺是区别于其他国家资本市场的一大标志性特征[②]。如前所述，商誉代表着企业未来获取超额收益的能力，当管理层在并购之初预期的业绩目标没有达成时，商誉便需要进行减值测试，而商誉减值的披露在理论上预示着企业未来经营业绩下滑。

然而，考虑到会计准则的技术瓶颈和管理层的盈余管理行为，商誉减值可能并不能如实反映企业未来的经营业绩。一方面，与金融资产采用的预期损失模型不同，商誉的后续计量采用已发生损失模型，商誉只有在发生减值迹象后才进行减值测试，商誉减值损失的确认本身就滞后于企业经济状况的变化，加之未确认净空高度的存在，只有当CGU价值的减少消除未确认净空高度时商誉减值才会显现，商誉减值往往不充分、不及时，并不能如实反映企业未来的经营状况（ASBJ，2017）。另一方面，商誉的减值测试较为复杂，涉及较多的主观裁量权，管理层所依赖的信息难以被外部观察，商誉减值的可验证性较差（Ramanna，2008），管理层很有可能利用商誉减值进行盈余管理（Alves，2013），因此，商誉减值难以如实反映企业未来的经营业绩。当管理层蓄意推迟商誉减值确认，择机利用商

[①]　基于自下而上的角度，这两种效应分别对应持续经营商誉与协同商誉，是FASB（1999）中的核心商誉。

[②]　上市公司大规模的业绩承诺现象始于股权分置改革，股权分置改革结束后，证监会对要求上市公司业绩承诺的监管方式依然具有较强的偏好。2008年，证监会通过《上市公司重大资产重组管理办法》，要求被并购相关方对上市公司做出明确的业绩承诺协议，2014年，证监会取消了盈利预测的强制性规定，但业绩承诺已经形成市场惯性（王竞达和范庆泉，2017）。

誉减值对资产负债表进行彻底清洗时（黄世忠，2002；Watts，2003；Henning et al.，2004），企业的经营业绩会在计提商誉减值后呈现增长的反常态势。综上，参考 Li 等（2017）有关企业未来经营业绩的度量方式，提出以下竞争性假设：

H$_{2a}$：商誉减值能如实反映企业未来的经营业绩，即商誉减值与企业未来两年的营业收入增长率负相关。

H$_{2b}$：商誉减值难以如实反映企业未来的经营业绩，即商誉减值与企业未来两年的营业收入增长率不负相关。

四、研究设计

（一）样本选择与数据来源

为控制 2014 年中国会计准则修订对研究内容的外生影响[①]，本书从 CSMAR 数据库选取 2014—2017 年沪深两市 A 股上市公司数据，进行如下筛选：（1）剔除金融类公司样本；（2）剔除 ST（特殊处理）公司样本；（3）剔除存在缺失值的样本，得到 12 465 个初始样本。为避免极端值的影响，本书对连续变量在 1% 和 99% 处进行了缩尾处理。

已有研究多关注记录在会计报表中的商誉减值，很少考虑未披露商誉减值的公司，一些刻意规避商誉减值的公司容易被忽视。为更好地剖析商誉减值存在的问题，本书运用 Rosenbaum 和 Rubin（1983）提出的倾向得分匹配法（PSM）获取披露商誉减值的样本与未披露商誉减值的潜在减值样本。在 PSM 第一阶段，本书参考 Li 和 Sloan（2017）、Romanna 和 Watts（2012）有关商誉减值的影响因素，采用 Logit 回归模型（式（4-1））计算倾向得分进行匹配。

$$IMP_{i,t} = \alpha + \beta_1 Market_{i,t} + \beta_2 Finance_{i,t} + \beta_3 ProGW_{i,t-1}$$
$$+ \beta_4 BHRet_{i,t} + \beta_5 Size_{i,t} + \beta_6 Lev_{i,t} + \beta_7 BTM_{i,t} + \varepsilon_{i,t}$$

$$(4-1)$$

式中，$IMP_{i,t}$ 为公司当期是否计提商誉减值的哑变量；$Market_{i,t}$ 与 $Finance_{i,t}$ 分别为商誉减值的市场迹象与财务迹象；$ProGW_{i,t-1}$ 为期初商誉金额与期末资产的比值；$BHRet_{i,t}$ 为公司股票当年的购买持有收益率。详细变量说明见表 4-1。经由 PSM 第一阶段，我们将未计提商誉减值的

[①] 2014 年，财政部发布修订后的《企业会计准则第 2 号——长期股权投资》《企业会计准则第 33 号——合并财务报表》《企业会计准则第 39 号——公允价值计量》等，这些准则会对商誉的确认与计量产生影响。

样本与计提商誉减值的样本进行了一一配对，匹配后所有变量的标准差均小于 10%，最终获得的样本量为 1 608，PSM 平衡性检验结果（匹配后）如表 4-2 所示。

表 4-1　变量说明

变量符号	变量名称	变量说明
$IMP_{i,t}$	商誉减值	哑变量，公司当期年报披露商誉减值取 1，否则取 0
$Market_{i,t}$	商誉减值市场迹象	哑变量，$BTM_{i,t-1} \geq 1$ 时取 1，否则取 0
$Finance_{i,t}$	商誉减值财务迹象	类别变量，$ProGW_{i,t-1} > 10\%$ 且 $ROA_{i,t-1} < 0$，取 1；$ProGW_{i,t-1} < 5\%$ 且 $ROA_{i,t-1} > 5\%$，取 -1，其余取 0
$ProGW_{i,t-1}$	商誉比例	公司上一期年报中商誉金额与期末资产的比值
$BTM_{i,t-1}$	账面市值比	公司上一年期末净资产账面价值与市场价值的比值
$ROA_{i,t-1}$	资产收益率	公司上一期年报中净利润与期末资产的比值
$GI_{i,t}$	商誉减值水平	公司当年每股商誉减值金额与期初开盘价的比值
$BHRet_{i,t}$	购买持有收益率	公司股票当年的购买持有收益率
$Size_{i,t}$	公司规模	公司当期年报中期初资产的自然对数
$Lev_{i,t}$	资产负债率	公司当期年报中总负债与总资产的比值
$CARn_{i,t}$	累计超额报酬	公司当期年报披露日前后 n 天的累计超额报酬
$E_{i,t}$	盈余水平	公司当年每股净利润（不考虑商誉减值）与期初开盘价的比值
$FutPer_{i,t}$	公司未来经营业绩	公司未来两年营业收入增长率的均值
$UE_{i,t}$	非预期盈余	公司当年实际每股净利润和基于随机游走模型的预期值之差（不考虑商誉减值）与期初开盘价的比值
$CurPer_{i,t}$	公司当前经营业绩	公司当年营业收入增长率
$ROE_{i,t}$	净资产收益率	公司当期年报中净利润与期末净资产的比值
$SOE_{i,t}$	实际控制人性质	哑变量，国企取 1，其余取 0
$Big4_{i,t}$	审计质量	哑变量，公司当年审计单位为"四大"取 1，否则取 0

续表

变量符号	变量名称	变量说明
$BigBath_{i,t}$	"洗大澡"行为	哑变量，不考虑资产减值的收益小于 0 时取 1，否则取 0
$Excess_{i,t}$	资产市值账面差	公司当期年末资产市场价值（权益市值加负债账面价值）与账面价值之差
$ADV_{i,t}$	广告费用	公司前三年（含当年）的累计广告费用
$R\&D_{i,t}$	研发支出	公司前三年（含当年）的累计研发支出（不包含计入无形资产的部分）
$OpeEff_{i,t}$	经营效率	公司当期年报中利润总额与营业成本和期间费用之和的比值
$Tur_{i,t}$	流动资产周转水平	公司当期年报中营业收入与流动资产的比值
$CapAcc_{i,t}$	资本累计水平	公司当期年报中期末净资产和期初净资产之差与期初净资产的比值
$PerSta_{i,t}$	人员稳定水平	公司当期年末员工总数与年末员工总数和离职人数之和的比值
$Headroom_{i,t}$	未确认净空高度	未确认净空高度的估计值
$D\_Headroom_{i,t}$	净空高度是否存在	哑变量，未确认净空高度的估计值大于 0 时取 1，否则取 0
$Tenure_{i,t}$	CEO 任期	公司当期 CEO 任期
$Hold_{i,t}$	管理层持股比例	公司当期高管持股比例

表 4 - 2　数据筛选 PSM 平衡性检验结果

变量	均值		标准差（%）	t 值
	处理组	控制组		
$Market_{i,t}$	0.030	0.042	−7.70	−1.51
$Finance_{i,t}$	−0.165	−0.173	2.00	0.50
$ProGW_{i,t-1}$	0.078	0.075	3.20	0.64
$BHRet_{i,t}$	0.089	0.074	2.50	0.66
$Size_{i,t}$	23.404	23.433	−2.20	−0.52
$Lev_{i,t}$	0.437	0.444	−3.60	−0.83
$BTM_{i,t}$	0.874	0.869	0.50	0.12

(二) 变量定义与模型设计

1. 商誉减值的市场反应

商誉减值损失的估计基于管理层对 CGU 未来现金流的预测，商誉减值的披露是管理层向市场传递的有关企业未来经营状况的信息。为检验投资者是否会对商誉减值做出反应，进而改变投资决策、影响股票定价，本书采用事件研究法分析短期窗口（short-window）下商誉减值信息披露对累计超额报酬的影响。参考 Easton 和 Harris（1991）、Kothari 和 Sloan（1992）的研究，本书采用以盈余水平解释股票累计超额报酬的回归模型[①]，如式（4-2）所示，以商誉减值水平（$GI_{i,t}$）作为自变量，以年报披露前后 n 天（1 天、3 天、5 天）的累计超额报酬 $CARn_{i,t}$（$CAR1_{i,t}$，$CAR3_{i,t}$，$CAR5_{i,t}$）作为因变量[②]。参考 Collins 和 Kothari（1989）、Francis 和 Ke（2006）的研究，本书还考虑了相关控制变量，如剔除商誉减值的盈余水平（$E_{i,t}$）、公司规模（$Size_{i,t}$）、负债水平（$Lev_{i,t}$）与公司净资产的账面市值比（$BTM_{i,t}$），上述变量的详细说明见表 4-1。

$$CARn_{i,t} = \alpha + \beta_1 GI_{i,t} + \beta_2 E_{i,t} + \beta_3 Size_{i,t} + \beta_4 Lev_{i,t} + \beta_5 BTM_{i,t} + \varepsilon_{i,t} \tag{4-2}$$

2. 商誉减值的经济含义

商誉是公司未来获取超额收益的能力，商誉减值预示着企业未来经营业绩下滑，为探究商誉减值能否如实反映这一经济含义，本书参考 Li 等（2011）的研究方法，以未来两年的营业收入增长率 $FutPer_{i,t}$ 作为企业未来经营业绩的度量指标，通过式（4-3）探究商誉减值能否如实反映企业未来的经营业绩。为控制其他因素的影响，本书参考 Campello（2006）和 Berger 等（2006）的研究在式（4-3）中增加了相关控制变量，这些变量的详细说明见表 4-1。

---

① 本书选用盈余水平而非盈余变化作为自变量是出于以下考虑：一方面，保持式（4-2）与式（4-3）中商誉减值变量的一致性，有助于增强假设 H_1 与假设 H_2 之间的逻辑；另一方面，基于 Kothari 和 Zimmerman（1995）以及 Kothari（2001）的研究，盈余水平回归在某些情况下可以降低盈余反映系数的估计偏误。

② 本书采用市场模型法计算累计超额报酬：

$$R_{i,t} = \alpha + \beta_1 R_{M,t} + \varepsilon_{i,t} \tag{a}$$

$$AR_{i,t} = R_{i,t} - \hat{\alpha} - \hat{\beta}_1 R_{M,t} \tag{b}$$

式（a）中，$R_{i,t}$ 为公司 i 在第 t 个交易日的个股报酬率；$R_{M,t}$ 为第 t 个交易日的市场报酬率。本书以公司年报披露日前（-129，-30）共 100 天作为估计窗，通过式（a）估算每个公司的无风险报酬率 α、个股报酬率与市场报酬率之间的关联度 β_1，通过式（b）计算公司在年报披露日附近的超额报酬率，并以此为基础计算累计超额报酬。

$$FutPer_{i,t} = \alpha + \beta_1 GI_{i,t} + \beta_2 UE_{i,t} + \beta_3 CurPer_{i,t} + \beta_4 Size_{i,t}$$
$$+ \beta_5 Lev_{i,t} + \beta_6 BTM_{i,t} + \beta_7 ROE_{i,t} + \beta_8 SOE_{i,t}$$
$$+ \beta_9 Big4_{i,t} + \beta_{10} BigBath_{i,t} + \varepsilon_{i,t} \qquad (4-3)$$

五、实证结果与分析

（一）描述性统计分析

1. 主要变量的描述性统计结果

表 4-3 显示了主要变量的描述性统计结果。从中可见，$CAR1$、$CAR3$ 和 $CAR5$ 的均值（中位数）分别为 0.004（0.001）、0.005（0.000）和 0.006（−0.007），GI 的均值（中位数）为 0.001（0.000），$FutPer$ 的均值（中位数）为 0.186（0.110）。整体而言，样本公司股票的累计报酬为正，公司未来两年的营业收入增长率为正。与直觉不符的是，这些披露商誉减值或有商誉减值潜在风险的公司的未来财务业绩较为乐观，这在一定程度上支持了假设 H_{2b}。

表 4-3　主要变量的描述性统计结果

变量	均值	标准差	最小值	中位数	最大值	样本量
$CAR1_{i,t}$	0.004	0.058	−0.271	0.001	0.332	1 608
$CAR3_{i,t}$	0.005	0.090	−0.391	0.000	0.759	1 608
$CAR5_{i,t}$	0.006	0.119	−0.433	−0.007	1.139	1 608
$GI_{i,t}$	0.001	0.005	0.000	0.000	0.070	1 608
$E_{i,t}$	0.037	0.062	−0.596	0.030	0.581	1 608
$Size_{i,t}$	23.419	1.016	21.904	23.401	26.966	1 608
$Lev_{i,t}$	0.441	0.194	0.091	0.481	0.864	1 608
$BTM_{i,t}$	0.872	1.007	0.061	0.664	9.553	1 608
$FutPer_{i,t}$	0.186	0.322	−0.209	0.110	1.370	1 608
$UE_{i,t}$	−0.003	0.100	−0.428	0.002	0.404	1 608
$CurPer_{i,t}$	0.201	0.438	−0.481	0.119	2.783	1 608
$ROE_{i,t}$	0.059	0.097	−0.413	0.062	0.286	1 608
$SOE_{i,t}$	0.123	0.328	0.000	0.000	1.000	1 608
$Big4_{i,t}$	0.076	0.265	0.000	0.000	1.000	1 608
$Headroom_{i,t}$	0.014	0.228	−2.000	0.000	4.810	1 608
$D\_Headroom_{i,t}$	0.500	0.500	0.000	0.500	1.000	1 608

续表

变量	均值	标准差	最小值	中位数	最大值	样本量
$BigBath_{i,t}$	0.069	0.254	0.000	0.000	1.000	1 608
$Tenure_{i,t}$	0.510	0.442	0.001	0.036	0.189	1 608
$Hold_{i,t}$	0.047	0.107	0.000	0.001	0.780	1 608

2. 股票超额报酬率图

为进一步说明商誉减值披露与股票超额报酬之间的关系，本书绘制了年报披露前后 15 天股票超额报酬率的波动图，如图 4-2 所示。相比于未披露商誉减值企业的超额报酬率，披露商誉减值企业的股票超额报酬率在年报披露日附近更低，并且多数情况下为负，这在一定程度上支持了假设 H_1。

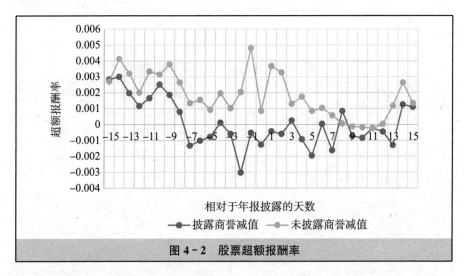

图 4-2　股票超额报酬率

（二）多元回归分析

表 4-4 显示了式（4-2）的回归结果，在控制年度和行业的固定效应后，GI 与 $CAR1$、$CAR3$ 和 $CAR5$ 的回归系数分别在 10%、5% 和 1% 的水平上显著为负，H_1 得到验证。表 4-5 第 I 列显示了式（4-3）的回归结果，在控制年度和行业的固定效应后，GI 与 $FutPer$ 的回归系数在 10% 的水平上显著为正，H_{2b} 得到验证。以上结果表明，投资者会对商誉减值披露产生负向反应。商誉减值虽是投资者决策的相关信息，但不能如实反映企业未来的经营业绩，甚至出现企业披露商誉减值后未来经营业绩上升的反常现象。由此看来，商誉减值的决策有用性欠佳，本书将进一步探寻这一现象的成因。

表4-4 商誉减值的市场反应

变量	Ⅰ CAR1	Ⅱ CAR3	Ⅲ CAR5
GI	−0.329* (−1.82)	−0.510** (−2.30)	−0.753*** (−2.87)
控制变量	控制	控制	控制
截距项	0.026 (0.59)	0.080 (1.53)	0.123* (1.78)
年度固定效应	控制	控制	控制
行业固定效应	控制	控制	控制
观测值	1 068	1 068	1 068
调整 R^2	0.115	0.127	0.181

注：括号内的数值为 t 值，*、**、***分别表示在10%、5%、1%水平上显著，回归中对股票代码进行了 Cluster 处理。标准误在公司个体层面聚类（Cluster）。

表4-5 商誉减值的信息质量及其影响机理

变量	Ⅰ FutPer	Ⅱ FutPer	Ⅲ FutPer
GI	2.620* (1.86)	2.336* (1.71)	2.477* (1.78)
D_Headroom		−0.026 (−0.91)	
GI * D_Headroom		5.048 (0.50)	
BigBath	−0.001 (−0.02)	−0.004 (−0.10)	−0.013 (−0.34)
GI * BigBath			1.494* (1.76)
控制变量	控制	控制	控制
截距项	−0.742*** (−2.81)	−0.806*** (−2.81)	−0.833*** (−3.14)
年度固定效应	控制	控制	控制
行业固定效应	控制	控制	控制
观测值	1 068	1 068	1 068
R^2	0.134	0.134	0.126

注：括号内的数值为 t 值，*、**、***分别表示在10%、5%、1%水平上显著，回归中对股票代码进行了 Cluster 处理。

（三）商誉减值决策有用性的机理分析

会计准则制定质量与会计准则执行效果影响会计信息的决策有用性（Jonas and Blanchet，2000），本书将从会计准则制定的技术瓶颈与会计准则执行的道德风险两方面分析商誉减值决策有用性的影响机理，寻找商誉减值决策有用性欠佳的成因，进而为优化商誉后续计量模式明确导向。

1. 会计准则制定的技术瓶颈——未确认净空高度

商誉减值能否及时、充分地计提决定了商誉减值能否如实反映企业未来的经营业绩。然而，面临核算过程中的不确定性，会计系统难以恰当地对所有经济资源予以确认和计量，一些被排除在表外的项目或表内计量的偏差会对会计信息质量造成影响。聚焦于商誉的后续计量，未在表内确认的净空高度会在一定程度上降低商誉减值测试的有效性。具体而言，未确认净空高度是 CGU 中可收回金额超过账面价值的部分，通常由三部分组成：（1）内部自创商誉；（2）资产账面价值与可收回金额的差异；（3）未确认的资产。由于未确认净空高度会"隐藏"在 CGU 中"默默地"为企业带来现金流入，并且这些现金流很难与已确认商誉带来的现金流量合理区分，当商誉发生减值时，只有商誉减值金额超过未确认净空高度，商誉减值才得以显现。因此，这种缓冲效应会使商誉减值不及时、不充分，进而造成商誉减值难以如实反映企业未来的经营业绩。

为探索这一问题，本书通过式（4-4）与式（4-5）度量未确认净空高度[①]，构建思路与具体过程如下：

$$Excess_{i,t} = \alpha + \beta_1 OpeEff_{i,t} + \beta_2 Tur_{i,t} + \beta_3 CapAcc_{i,t} + \beta_4 PerSta_{i,t}$$
$$+ \beta_5 R\&D_{i,t} + \beta_6 ADV_{i,t} + \beta_7 BTM_{i,t} + \varepsilon_{i,t} \tag{4-4}$$

$$Headroom_{i,t} = \hat{\alpha} + \hat{\beta}_1 OpeEff_{i,t} + \hat{\beta}_2 Tur_{i,t} + \hat{\beta}_3 CapAcc_{i,t} + \hat{\beta}_4 PerSta_{i,t}$$
$$+ \hat{\beta}_5 R\&D_{i,t} + \hat{\beta}_6 ADV_{i,t} + \hat{\beta}_7 BTM_{i,t} \tag{4-5}$$

未确认净空高度是基于可收回金额与账面价值之差计算的，而可收回金额取决于在用价值与公允价值计量中的高者，前者是资产基于主体自用时产生的经济利益，后者是资产基于市场参与者脱手时产生的经济利益，二者实则是基于不同视角对资产经济价值的计量（IFRS Foundation，2017）。因此，可收回金额在本质上契合经济价值的概念，这也与决策有

---

① 考虑到商誉减值测试中有关资产组认定、商誉分摊、可收回金额等数据无法可靠获取，未确认净空高度难以直接计算，本书构建了式（4-4）和式（4-5）间接度量未确认净空高度。

用观的内在理念一致（Canning，1978；Gynther，1969；James，2009）。考虑到可收回金额的数据暂无法可靠获取，本书以资产经济价值与账面价值之差度量未确认净空高度。基于这一思路，本书首先以资产市值间接反映资产经济价值，构建资产市值与账面价值的差额（$Excess_{i,t}$）。然而，资产市值是资产经济价值的外在表现，其不单受到企业自身经营能力和资源禀赋的影响，还受到市场流动性、心理预期等外在因素左右（董必荣，2004）。为准确度量未确认净空高度，本书将 $Excess_{i,t}$ 作为式（4-4）的因变量，在式（4-4）中选取与净空高度直接有关的变量，通过模型回归剔除外在因素引起的偏差（回归残差）。基于未确认净空高度的组成，这些变量包括：对于内部自创商誉和未确认的资产，参考 Pegels 和 Thirumurthy（1996）、Kaplan 和 Morton（1996）、李茞（2012）和杨小娟（2011）、Hirschey 和 Jerry（1985），选取经营效率（$OpeEff_{i,t}$）、流动资产周转水平（$Tur_{i,t}$）、资本累计水平（$CapAcc_{i,t}$）、人员稳定水平（$PerSta_{i,t}$）以及前三年的累计研发支出（$R\&D_{i,t}$）和累计广告费用（$ADV_{i,t}$）；对于表内项目的计量偏差，参考 Beaver 和 Ryan（2000）以及 Penman（2010），选取账面市值比（$BTM_{i,t}$）[①]。在此基础上，本书利用样本数据对式（4-4）进行回归，将所得回归系数作为式（4-5）的系数，计算未确认净空高度的估计值（$Headroom_{i,t}$），并以此设置虚拟变量 $D\_Headroom_{i,t}$ 来表示未确认净空高度是否存在，当 $Headroom_{i,t}$ 大于 0 时取 1，否则取 0[②]。

为验证指标构建是否科学、合理，本书进行了指标有效性检验：（1）高新技术行业是知识、技术密集型行业，当前会计准则难以及时、敏锐地反映这些经济资源，相比于其他企业，高新技术企业资产的账面价值与经济价值差距较大，未确认净空高度更高。本书将电子业、医药生物制品业和信息技术业作为高新技术行业（崔也光和赵迎，2013），检验高新技术企业的 $Headroom_{i,t}$ 是否显著更高，研究结果支持该指标的有效

---

①　一般认为，经营效率和流动资产周转水平代表企业综合运转效能，资本累计水平和人员稳定水平代表企业发展势能，这些变量与内部自创商誉相关；累计研发支出和累计广告费用对应企业的研发能力和品牌知名度，由于相关会计规则的资本化门槛较为苛刻，多以费用化处理，研发和广告投入水平高的企业的账面未确认资产更多；账面市值比反映会计计量的稳健性水平，稳健性水平越高，资产账面价值与可收回金额的差异越大。

②　值得注意的是，未确认净空高度是基于 CGU 层面的，而本书估计的净空高度是基于企业层面的。虽然二者有一定偏差，但这并不会影响研究的可靠性。其逻辑是：企业是 CGU（或资产组）的集合，如果企业存在净空高度，那么肯定包含具有净空高度的 CGU（或资产组），进而影响商誉减值测试的有效性。

性。(2) 考虑到存在净空高度的企业在资产评估时相对于账面价值的增值幅度更大、会计稳健性水平更高，本书还按 $D\_Headroom_{i,t}$ 对样本进行分组，比较评估增值率与稳健性水平（C_Score）① 的组间差异，相关结果也验证了该指标的有效性。限于篇幅，这些结果省略。

为检验商誉减值未能如实反映企业未来经营业绩是否与未确认净空高度有关，本书在式（4-6）中加入了 $GI_{i,t} * D\_Headroom_{i,t}$ 的交乘项，若其系数显著则意味着未确认净空高度的存在会显著影响商誉减值的决策有用性。然而，对样本进行回归后发现，$FutPer$ 与交乘项的回归系数并不显著，这表明商誉减值未能如实反映企业未来经营业绩与未确认净空高度的存在关系并不显著，回归结果详见表 4-5 第 II 列。

$$
\begin{aligned}
FutPer_{i,t} =\; & \alpha + \beta_1 GI_{i,t} + \beta_2 GI_{i,t} * D\_Headroom_{i,t} \\
& + \beta_3 D\_Headroom_{i,t} + \beta_4 UE_{i,t} + \beta_5 CurPer_{i,t} \\
& + \beta_6 Size_{i,t} + \beta_7 Lev_{i,t} + \beta_8 BTM_{i,t} + \beta_9 ROE_{i,t} \\
& + \beta_{10} SOE_{i,t} + \beta_{11} Big4_{i,t} + \beta_{12} BigBath_{i,t} + \varepsilon_{i,t}
\end{aligned}
$$

$$(4-6)$$

2. 会计准则执行的道德风险——管理层的"洗大澡"行为

基于代理成本，管理层有能力、有动机在会计程序中通过操纵应计项目粉饰盈余，管理层利用资产减值进行盈余管理的行为在一定程度上损害了会计信息的决策有用性（Francis et al., 1996；Hanna，1999）。特别是对于商誉的后续计量而言，管理层在可收回金额估计、资产组认定、并购溢价分摊、商誉减值计提比例与时机上有很大的操纵空间，更有机会借此进行大清洗来释放风险（Watts，2003；Beatty and Weber，2006；Ramanna，2008；曲晓辉等，2016），从而增大企业未来报告盈利的可能。这样一来，商誉减值便难以如实反映企业未来的经营业绩。据此，管理层"洗大澡"行为会使得商誉减值难以如实反映企业未来的经营业绩。本书通过式（4-7）检验了这一问题。

$$
\begin{aligned}
FutPer_{i,t} =\; & \alpha + \beta_1 GI_{i,t} + \beta_2 GI_{i,t} * BigBath_{i,t} + \beta_3 BigBath_{i,t} \\
& + \beta_4 UE_{i,t} + \beta_5 CurPer_{i,t} + \beta_6 Size_{i,t} + \beta_7 Lev_{i,t} \\
& + \beta_8 BTM_{i,t} + \beta_9 ROE_{i,t} + \beta_{10} SOE_{i,t} + \beta_{11} Big4_{i,t} \\
& + \varepsilon_{i,t}
\end{aligned}
$$

$$(4-7)$$

---

① 稳健性水平的度量参考 Khan 和 Watts（2009）构建的 C_Score。

鉴于"洗大澡"行为无法直接观测到，本书参考叶建芳等（2010）的研究，设置虚拟变量 $BigBath_{i,t}$ 来度量"洗大澡"行为。当不考虑资产减值的收益小于 0 时取 1，反之取 0，交乘项系数显著意味着影响因素存在。表 4-5 第Ⅲ列报告了式（4-7）的回归结果，结果显示，$FutPer$ 与交乘项的回归系数在 10% 的水平上显著为正，这表明管理层"洗大澡"行为导致商誉减值不能如实反映企业未来的经营业绩。

（四）管理层"洗大澡"行为的进一步分析

如前所述，受管理层道德风险的影响，商誉减值难以如实反映企业未来的经营业绩，投资者难以有效甄别商誉减值的信息质量。为进一步剖析实务中蓄意推迟并择机计提商誉减值的现象，本书参考 Beatty 和 Weber（2006）的研究，从管理层的声誉动机与薪酬动机两方面剖析管理层"洗大澡"行为，借以提示投资者如何在财务分析中有效甄别商誉减值的信息质量。一方面，商誉减值意味着管理层在合并之初并购定价过高，新上任的高管更可能及时计提商誉减值，并将其归咎于上一任高管的决策，而任期较长的管理层为规避声誉成本会推迟商誉减值的确认，在未来择机释放。另一方面，管理层的薪酬契约往往与企业业绩挂钩，管理层为追求自身利益会刻意推迟商誉减值的确认，对于持股比例较高的管理层而言，当企业亏损已成定局时，他们更有动机一次性计提大额商誉减值。为此，本书以 CEO 任期、高管持股比例替换"洗大澡"指标重新验证上述问题，回归结果如表 4-6 所示。

表 4-6　管理层"洗大澡"行为的进一步分析

变量	Ⅰ $FutPer$	Ⅱ $FutPer$
GI	0.418 (0.22)	1.085 (0.79)
$Tenure$	−0.000*** (−2.61)	
$GI * Tenure$	0.044* (1.70)	
$Hold$		0.239*** (3.06)
$GI * Hold$		0.565** (2.43)

续表

变量	I *FutPer*	II *FutPer*
控制变量	控制	控制
截距项	-0.846^{***} (-3.11)	-0.741^{***} (-2.73)
年度固定效应	控制	控制
行业固定效应	控制	控制
观测值	1 608	1 608
R^2	0.141	0.144

注：括号内的数值为 t 值，*、**、***分别表示在10%、5%、1%水平上显著，回归中对股票代码进行了 Cluster 处理。

表4-6第 I 列的回归结果验证了管理层的声誉动机，交乘项系数与 *FutPer* 的回归系数在10%的水平上显著为正，表4-6第 II 列的回归结果验证了管理层的薪酬动机，交乘项系数与 *FutPer* 的回归系数在5%的水平上显著为正。以上结果表明，当管理层任期较长、持股比例较高时，商誉减值更难以如实反映企业未来经营业绩，这也在一定程度上从实务工作视角验证了管理层利用商誉减值进行盈余清洗的行为。

六、研究结论与政策启示

1. 研究结论

基于商誉的超额收益观与会计信息的决策有用观，本书分析了商誉减值披露的市场反应与经济含义，得到如下结论：（1）投资者会对商誉减值披露做出负向市场反应；（2）商誉减值虽与投资者决策相关，但不能如实反映企业未来的经营业绩；（3）这一现象主要由管理层"洗大澡"行为所致，与未确认净空高度的存在关系不大，当管理层任期较长、持股比例较高时，这一现象更为明显。有鉴于此，投资者难以对商誉减值的信息质量进行有效甄别，低质量的商誉减值信息对投资者的决策造成了一定程度的误导，优化商誉后续计量模式的关键在于如何限制管理层的盈余操纵空间。

2. 商誉后续计量的模式探索

如前所述，商誉减值法的推行是会计准则技术观与经济后果观制衡的结果。基于本书的研究结论，由于管理层盈余操纵的存在，单一的商誉减值难以提供决策有用的会计信息，甚至会对投资者决策造成误导。尽管 IASB 提倡采用净空高度法、简化使用价值（VIU）计算等方式优化商誉减值，但这些做法并没有减少管理层的主观判断、限制管理层的盈余管理行为，难以有效满足会计实务的现实诉求。为准确把握商誉减值决策有用性的主要矛盾，压缩管理层的盈余操纵空间，更有针对性地优化商誉后续计量模式，本书融合减值法与摊销法之所长，提出了"与其他综合收益相结合的双重计量确认模型"。

所谓"双重计量"是指对商誉进行摊销的同时进行减值测试，"双重确认"是指将摊销额计入损益，将减值损失计入其他综合收益并在后续期间循环至损益。在该模型中，商誉存续期间的价值转移被分为两个部分：预期与合并后超额收益实现相配比的商誉摊销与未达到预期水平的商誉减值，前者直接计入当期损益，后者计入其他综合收益，并在未来循环至损益。这样一来，一方面，相比于单一减值，摊销法的可验证性较高，较高的可验证性有助于评价管理层的受托责任（张俊瑞等，2020），限制管理层的盈余管理行为。另一方面，其他综合收益的披露有助于抑制管理层的盈余管理行为（James et al.，2006；He and Lin，2015），提供更为中立的会计信息（苏洋等，2020），将商誉减值计入其他综合收益的做法可以提高会计信息的决策有用性。因此，相比于当前的商誉减值模式，该模型在保证及时反映商誉价值变动的同时，限制了管理层的盈余操纵空间，进而提高了商誉后续计量的质量。考虑到篇幅有限，有关商誉减值的频率、减值测试的优化、商誉摊销的年限、其他综合收益的循环等分析在此不展开。

本研究的主要贡献体现在资本市场监管和会计准则制定两方面。对于资本市场监管而言，（1）针对我国商誉减值决策有用性恶化的现实问题，本研究基于盈余管理和净空高度视角探索其背后成因，为管控资本市场商誉减值乱象提供理论分析与经验证据；（2）本研究基于会计盈余、管理层声誉动机与薪酬动机多视角探讨了管理层"洗大澡"行为对商誉减值信息有用性的影响，有助于投资者多角度理解、甄别商誉减值的信息质量，并提出商誉后续计量的新模式以限制管理层的盈余操纵，从而缓解道德风险问题，推动资本市场长期稳定发展。对于会计准则制定而言，（1）商誉减值决策有用性恶化的主要原因是管理层盈余操纵而非净空高度的存在，研究结论为优化商誉后续计量模式明确了导向。在此基础上，本研究还提出了"与其他综合收益相结合的双重计量确认模型"，并初步阐述该模型在限制管理层盈余操纵、提升会计信息决策有用性方面的意义与价值。（2）自 IASB

启动《国际财务报告准则第 3 号——企业合并》实施后审议项目（2014），商誉的后续计量再次掀起了会计准则制定与研究的热潮，净空高度也正是 IASB 在讨论商誉减值测试有效性时所提出的概念。在会计准则国际趋同的背景下，IFRS 动态与我国会计准则发展息息相关，基于中国情境，分析净空高度对商誉减值的缓冲效应是否显著，为净空高度法的科学性与适用性提供了"中国证据"。（3）基于研究结论，净空高度对商誉减值决策有用性的影响并不显著，这在一定程度上与 IASB 暂不以净空高度为重心的修订思路相契合。然而，随着数字经济的不断发展，若会计确认标准仍无实质改变与突破，净空高度的体量将进一步增大，届时，商誉减值测试的有效性将面临更大的挑战，加之借助数字技术计算净空高度的成本有所下降，引入净空高度的前景更加广阔，因而持续关注净空高度十分必要。考虑到当前与净空高度有关的文献相对有限，本研究为此打下了一定基础。此外，已有文献大多只简单地按企业是否披露商誉减值进行分析，没有对未披露商誉减值的企业进行细分，忽视了未发生商誉减值的企业与发生商誉减值但刻意规避其披露的企业之间的差别，本研究则利用 PSM 方法修正了这一问题。

第五节 商誉后续计量的混合模式探索

为管控会计商誉泡沫与商誉减值乱象，本节分析了商誉核算的理论逻辑与现实困境，探索商誉后续计量新模式。基于超额收益论与总计价账户论，商誉的确认与计量兼具资产负债观与收入费用观的特征，而财务会计的技术瓶颈、资本市场的道德风险与管理层的非理性决策使得会计商誉泡沫与商誉减值风险问题日益突出。为如实反映商誉价值与并购绩效，商誉的后续计量应及时挤出泡沫并避免对盈余质量造成干扰。在理论层面，考虑到会计商誉泡沫减值符合搭桥项目的概念界定，本书兼容摊销法与减值法之所长，提出与其他综合收益相结合的双重计量确认模型。在实践层面，面对数字经济兴起及其对管控商誉相关风险的挑战，财政部和相关监管部门应在完善已有核算规则的同时，进一步协同强化公司外部管制，从而提升会计信息的决策有用性。

一、商誉的本质与核算

有关商誉本质的论断主要有好感价值论、超额收益论与总计价账户论，以超额收益论直接认知商誉内涵、以总计价账户论间接计量商誉价值已成为会计学界的主流观点①。具体而言，商誉是获取未来超额收益的能力，以未来超额收益的折现值来对商誉价值进行度量最为直观，但由于商誉既不能同企业的整体价值分离，又不能单独进入市场，估值人员无法可靠掌握估值模型的输入值，计算未来超额收益的现值十分困难，只有在企业发生并购重组时，会计人员才能基于购买价格，以合并价差对商誉进行间接计量。正因如此，财务报表中的商誉（会计商誉）往往与经济意义上的商誉（经济商誉）存在偏差，商誉会计的核算理念也更为多元。

（一）商誉的概念界定

会计商誉一般可分为如下组成部分：（1）被购买方取得日净资产公允价值超过其账面价值的部分（被购买方的计量稳健性）；（2）被购买方未曾确认的其他净资产公允价值（被购买方的确认稳健性）；（3）被购买方的持续经营效应；（4）购买方和被购买方因合并净资产和业务而产生的协作效应；（5）购买方支付对价的估值偏差；（6）购买方多付或少付的金额（Todd and Petrone, 1998）。其中，第（1）和第（2）部分可归因于会计稳健性②，第（3）部分主要是指自创商誉③，第（3）和第（4）部分称为"核心商誉"，即"经济商誉"，第（5）和第（6）部分与错误定价有关（葛家澍, 2000；IFRS Foundation, 2015）。值得注意的是，尽管本书所关注的后续计量是针对会计商誉而言的，但如实反映商誉的经济价值及其变动是会计信息决策有用性的基础。因此，本书有关会计商誉的论述难以独立于经济商誉而存在。

（二）商誉的核算

纵观当今不同国家的会计准则，会计商誉的确认与计量兼具资产负债观与收入费用观的理念。一方面，商誉可理解为企业向原持有人付出了超额成本而控制的经济资源，其金额大小代表着企业未来获取超额收益的水

---

① 好感价值论最初源于法律界，认为商誉对于企业的利益是通过顾客对企业的好感体现出来的（Bourne, 1888）。由于该观点关注客户对企业的好感，内容相对朴素，说服力有限，在商誉会计的发展过程中被逐渐取代。总计价账户论认为商誉是企业总价值超过各个有形资产和无形资产价值的价差。

② 在购买日，公允价值会计的应用能够在一定程度上消除被购买方的计量稳健性，合并时更为宽松的无形资产确认环境也能消除被购买方的大部分确认稳健性，而合并前的购买方和合并后主体会因会计稳健性而产生类似的偏差，这些偏差会影响会计商誉减值的灵敏度，详见下文论述。

③ 在商誉后续计量的过程中，企业内部自创商誉可辨认性较低，难以满足资产的确认条件，一般不予确认，但当发生企业并购时，被购买方的内部自创商誉会显化，而购买方的内部自创商誉依旧不予确认。

平。在国际会计准则中，将商誉分配至 CGU 并对其进行减值测试，以资产价值的变动确认计入收益的减值遵循了资产负债观。另一方面，商誉的初始计量是倒挤而来的合并价差，在后续计量过程中，为满足会计主体业绩配比的需要，一些国家的会计准则制定机构，如日本会计准则委员会（ASBJ）、意大利会计准则委员会（OIC）等，允许对商誉进行摊销，即在确定计入损益的摊销额后，以摊余价值列示商誉金额，这种"倒挤待摊"的思路遵循了收入费用观。

相比于其他资产的核算，这两种不同的会计理念赋予了商誉后续计量方法更多选择与探讨的空间，这一特点在美国和国际会计准则的演化过程中得到充分体现。2001 年之前，美国和国际会计准则对商誉后续计量的核心处理方法是按年限摊销。1970 年，APB 要求商誉在不超过 40 年的期限内摊销；1983 年，IASC 允许商誉在不超过 20 年的期限内摊销，同时允许商誉在收购时立即转入权益；1993 年，IASC 取消了商誉立即转入权益的要求；2001 年，FASB 发布第 141 号和第 142 号财务会计准则，在废除权益联合法的同时，为缓和商誉摊销对利润产生的持续影响，禁止对商誉进行摊销，提出了对包括商誉在内的长期资产定期进行减值测试，并在发生减值情形下计提减值准备的新方法。2004 年，IFRS 也采用了这一方法。在会计准则国际趋同的背景下，我国企业会计准则自 2006 年起采用商誉减值测试法，并一直沿用至今。

二、会计商誉泡沫

21 世纪以来，我国并购重组市场快速发展，上市公司的商誉总额呈井喷式爆发，高比例的商誉金额与大规模的商誉减值屡见不鲜，已成为资本市场稳定发展的一大隐患。近几年，坚瑞沃能（300116）、美丽生态（000010）、远方信息（300306）等上市公司计提大额商誉减值的案例在一定程度上说明了高估值、高溢价的背后暗藏了巨额的会计商誉泡沫。那么，是什么原因造成了这一现象？回答这一问题对选择、探讨商誉后续计量方法十分重要。

（一）会计商誉泡沫的形成机制

会计商誉泡沫系得不到经济实质支持的会计商誉，是财务报表中会计商誉账面价值与因合并产生的经济商誉真实价值之间的偏差。为进一步分析会计商誉泡沫，本书基于会计核算规则分析了会计商誉泡沫的形成机制。如图 4-3 所示，因合并而产生的经济商誉由协作效应商誉（6）与被购买方合并前的持续经营商誉（7）组成，而会计商誉泡沫在包含经济商誉的基础上还包括被购买方的确认稳健性（8）和计量稳健性（9）、购买方支付对价估值偏差（4）和多付或少付的金额（5）。对于被购买方而言，发生并购时，公允价值会计能够在商誉初始计量过程中消除被购买方的计量稳健性（9），合并时更为宽松的无形资产确认环境能消除被购买方大部分的确认稳健性（8）。因而，会计商誉泡沫在购买日主要集中于支付对价估值偏差和多付或少付的金额，其形成通常与资本市场的道德风险和管理层的非理性决策有关。

在商誉的后续计量过程中，会计商誉泡沫的形成还受到其他因素影响。对于购买方而言，由于财务会计的技术瓶颈，确认稳健性、计量稳健性和持续经营商誉会形成合并后主体的未确认净空高度，其存在会降低会计商誉减值测试的有效性（Johansson et al.，2016）。不仅如此，部分核算规则会导致商誉账面价值虚高，较大的主观裁量空间也赋予了管理层蓄意推迟并择机释放商誉减值的可能性。总的来看，这些因素都在一定程度上促成了会计商誉泡沫，并主要与财务会计的技术瓶颈及资本市场的道德风险有关。

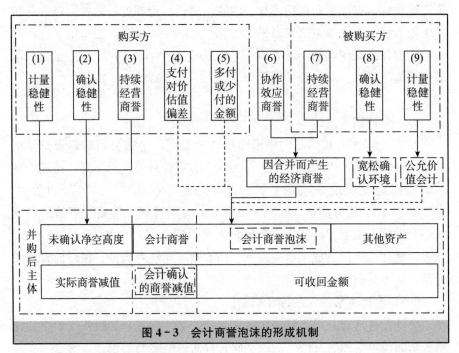

图4-3　会计商誉泡沫的形成机制

（二）会计商誉泡沫的成因

1. 财务会计的技术瓶颈

（1）未确认净空高度的存在。未确认净空高度也可称为商誉减值缓冲（buffer protecting goodwill from impairment），是指 CGU 中可收回金额与账面价值的差，由未确认的资产和负债、内部自创商誉及已确认资产和负债的账面金额与其可收回金额之间未确认的差额组成（IASB，2020），这三部分分别对应图 4 - 3 中的（2）、（3）和（1）。在商誉减值测试中，商誉需要分摊至 CGU 中，只有当商誉减值超过 CGU 中未确认净空高度时，商誉减值才能确认。因而，未确认净空高度的存在使得商誉减值变得不充分、不及时，进而虚增了会计商誉的账面价值。为消除这一掩护效应（shielding effect），IASB 试图通过合并前净空高度法（pre-acquisition headroom approach）和更新净空高度法（updated headroom approach）提升商誉减值的有效性。然而，净空高度的计算较为主观和复杂，减值金额在净空高度和会计商誉之间的分摊等问题也存在争议，净空高度法的有效性值得进一步商榷。

（2）比例商誉法中的控制权溢价。在会计准则国际趋同的背景下，我国企业会计准则与国际上的做法仍有少许差异。在企业合并问题中，IFRS 和 SFAS 均采用完全商誉法，而我国会计准则并不考虑非控制性权益对应的净资产份额，采用比例商誉法核算，待商誉减值测试时再还原为完全商誉。由于购买方为获取企业的控制权会支付控制权溢价，而非控股股东并不会为非控制性权益支付这种溢价，当合并后主体对商誉进行减值测试时，将比例商誉推算成完全商誉的做法便虚增了商誉的价值。值得注意的是，比例商誉法不考虑非控制性权益的做法体现了母公司理论，而在会计信息利益相关者逐渐多元化的今天，实体理论已成为企业合并的主流观念，合并报表的编制也主要遵循这一理论。虽然实体理论中商誉的计量同样面临非控股股东愿意与控股股东以同样的价格购买子公司的权益这一不合理假设，但当前的比例商誉法仍在一定程度上削弱了会计准则理论的内在一致性。

（3）权益法转为成本法的成本追溯。我国现行企业会计准则规定，企业追加投资等导致原持有的对联营企业或合营企业的投资转变为对子公司投资的，应将权益法改为成本法。企业应当以购买日之前所持被购买方股权投资的账面价值与购买日新增投资成本之和作为该项投资的初始投资成本。当由权益法改为成本法核算时，无须对权益法下原长期股权投资的账面余额进行追溯调整，合并成本包含了权益法核算期间的权益变动。相比于纯粹的成本法，这种成本法与权益法相结合的会计处理在一定程度上抬高了商誉的账面价值。

2. 资本市场的道德风险

随着我国市场化改革的不断推进，企业并购成为优化资源配置、推动产业结构升级调整的重要手段。在《关于进一步促进资本市场健康发展的若干意见》《上市公司收购管理办法》《上市公司重大资产重组管理办法》《关于鼓励上市公司兼并重组、现金分红及回购股份的通知》等一系列文件的刺激下，以发行股份作为对价的并购形式逐渐增多。由于并购活动中代理问题的存在，管理者往往出于自利目的蓄意抬高估值（Jensen，2005），特别是在以发行股份作为对价的交易中，并购交易双方容易达成默契，过度支付现象更为普遍，商誉账面价值虚高问题尤为突出（Shleifer and Vishny，2005；Gu and Lev，2011）。此外，商誉减值测试是一种不可核实的估计（Ramanna and Watts，2012；Glaum et al.，2018），管理层对商誉减值损失的确认时间和计量金额拥有相当大的自由裁量权（Ramanna，2008），有能力蓄意推迟并择机释放商誉减值（Weber，2006；Li and Sloan，2017），且考虑到商誉后续计量易于操作的特点，受年度奖金激励的高管倾向于将更多的并购成本分摊至商誉（Shalev et al.，2013），这些因素都在一定程度上抬高了商誉的账面价值。

3. 管理层的非理性决策

过度自信是管理层非理性决策的一大特征，基于 Roll（1986）提出的自大假说理论，过度自信的管理者会盲目认为并购收益前景良好，自己的能力足以处理和掌控并购后的各种问题，进而倾向于在并购过程中支付较高的溢价（Doukas and Petmezas，2010）。不仅如此，由于企业并购可以提高经营效率、扩大市场份额、延伸供应链，甚至可以渗透进入新行业从而降低经营风险，购买方为在并购竞争中取得胜利，即使在准确估计目标企业市场价值的情况下，其面临的过度支付风险也会随着并购竞价程度的加剧而提高（Aktas et al.，2009）。据此，管理层的非理性决策哄抬了支付对价，进而形成了会计商誉泡沫。

（三）会计商誉泡沫与商誉后续计量

1. 会计商誉泡沫对商誉后续计量的挑战

会计商誉泡沫会使资产负债表中商誉的账面价值难以如实反映企业未来获取超额收益的能力，由此引发的减值使得会计盈余难以提供与合并后业务经营相关的信息，因而，会计商誉泡沫的存在直接威胁着会计信息的质量。尽管会计商誉泡沫的存在已成为学术界和实务界不争的事实，但为进一步提供其存在的客观证据、阐释其蕴含的商誉减值风险，本书按商誉与总资产的相对值将样本排序均分为1～10组（1组商誉比例最低、10组商誉比例最高），分别计算各组发生商誉减值的概率，并以商誉减值概率度量商誉减值风险，刻画商誉减值风险雷达图[1]，见图4-4。

如图4-4所示，大额商誉往往伴随着较高的商誉减值风险，这再次说明我国财务报表蕴藏着一定程度的会计商誉泡沫，如何有效去除这些泡沫成为我国会计准则面临的技术性挑战。由于商誉减值的主观性强，管理层有动机、有能力蓄意推迟并择机释放会计商誉泡沫的减值风险。基于会计的勾稽关系，商誉账面价值的变化势必对应着盈余的变化，由此引发的减值正是我国上市公司业绩频繁"爆雷"的主要原因。针对这一问题，商誉后续计量的改进至少应满足如下目标：（1）如实反映商誉价值及其变动，有效挤出报表中的会计商誉泡沫；（2）提供决策相关的会计信息，抑制管理层的盈余操纵，控制挤出会计商誉泡沫时对合并业绩的影响。为探寻合理、科学的商誉后续计量模型，本书将对已有方法进行分析和比较。

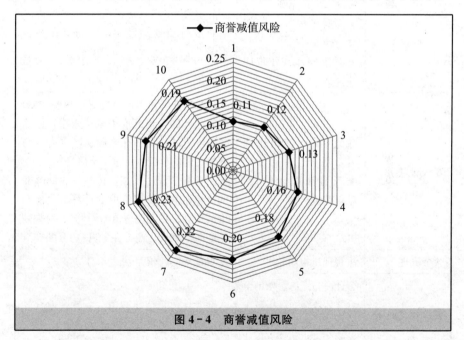

图4-4 商誉减值风险

2. 会计商誉泡沫对摊销法与减值法的影响

商誉的初始计量金额是倒挤出的合并价差，在收入费用观下是等待进入利润表的费用。依据配比原则，摊销法可视为在商誉被消耗期间匹配企业收益与商誉成本的分摊方法，反映了经济资源随时间消耗的特性，具有

---

[1] 本书以我国A股上市公司2012—2018年财务数据为样本，数据来源于CSMAR。

充分的可验证性。然而，商誉的使用寿命和消耗方式难以精准把握，在相对专断的期限内系统摊销的做法仅仅是概念完整性与可操作性之间的平衡。相比之下，在以资产负债观为主流理论的准则体系中，对于使用寿命难以确定的资产应以其价值变化主导综合收益的确认，在商誉虚高的现实背景下，计提商誉减值可以迅速挤出得不到经济实质支持的泡沫。可是，商誉减值法的实施存在较大的管理层自主判断和偏误空间，相比于摊销法，减值测试的成本更为高昂。当存在未确认净空高度时，商誉减值将变得不及时、不充分，内部自创商誉的确认"后门"① 也将随之打开。为便于理解，表 4-7 呈现了商誉摊销与减值的比较情况。

表 4-7 商誉摊销与减值的比较

比较内容	摊销法	减值法
理论基础	收入费用观	资产负债观
方法优点	• 符合配比原则 • 规避了内部自创商誉的确认 • 易于操作、可验证性较高	对商誉价值变动敏感，但仍存在一定迟滞
方法缺点	摊销年份、摊销比例需要基于合并后的未来现金流进行估计，难以精确把握	• 信息迟滞（值得注意的是，尽管 PAH 等方法有助于提升商誉减值效率，但这些方法下减值金额在未确认净空高度与商誉之间的分配有待进一步研究） • 商誉减值程序复杂，包括可收回金额的计算、资产在用价值的计算（税前利率的推算、特定现金流的限制）、商誉的年度减值测试、商誉在 CGU 的分配等
盈余管理	主观裁量空间较小	主观裁量空间较大
会计商誉泡沫	会计商誉泡沫会摊销至合并后业绩而逐年减少至消逝，管理层的并购决策会更加谨慎、理性	大额会计商誉泡沫减值会干扰企业合并后业绩，影响收益的决策有用性
理论关系	摊销不排斥减值，但减值排斥摊销	

考虑到我国商誉"爆雷"企业并购过度支付、管理层操纵商誉减值等

---

① 后门（backdoor）是指商誉减值转回时内部自创商誉的资本化，详见 IAS 36。

现象的存在（卢煜和曲晓辉，2016），单一减值法虽然符合商誉价值变动的经济实质，但盈余管理与会计商誉泡沫的存在使得一次性计提大额减值不利于反映真实的合并后业绩，难以为投资者提供有用的会计信息。单一摊销法虽然可以控制会计商誉泡沫、净空高度和盈余管理对会计盈余的影响，甚至可能抑制管理层的非理性决策[1]，但不能迅速挤出报表中的会计商誉泡沫，难以如实反映商誉价值的变化。有鉴于此，为实现已提出的商誉后续计量目标，将摊销法和减值法进行适当的融合不失为一种可行的办法，本书将基于这一思路提出与其他综合收益相结合的双重计量确认模型。

三、双重计量确认模型

与其他综合收益相结合的双重计量确认模型中，商誉存续期间的价值转移被分为两个部分：一是与合并后实现超额收益相配比的商誉摊销；二是得不到经济实质支持的会计商誉泡沫减值。双重计量是指对商誉进行摊销[2]的同时进行减值测试，双重确认是指将摊销额计入损益，将减值损失计入其他综合收益并在后续期间循环至损益。

（一）会计商誉泡沫与其他综合收益

其他综合收益（OCI）是调和资产负债观和收入费用观、决策有用观和受托责任观矛盾的理论产物（张俊瑞等，2020；苏洋等，2020），这使其十分适用于商誉的后续计量。

在概念层面，会计商誉泡沫减值符合 OCI 的概念界定。依据宽口径法下损益和 OCI 的划分原则，OCI 可分为搭桥项目（bridging items）、会计错配重计量项目（mismatched remeasurements）与暂时性重计量项目（transitory remeasurements）。其中，搭桥项目是指当资产或负债重计量且其损益信息的计量不同于财务状况报表（资产负债表）时两种计量的差额。与此对应，商誉摊销反映的是预期与合并后实现超额收益相配比的价值损耗，商誉减值反映的是不能预期带来超额收益、与经济实质不符的价值减缩。基于收入费用观，商誉账面净值对应摊销后的计量结果，基于资产负债观，计提减值后的商誉账面价值对应资产价值变动的结果，二者

---

① 这里的逻辑是，过高的商誉会增加未来抵减利润的摊销额，管理层在并购决策时也会更加谨慎、理性。

② 商誉的使用寿命和价值转移方式难以精确把握，由于研究内容有限，本书暂以直线法进行摊销。至于商誉应如何摊销，是否有必要根据不同的行业特征设定不同的摊销方式，甚至能否让企业自行设定摊销方式，这些问题有待在未来研究中进一步探讨。

的差额①即为会计商誉泡沫减值，符合搭桥项目的概念。

在应用层面，将会计商誉泡沫减值计入 OCI 的做法有助于实现已提出的目标。基于受托责任观，商誉减值充满了不确定性和职业判断所带来的操纵机会，管理层也可能在购买日将更多的并购成本分摊至商誉以便操纵未来业绩。OCI 有助于识别管理层盈余管理行为（Hunton et al.，2006），将商誉减值计入 OCI 不仅能限制管理层的道德风险、提升会计盈余质量，还能从源头上抑制会计商誉泡沫的产生。基于决策有用观，OCI 具有显著的信息含量（苏洋等，2020），将商誉减值计入 OCI 不仅能及时反映商誉价值的变动，还能避免会计商誉泡沫减值对合并后经营业绩的干扰，进而有助于投资者分析、评价合并后主体的财务状况与经营成果。

（二）OCI 重分类与商誉减值转回

在双重计量确认模型中，OCI 是调和巨额商誉减值对盈余干扰、防止管理层进行盈余管理，进而提高决策有用性的过渡科目。由于商誉是企业在合并时为获取超额收益所支付的对价，基于配比原则，OCI 应在商誉存续期间逐渐循环至损益。可是，若完全按照商誉摊销期限循环 OCI，每一期计入损益的金额与单一摊销法下没有区别②，过长的摊销期限使得净利润难以反映会计商誉减值的经济实质；若循环期限过短，大额会计商誉泡沫的减值会对合并后经营业绩产生干扰，降低会计盈余的质量。考虑到财务报告概念框架没有关于 OCI 如何循环至损益的明确指引，笔者初步建议，与商誉减值有关的 OCI 应于三年内采用直线法循环至损益，剩余摊销期限短于三年的，应按剩余期限摊销③。在该模型下，综合收益能及时反映商誉减值对合并业绩的影响，净利润也能向报表使用者传递管控商誉减值风险后的盈余信息，这种对于商誉采用不同计量属性的列报机制有助于提高财务报表的透明度与决策有用性，进而满足已提出的目标。

对于商誉减值转回而言，在摊销方法合理的情况下，商誉减值主要集中于得不到经济实质支持的会计商誉泡沫，基本上不存在减值转回的可

---

① 账面价值＝资产原价－累计摊销－计提的减值准备；账面净值＝资产原价－累计摊销。此处计入 OCI 的减值损失是指商誉现行价值与账面净值的差额。举例说明，商誉期初账面价值为 10，当期摊销额为 3，经评估商誉期末公允价值为 6。期末时，摊销后的账面净值为 7，这是历史成本计量的结果；减值后的账面价值为 6，这是公允价值计量的结果；二者的差额 1 应计入 OCI。

② 默认直线法摊销。

③ 会计准则中有关 OCI 循环期限、循环方式的指引相对宽泛，与商誉减值有关的 OCI 循环应结合广泛深入的调研与相关权威部门的讨论而定。由于能力有限，笔者初步建议按三年、直线法循环，以供学者探讨、交流。

能；在摊销方法存在一定偏误的情况下，商誉减值转回的成本十分高昂。具体而言，由于内部自创商誉的可辨认性较差，难以满足资产的确认条件，当会计主体考虑商誉减值转回时，应当剔除内部自创商誉对可收回金额的影响，评估可收回金额的变化在多大程度上是会计商誉所引起的。然而，内部自创商誉与会计商誉往往共同影响现金流，会计商誉的价值回升难以与内部自创商誉合理区分。因此，为避免打开内部自创商誉的确认"后门"，笔者不建议商誉减值转回。

（三）模拟案例①

假设 A 公司 20×0 年 12 月向 B 公司支付现金 180 万元取得 100% 的股权，并于当日取得 B 公司净资产（对应公允价值为 100 万元），预计商誉摊销期限为 8 年。20×0 年与 20×1 年商誉未发生减值，20×2 年计提商誉减值 15 万元。20×3 年初因科技创新与市场竞争预计商誉剩余使用寿命缩短为 3 年，当年未计提商誉减值。20×4 年计提商誉减值 8 万元。假设合并主体的资产与商誉形成单一、独立的现金流产出单元，该公司的会计政策要求按直线法对商誉进行摊销，计入 OCI 的商誉减值应自当年起的三年内按直线法循环至损益，剩余寿命不足三年时按剩余寿命摊销。详细披露如下，简易列报如表 4-8 所示。

20×0 年，确认商誉 80 万元。

20×1 年，按照直线法计提摊销 10 万元（80/8）。

20×2 年，按照直线法计提摊销 10 万元，并计提减值 15 万元。由于计入 OCI 的商誉减值应于当年起的三年内按直线法进行重分类调整，当期循环至损益 5 万元（15/3），剩余的 10 万递延至 20×3 年、20×4 年循环。

20×3 年，因上一年计提减值、商誉摊销期限变更，需要重新计算摊销额，会计估计变更后每一期的摊销额为 15 万元（45/3），OCI 循环至损益 5 万元（参照 20×2 年）。

20×4 年，计提摊销 15 万元，计提商誉减值金额 8 万元。由于商誉剩余摊销期限（两年）小于三年，因此应按剩余摊销期限计算每一期 OCI 循环至损益的金额，当期循环至损益 4 万元（8/2），剩余的 4 万元于下一年循环，当期 OCI 共循环至损益 9 万元（5+4）。

20×5 年，因上一年计提减值，需要重新计算商誉的摊销额，会计估计

---

① 由于现金流产出单元并不是研究的主要问题，因此在模拟案例中并不体现将商誉分摊至现金流产出单元等减值测试过程。

变更后摊销额为 7 万元（7/1），当期 OCI 转入损益 4 万元（参照 20×4 年）。

表 4-8　商誉相关信息列报　　　　　　　　　单位：万元

商誉信息		会计年度						合计
		20×0	20×1	20×2	20×3	20×4	20×5	
财务状况	a. 期初账面价值	—	80	70	45	30	7	—
	b. 当期摊销	0	10	10	15	15	7	—
	c. 累计摊销	0	10	20	35	50	57	—
	d. 减值准备	0	0	15	15	23	23	—
	e. 期末账面价值	80	70	45	30	7	0	—
综合收益	损益 f. 摊销额	0	10	10	15	15	7	57
	损益 g. OCI 转入	0	0	5	5	9	4	23
	h. OCI 余额	0	0	10	5	4	0	—

通过上述模拟案例不难看出，将商誉减值计入 OCI 并于未来期间循环至损益的做法不仅可以如实反映商誉的价值变化，还能缓和减值损失对会计盈余质量的影响，从而满足资本市场管控商誉减值风险的信息诉求。

（四）应用价值

1. 评价管理层的受托责任

财务报告在产生之初是那些不参与企业经营管理的债权人用于监管企业管理层履行受托责任情况的工具。随着证券市场的出现与发展，财务报告的功能逐渐演变为向投资者决策提供输入信息。为反映资产价值及其波动，会计信息开始放松对可验证性的追求，管理层的主观性和盈余操纵空间随之变大。受此影响，财务报告的受托责任评价功能受到了一定程度的影响，这一问题在商誉减值中得到了充分体现。然而，恰当地反映管理层经营和管理受托资源的状况仍然是财务报告的重要任务。于是，本模型采用"双重计量"和"双重确认"的核算方法提升资产和盈余的信息质量，大大限制了管理层操纵减值的空间，财务报告也将更加有助于评价管理层的并购决策是否成功，便于对管理层履行受托责任的情况进行问责。

2. 管控会计商誉泡沫及其减值风险

会计准则的经济后果会影响会计准则的制定，FASB 采用现行汇率法而非时态法进行外币折算、废除权益联合法等均体现了会计准则技术观与经济后果观的制衡。在我国会计商誉泡沫日益凸显的环境下，直接将商誉减值计入损益的做法既难以提供决策有用的合并后经营业绩，也无法满足各利益集团对管控商誉减值风险的诉求。为此，本模型融合了摊销法与减值法，并引入了 OCI 的应用。由于商誉的摊销额会在未来抵减主体的收益，管理层在做出并购决策时会更加谨慎、理性，且随着商誉减值操纵空间的压缩，管理层出于自利目的而蓄意抬高估值的可能性也会有所降低。这样一来，本模型不仅可以缓和已有会计商誉泡沫对会计信息质量的不良影响，还能从源头上抑制会计商誉泡沫的产生，进而达到管控商誉会计泡沫及其减值风险的目的。

四、研究结论与政策建议

针对我国 A 股市场商誉虚高问题与商誉减值风险，本研究通过以上分析得出如下结论：（1）商誉代表未来获取超额收益的能力，其确认与计量兼具了资产负债观与收入费用观的双重特征，这一特点使得商誉后续计量的方法更加多元；（2）财务会计的技术瓶颈、资本市场的道德风险与企业并购过程中的非理性支付是会计商誉泡沫产生的重要原因，为如实反映商誉价值与合并后的经营业绩，商誉的后续计量应在挤出泡沫的同时避免对盈余质量造成干扰；（3）会计商誉泡沫的减值符合 OCI 搭桥项目的概念界定，与其他综合收益相结合的双重计量确认模型可提升商誉会计的决策有用性。

长期以来，我国并购业务发展迅猛，资本市场积聚了巨额会计商誉泡沫，上市公司一次性计提大额商誉减值导致公司业绩"爆雷"的事件频繁发生，这些"黑天鹅"事件是资本市场长期稳定发展的隐患。作为与商誉最直接相关的制度基础，会计准则亟须从技术角度管控会计商誉泡沫与减值乱象，而本研究所提出的双重计量确认模型正是基于这一动机。然而，商誉确认与市场并购紧密相连，管控与之相关的风险并非单纯是会计问题，资本市场的监管部门也应积极协同以解决这一问题。随着数字经济的到来，无形资产成为企业价值创造、保持竞争的主要驱动因素，可受制于当前财务会计的核算范围，数据、信息、技术等经济资源暂时无法在会计系统中合理确认，当发生企业并购时，这些资源将成为企业的并购商誉。因此，在数字经济下，对商誉相关风险的管控将面临更大的挑战。为此，不仅财政部需要不断完善甚至突破已有的会计准则，监管部门也要发挥更大的作用，强化公司外部的管制。

第五章 会计报告的理论变迁

在本章，我们首先回顾财务报告的理论发展及其内在逻辑，分析了财务报告的体系结构及其由来、规则导向和原则导向的模式转变、收入费用观和资产负债观的取向变迁以及传统收益观和综合收益观的理念变化。进一步地，我们在财务报告评价层面探讨了会计准则制定机构（强调决策有用）和证监会（强调投资者保护）所主张的不同评价标准，即有用财务信息的质量特征和透明度以及二者的区别与联系。在实践层面，面对近十年来资本市场投资者和债权人的信息需求变化，公司前瞻性信息披露成为我国财务报告改革的重要问题。对此，我们借助实证，探讨了资本市场开放背景下公司前瞻性信息披露的实践效果，以期对财务报告改革的实际效果做出评价。

第一节 财务报告

一、财务报告的体系

1. 财务报告的组成

企业会计准则规定财务报告包括财务报表和其他财务报告。财务报表至少应当包括资产负债表、利润表、现金流量表、所有者权益变动表和附注。相较之下，人们对其他财务报告的认识显然没有这么清晰，其他财务报告究竟包含哪些内容至今没有达成共识，这些信息往往是基于必要的估计、判断与预测的现行甚至未来的价值信息（葛家澍和刘峰，2011）。企业会计准则中的其他财务报告可以理解成一个具有弹性的概念，它包含的信息随着经济发展越来越丰富。这些信息不受会计准则的约束，可以是定性的也可以是定量的信息，可以是历史信息，也可以是未来信息（孙光国等，2013）。常见的其他财务报告包括：公司年报中除财务报表以外的部分、呈送给证券管理机构的中期报告和年报、管理当局的讨论与分析、给股东的信件、经济分析与统计报告、给新闻界的新闻发布稿等（葛家澍，1998）。值得注意的是，在我国一些法律法规中，企业年度报告的范围要宽于财务报告。例如，根据国务院发布的《股票发行与交易管理暂行条例》，年度报告应当包括经注册会计师审计的公司最近两个年度的比较财务报告及其附表、注释等信息；根据中国证监会发布的《公开发行证券的公司信息披露内容与格式准则第 2 号——年度报告的内容与格式》，年度报告正文主要包括财务报告等信息，并具体规定提交的财务报告应包括审计报告、财务报表、财务报表附注。

　　财务报表是财务报告的中心部分，是企业对外传递会计信息的重要手段，但随着表外附注的不断扩展，表内确认和表外附注的主次地位有可能被颠倒（FASB，1978；1984）。在复杂性不断增大的环境下，财务报表的及时性、财务会计信息的完整性问题加剧（Devidson and Weil，1977；杜兴强，2003），受限于会计准则的确认规则，一些信息难以反映在财务报表的具体报表项目之中。为此，很多会计机构十分重视表内确认以外的信息披露。1991 年，英格兰及威尔士特许会计师协会（ICAEW）在其研究报告《未来财务报告模式》（The Future Shape of Financial Reporting）中建议提供目标及战略计划表、未来发展前景表以补充财务报表；1994 年，美国注册会计师协会（AICPA）在其研究报告《改进企业报告——着眼于用户》（Improving Business Reporting：A Customer Focus）中也提出要改进和扩大财务报告内容，扩展财务报告中的非财务信息。在财务报告中，各组成部分都具有相同的目标，但相比于报表附注的披露而言，其他财务报告的披露无须遵循具体的会计准则规定。本书的研究内容关注会计准则，本章的论述更偏重财务报表，即财务报表表内确认和财务报表表外披露（附注）。基于以上论述，财务报告的组成如图 5-1 所示。

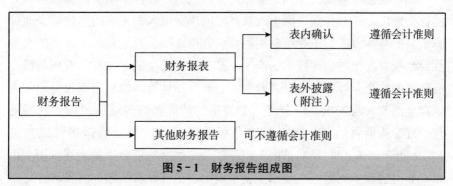

图 5-1　财务报告组成图

2. 财务报告体系的由来

（1）资产负债表。19 世纪，美国的工业企业很少对外披露信息，它们普遍认为，对外披露财务信息对企业毫无益处，反而可能会被竞争对手使用。由于市场上缺乏充足的投资信息，风险较低的债券比股票更受投资者青睐（Baskin and Miranti，1997），债务融资成为当时最主要的融资方式。19 世纪末，为进行债务融资，铁路企业率先尝试向不参与生产经营的债权人发布资产负债表。债券持有者利用资产负债表评估管理层履行受托责任的情况，并确定管理层是否存在窃取或滥用公司资产的行为。为提高资产负债表的有用性，公认会计原则要求企业根据流动性从高到低的顺序排列资产或负债的项目（Hendriksen，1974）。较难变现的资产列报于资产负债表下方，供应商、银行和债券投资者往往将企业的流动资产视为潜在的抵押品，以确保其能够按期收回所投放的款项。此外，相比于股票投资者，债券持有者更关注企业的偿债能力。由于资产负债表反映了企业潜在的抵押品及其他各方对资产的要求权，债权人更偏好不高估资产的财务报告，谨慎性原则就是在这一历史阶段形成的。

（2）利润表。20 世纪 20 年代，股票投资者队伍快速壮大，股东们更关心企业未来的经营成果和股利支付能力。由于利润表能反映企业未来的盈利能力和股利支付水平，进而帮助投资者评估被投资公司的股票价值，利润表取代资产负债表成为最重要的财务报表。到 20 世纪中期，会计核算的主要目标已经转变为盈余计算，会计盈余和股票价格之间的关系也成为证券分析的重要内容。股权高度分散、小股东不参与经营是美国公司制度的典型特征，两权分离给管理层滥用职权提供了便利。为了使管理层与投资者的利益保持一致，基于财务数据的合同开始出现，如会计业绩薪酬计划、与盈余或负债率挂钩的债务契约等。到 20 世纪末期，会计利润和负债比例成为财务报告编制者非常关心的问题。

（3）现金流量表。英国工业革命开始之前，收付实现制占据会计核算的核心地位，计算和报告两个决算日之间现金流入和流出的变化是企业计算利润的基本方法。工业革命期间，企业持续经营思想和企业盈利的重要性导致权责发生制会计技术的产生。基于权责发生制，收益、费用与特定会计期间的企业经营业绩联系起来，企业开始计算净值和定期收益而不考虑现金的收入与支出，现金流入和流出的计算和报告逐渐退居到次要地位。现金流量表的产生晚于资产负债表。现金流量表的运用可以追溯到 19 世纪 60 年代，最初是由英国一些公司编制的资金流量表逐步演变而来，当时的现金流量表主要用于记录现金、银行存款及邮票的变动情况。

20 世纪 60 年代，美国会计理论界关于会计理论的研究开始转向会计目标。1978 年，FASB 明确将会计目标作为整个财务会计概念框架的起点，提出决策有用会计目标，强调会计的首要目标是使投资者和债权人形成关于未来现金流量的期望。为了提供关于现金流量数额、时机和不确定性的信息，依据现金流动基础所提供的现金流动信息，对信息使用者的决策十分有益。20世纪80年代，权责发生制受到越来越严厉的批评，实务界特别是证券界认为现金流动信息与决策更为相关，管理当局也无法操纵，而以权责发生制为基础确定的盈利信息容易为管理当局所操纵（Dechow，1994）。1987年，FASB经过广泛研究和讨论，发布了《财务会计准则公告第95号——现金流量表》，取代APB的第19号意见书，要求企业以现金流量表代替"财务状况变动表"作为一套完整的财务报表的组成部分。

二、财务报告的理论变迁

1. 收入费用观与资产负债观

财务报告需要遵循一定的概念基础并以特定的会计理念为指导。美国财务会计准则委员会（FASB，1976）提出了三种不同的企业收益计量理论，导致了三种不同的财务报告概念基础——资产负债观（asset-liability view）、收入费用观（revenue-expense view）和非环接观（non-articulated view）。时至今日，资产负债表与损益表是各自独立的报表，其数据不需要环接的非环接观已被人们摒弃（Wolk et al.，2004）。为此，本书主要介绍资产负债观和收益费用观。

资产负债观和收入费用观原本是计量企业收益的两种不同理论。资产负债观基于资产和负债的变动来计量收益，当资产的价值增加或是负债的价值减少时会产生收益；收入费用观则通过收入与费用的直接配比来计量企业收益，按照收入费用观，会计上通常是在产生收益后再计量资产的增加或是负债的减少。简言之，资产负债观关注资产和负债的变动来计量收益，而收入费用观则先计量收益再将之分摊计入到相应的资产和负债中去。将二者引申到会计准则制定中，资产负债观下，会计准则制定机构在制定规范某类交易或事项的会计准则时，总是首先定义并规范由该类交易或事项产生的相关资产和负债或者该类交易或事项对相关资产和负债造成影响的确认和计量，然后根据资产和负债的变化确认收益；收入费用观则要求会计准则制定机构在准则制定过程中，首先考虑与某类交易或事项相关的收入和费用的直接确认与计量。资产负债观下，会计准则制定重在规范资产和负债的定义、确认和计量；与之对应，收入费用观下，会计准则制定主要关注损益表要素的定义，把收益的确认和计量作为准则规范的首要内容，资产和负债的定义、确认和计量成为收益确定的副产品或过渡产物。与收入费用观相比，资产负债观更注重交易和事项的实质，要求首先界定每笔交易或事项发生后对企业资产和负债变化的影响，确保企业各时点上资产和负债存量的真实准确，从源头上厘清该交易或事项对企业财务和经营状况产生的影响及后果，为确定某一期间流量概念的收入和费用提供了可靠的基础，最终采用一种财务报表使用者易于理解的方式在财务报告中反映这些交易或事项的结果。

20 世纪 30—70 年代，美国会计界曾笃信收入费用观，认为收益的计量才是会计的重心所在，损益表的作用显著大于资产负债表，只有损益表才能反映企业经营活动是成功还是失败，所有财务报表使用者大部分情况下最需要的重要信息只能由损益表提供（Littleton，1958）。会计原则委员会（APB）在发布意见书时，通常采用收入费用观，如 1966 年发布的会计原则委员会第 8 号意见书《养老金计划成本的会计处理》和 1967 年发布的会计原则委员会第 11 号意见书《所得税的会计处理》（SEC，2003）。在收入费用观下，大量性质不明的递延费用和递延贷项等进入资产负债表，例如开办费用一旦发生即属于沉没成本，不可收回，只是为了遵循配比原则分若干次在未来期间分摊计入损益表，而将之列进资产负债表作为中转，其本身并不符合资产的定义。为此，FASB 认为先确认交易或事项是否形成了资产或负债，再据之确定收益更为合理，并明确表示在其准则制定项目上坚持资产负债观（FASB，2004）。

2. 传统收益观与综合收益观

佩顿和利特尔顿（1940）在《公司会计准则导论》中对传统收益观的特点做了概括：（1）会计应当以实际交易价格为基础；（2）收益应当通过将实现时所确认的收入与相关成本相配比的方式来适当确定。可以说，历史成本原则、配比原则和稳健性原则构成了传统收益观的基础，它们相辅相成、相互论证、相互支持，决定了损益表确定性、可靠性、稳健性的特点（葛家澍和杜兴强，2005）。传统收益观下，损益表只反映已经取得现金或现金要求权的特定交易，不反映那些已经使价格发生变化但尚未实现的事项。因此，传统收益观可以客观地衡量企业经营者的经营业绩，使经营者的业绩考核有一个相对合理的基础，不至于因市场宏观环境变化或其他非经营者努力因素而导致经营者的福利受益或受损。然而，该观点无法揭示企业特定期间经营结果的全貌，有的投资者关注的是企业创造长期、持久的盈利的能力，而有的投资者只关心企业的短期业绩，关注企业当期的利润以及企业能否向他们支付相应的股利。

20 世纪 90 年代以来，由于金融衍生工具和金融创新日新月异，企业的组织架构及经营活动日益复杂化，由此导致损益表无法反映来自金融创新的、非传统的利润来源。大量的衍生工具在获得时不会发生现金支出或者只有极少量的现金支出。根据历史成本原则和配比原则，它们都无法在财务报表中得到反映，或者在财务报表中反映的账面价值远远小于真实的价值或可能产生的利得和损失。为此，各国会计准则制定机构开始采用综合收益观作为报告收益的基础，即除了业主投资和业主派得（业主派得是指对股东的现金分红、股票回购、资产分配等）外，所有本期确认的权益变动在进入资产负债表权益部分之前都必须报告在损益表中。换言之，净收益应当包括除了来自与业主之间交易以外的所有企业财富的变动。1980年，FASB 在 SFAC 3 中提出将综合收益作为财务报表的基本要素之一，并把它定义为："一个主体在某一期间与非业主方面进行交易或发生其他事项和情况所引起的净资产变动。"出于会计准则经济后果的考虑，与管理当局"收益平滑"的要求相妥协，会计准则制定机构在制定准则时允许一些项目绕过损益表，直接在资产负债表的权益中进行报告。然而，若有更多的项目被直接计入权益，那么资产负债表权益部分将变成一个堆积无组织的和日益混乱的重要信息的垃圾箱，也不利于损益表真实、全面地反映企业的财务业绩。为此，FASB 于 1997 年正式发布了《财务会计准则公告第 130 号——报告综合收益》（SFAS 130），提出了其他综合收益的概念，将绕过损益表直接在权益中列示的项目有效系统地组织起来报告。值得注意的是，综合收益观的终极内涵是在收益确定方面要遵循资产负债观而不是收入费用观。

第二节　财务报告的质量评价

对于财务报告使用者来说，财务报告具有决策有用、受托责任双重目标和公共产品的特征，财务报告质量具有重要意义，提供高质量的财务报告，属于企业对社会承担的法律责任（刘玉廷，2010）。欲对财务报告质量的高低进行衡量，必须首先明确财务报告具备哪些特征。1980 年，FASB 公布了《财务会计概念公告第 2 号——会计信息的质量特征》（SFAC 2），基于会计目标提出了财务报告的质量标准。然而，20 世纪末 21 世纪初，由于财务造假频发，会计核算规则难以恰当反映金融工具创新所蕴含的风险，会计准则有时难以保护投资者的利益。为此，SEC 前主席利维特（Levitt）在一系列演讲中提出了基于投资者保护视角的透明度质量要求。这两套评价标准不尽相同，本节分别予以论述。

一、会计信息的质量特征

1. 概念内涵

财务报告概念框架将有用的会计信息质量特征分为基本质量特征和提升质量特征两个层次，前者包括相关性与如实反映（可靠性），后者包括可比性、可验证性、及时性、可理解性。具体而言，有用的会计信息必须具有相关性，并如实反映其意图反映的经济现象（而非会计信息本身），如果会计信息具有提升质量特征，则会计信息的有用性会增强。换言之，不具备基本质量特征的会计信息是无用的，具有基本质量特征的会计信息即便不具备提升质量特征也仍然是有用的，详见图 5 - 2。在这里，我们主要辨析相关性与价值相关性，介绍可靠性与如实反映之间的理论演进。

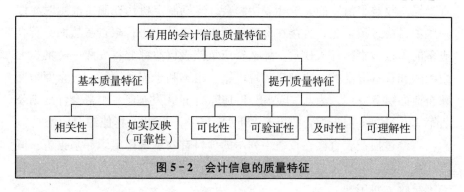

图 5 - 2　会计信息的质量特征

2. 相关性与价值相关性

相关性（relevance）是指财务报告的信息与财务报告使用者的决策相关，而价值相关性（value relevance）是指财务报表中数据与股价之间的相关关系（Amir et al.，1993），不是会计准则中要求的质量特征。价值相关性的研究被用来评估会计数据是否有助于投资者评估企业净资产的价值。当会计数据与投资者评估企业价值相关，且具有足够的可靠性时，该会计数据对投资者而言具有价值相关性，因此，价值相关性是相关性和可靠性（如实反映）的联合检验。相关性是一个相对宽泛的概念，投资者的决策并不仅仅关注评估企业的价值，因而价值相关性不能全面地评价会计数据是否具有相关性和可靠性（如实反映）（Barth et al.，2001）。

Ball 和 Brown（1968）首先研究了会计信息的价值相关性，他们以纽约证券交易所的 261 家上市公司为研究对象，研究的时间范围为

1946—1965 年，结果发现，年度盈利信息披露前 12 个月到后 6 个月的股票非正常报酬率变动与盈利变动之间存在显著的相关性，并且相较于未预期的经营现金流量，未预期盈利与非正常报酬率之间具有更大的相关性。自此价值相关性的研究开始涌现，分为如下两类：（1）联合分析相关性和可靠性（如实反映），即通过会计数据在估值模型中的系数是否显著判断会计数据是否具有相关性和可靠性（如实反映）（Eccher et al.，1996；Nelson，1996），或通过不同会计数据在估值模型中的系数是否有显著差异比较不同会计数据的相关性和可靠性（如实反映）（Barth et al.，1998b；Aboody et al.，1999）；（2）分析会计数据是否可靠，即判断会计数据的系数是否与基于估值模型的理论系数相同，借此反映会计数据是否准确反映了经济特征（Landsman，1986；Barth et al.，1991；Muller，1999）。

3. 可靠性与如实反映

IASB 概念框架（1989）中以"可靠性"来描述现称为"如实反映"的内容，并将如实反映、可验证性及中立性列为可靠性的内容，将完整性作为如实反映的一部分进行讨论；联合概念框架（2010）将如实反映作为一项基本质量特征，替代原先的可靠性，可靠性则演变为确认条件中对计量不确定性的容忍，不再作为有用的会计信息的质量特征。所谓如实反映，是指如实反映其意图反映的经济现象，完全体现"如实反映"的描述应具备三个特征：完整、中立和无误。这一变化体现了受托责任观会计目标地位的变化。一方面，在概念框架（1989）中，可验证性是可靠性的重要内容（杨翼飞，2006），而在新概念框架（2018）中，可验证性不为如实反映所强调，并蜕变为提升质量特征。相比较而言，新概念框架（2018）中关于会计信息质量的评价对可验证性的要求有所减弱，而可验证性恰恰是受托责任观所遵循的重要基础。另一方面，如实反映强调审慎的中立（中立性）而非不对称的谨慎（稳健性）。曾有大量研究表明，稳健的会计政策与会计信息可降低委托代理关系中的信息不对称（Watts，2003），提高契约的运行效率（Ball and Shivakumar，2005），有效抑制管理层的代理成本（Lafond and Roychowdhury，2008）。仅就上述研究而言，强调审慎的中立并不一定有助于受托责任观的实现。值得注意的是，也有学者认为稳健性并不能提升会计盈余的信息含量（Gigler and Hemmer，2001），不利于会计理论的自治，中立性、稳健性对会计信息的影响仍需进一步探讨，笔者认为，中立性与稳健性的权衡在不同环境、不同问题下可能会得出不同的结论，不应一概而论。综上所述，将可靠性替换为如实反映的修订在某种程度上体现了对受托责任财务报告目标的弱化。

二、投资者保护和透明度

1. 概念内涵

SEC 前主席利维特指出："我们如何向投资者证明市场是公平的？我们强迫那些拿了投资者钱的人讲真话，说出所有关于企业的真相。如果他们不这样做，我们必须不留情面地加以惩罚，学者们将此过程称为对信息不对称的矫正，而我们有一个简单的名称——投资者保护。"利维特的观点得到理论界和实务界的高度重视。1996 年，SEC 发布了关于国际会计准则理事会"核心准则"的声明，将透明度、可比性与充分披露并列为高质量会计信息的三个基本要求。透明度是指财务报告以使用者可以理解的方式反映公司真实经济情况的程度，它一方面取决于财务报告本身反映公司真实经济情况的能力高低，另一方面取决于使用者对财务报告的理解程度（Barth and Schipper，2008）。相对于财务报告概念框架中的会计信息质量特征，透明度强调公司的信息披露绝不是公司单方面的信息生产、输出过程，其最终立足点偏向于信息使用者的理解和反应（深交所，2005）。然而，透明度概念的提出在当时并没有引起人们足够的重视，真正促使人们对会计信息透明度充分关注的是 1997 年东南亚金融危机的爆发。许多国际性组织的事后分析认为，会计信息的不透明是引发这些国家金融危机的重要诱因。例如，联合国贸易和发展会议（UNCTAD）认为，高度负债、对外汇的过度依赖、缺乏透明度和责任是东南亚国家金融机构或其他公司失败的重要原因，而公司会计信息缺乏透明度是金融危机的直接原因。

在早期，透明度的概念内涵多被视为一种信息披露质量。随着对透明度关注的升温，其概念内涵也变得更为丰富。1998 年，巴塞尔银行监管委员会在其发布的《增强银行透明度》（Enhancing Banker Transparency）的研究报告中，把银行透明度界定为"公开披露可靠、及时的信息，以帮助投资者准确评估银行的财务状况和业绩、经营活动、风险预测以及进行相应的风险管理"。该报告还提出，透明的信息应包含六个方面的特点：全面性、相关性、及时性、可靠性、可比性和重要性。随后，Vishwanath 和 Kaufmann（1999）认为透明的信息应具备可获得性、可理解性、相关性和可靠性等质量特征。Bushman et al.（2004）认为透明度是由各种信息质量组成的多层面系统，包括公司报告、私有信息的可获得性以及信息传播效果三个部分。葛家澍（2001，2002，2004）认为，透明度存在狭义和广义两种解释。其中，狭义的透明度等同于充分披露，而广义的透明度被看成高质量信息特征的总和（包括清晰性、中立性、可比性、充分披露、完整性以及实质重于形式等内容）。

2. 透明度与会计信息质量的联系

（1）评价财务报告的角度不同。会计准则制定机构强调的是财务报告所应具有的特征，如相关性、如实反映等。这些特征一经确定，就成为企业对外提供财务报告所应具备的质量属性。对作为信息生产者的企业来说，只要尽力实现了这些评价体系所要求的相应属性，就应该是一份高质量的财务报告。在整个过程中，仅仅从信息生产者的角度来看待财务报告质量是静态的。高度透明的财务报告，其目标是向投资者传递一个真实的公司图像，而不是局限于公司财务报告采用什么样的传递方式、途径和具体内容，它包括从公司到外部信息使用者这样一个完整的信息传递过程。在这个过程中，企业不但要编制出符合相应质量特征要求的财务报告，而且要综合考虑到可能影响外部信息使用者获取、理解和使用这些信息的所有相关因素，如信息中介的发展程度、信息披露的途径和方式等。按照透明度的含义，这些因素都应列入对财务报告的评价中，因为它们共同影响了投资者对公司的了解程度。会计透明度由准则制定、对准则的遵循和对外披露三个层次共同构成（魏明海等，2001），尽管过程复杂，但最终的评价标准是清晰的，那就是外部信息使用者能否通过财务报告真实、全面、及时地了解公司，这完全是从信息使用者的角度来评价财务报告，而且是一个动态的过程。

（2）对投资者知情权的保护程度不同。SEC 前主席利维特在 1998 年 9 月 28 日的演讲中详细揭露了当时美国的上市公司管理者和审计师及证券分析师一起采取的大量盈余操纵行为。在这种操纵下，财务报告质量显著下降。与此同时，大量公司在经济业务活动中开始广泛使用各种新型的金融工具，而会计准则下的计量方法难以完全反映这些新型金融工具给企业带来的风险与收益变化。盈余管理的蔓延和金融工具的大量使用使得财务报告在向投资者传递信息方面显得"力不从心"。在这种情况下，充分地向投资者披露相关信息、增强财务报告透明度就成了保护投资者知情权的现实途径。

仅仅以若干质量特征属性为内容的财务报告质量概念很难解决上述问题，拥有信息优势的上市公司管理者总是能找到各种办法，通过盈余管理和令人眼花缭乱的金融工具，避免让投资者了解到公司的真实情况。通过财务报告向投资者展示一个真实的公司图像，正是高透明度财务报告的应有之义。从这个意义上讲，强调提供高透明度的财务报告，让投资者最大限度地观察到公司的本来面目，就是对投资者知情权的基本保护，是恢复投资者信心的前提条件。这也是在美国安然事件、世通公司破产等一系列资本市场丑闻发生以后，各国监管当局大力倡导提高财务报告透明度的重要原因。

值得注意的是，作为评估财务报告的两套标准，决策有用性与投资者保护相互关联，在本质上是一致的，只不过二者各有侧重，前者侧重于内容质量，后者侧重于表述质量（葛家澍和杜兴强，2001）。透明度在某种程度上是建立在决策有用性的各项质量特征基础之上的。

第三节　"深港通"与前瞻性信息披露：基于上市公司年报的文本分析

基于"深港通"互联互通制度的准自然实验场景，本节通过 Word2Vec 机器学习和文本分析方法获取上市公司年报中描述未来发展的词频，构建上市公司前瞻性信息披露指标，进而使用双重差分法检验资本市场开放对上市公司前瞻性信息披露的影响。研究发现，实施"深港通"有助于上市公司披露更多的前瞻性信息，其年报中将来时态的词频显著提高；企业国际化程度越高，资本市场开放对前瞻性信息披露的正向影响越强。此外，"深港通"是通过增加前瞻性描述内容与描述语气这两条机制，增加年报中对未来展望的描述。研究还发现，"深港通"对前瞻性的正向效应存在于信息透明度较高、有效内部控制的公司。研究结论在进行了一系列稳健性检验后依然成立。结论表明，坚持资本市场持续全面开放，对于提高公司治理水平与改善会计信息环境具有重要作用。

一、引言

党的十九大报告提出"推动形成全面开放新格局"。中国资本市场在实现全面深化改革的同时也在不断加快对外开放的步伐。2016 年"深港通"开通，沿用了 2014 年"沪港通"互联互通模式，但"深港通"先于"沪港通"取消了总额度的限制，尤其是相较于"沪港通"下的"港股通"投资范围更广，为境外投资者进一步开放更多内地股票市场，带来更大的投资自由和便利，引发了社会各界的广泛关注和热烈讨论。"深港通"互联互通一方面打开了我国资本市场双向开放的新发展格局，国际化程度不断提升；另一方面标志着充分、全面地披露投资者能够做出价值判断和投资决策所必需的信息日益成为资本市场的灵魂，而专业投资者的进驻将增加对非财务信息披露的需求（Gao and Huang，2016）。

目前学术界对于资本市场开放的经济后果的研究多数集中在市场反应和公司治理的视角上，比如宏观经济层面上股票市场稳定性（刘海燕等，2017）、股价波动（钟凯等，2018）和股价信息含量（钟覃琳和陆正飞，2018）等，微观企业层面上企业投融资（连立帅等，2019）、投资效率（郭阳生等，2018）和企业创新研发投入（罗宏和陈小运，2020）等。事实上，由于现实环境中不可避免的信息不对称和代理问题，信息环境不同和信息解读差异造成的潜在利益与风险对于双边资本流动而言意义重大。上述文献为理解资本市场开放对投资者与上市公司的价值判断和前景预测的影响提供了丰富的理论基础和实证检验，但信息披露这一根植于资本市场活动中至关重要的环节，在境外投资者选择和上市公司管理层决策中又会扮演什么角色，尤其是直接代表公司未来发展前景的前瞻性信息披露又会受到什么样的影响，值得深入研究。

相对于历史信息，公司的前瞻性信息对于投资者具有极其重要的价值。前瞻性信息是能够使投资者和其他用户评估公司未来财务业绩的当前计划和未来预测的信息（Cazier et al.，2020；Cho and Muslu，2021）。前瞻性信息披露不仅包括财务预测，还涉及战略、风险和不确定性（张俊瑞等，2018）等非财务信息。《国际整合报告框架》（International IR Framework）十分注重前瞻性信息，其基本指导原则中的第一项原则即倡导企业信息披露以"战略和前瞻为导向"，明确提出"综合报告应深入说明机构的战略，阐明战略如何与未来短、中、长期的价值创造能力相关，以及战略如何与资本使用及对资本的影响相关"。与公司未来相关的信息可帮助投资者全方位判断企业的经营成果，具有重大性、长期性、价值相关性等特点，有助于弥补会计信息的滞后性与短期性。

我国资本市场处于全面开放进程的背景要求上市公司的信息披露更加注重长期性和前瞻性。资本市场开放对信息披露的相关研究较少，一类是信息优势观，认为当资本市场开放后境外投资者进入会促使机构投资者更关注信息披露行为（Henry，2020），上市公司为了迎合与获得境外投资会主动降低信息不对称性（Yoon，2021）。李春涛等（2018）发现QFII的引入可以提高公司信息披露质量；郭阳生等（2018）研究指出"沪港通"政策实施增加了相关上市公司分析师跟踪人数，提高了分析师预测精确度，进而改善了上市公司的信息环境。唐建新等人发现资本市场开放提高了自愿信息披露的意愿和精度。另一类是信息劣势观，强调相较于境内投资者掌握更多私有信息而言，境外投资者会被动模仿境内投资者的投资策略。Choi 等（2013）发现境外投资者持股越多，信息不对称性越强，境外投资者更关注如何增强自身的信息优势，而不是完善当地资本市场的信息环境。现有多数研究基于有效市场假说，认可了资本市场开放的信息效应与治理效应。

然而，事实上在我国新兴市场中，资本市场开放政策确实能够造成信息披露的选择性调整，但有关该方面的实证检验仍然相对较少，难以对二者关系的认知提供确凿证据，尤其是对前瞻性信息披露的影响目前还是空白，这正是本书研究的出发点和关注点。究其原因，一是前瞻性信息在我国的发展历史较短，已有文献缺乏公认的衡量前瞻性信息的指标，若采用文本信息，又难以对其进行直接观测和度量，故尚未形成统一的量化方法；二是境外投资者持股与上市公司前瞻性信息披露存在较强的内生性问题，缺乏外生的政策冲击，其中产生的净效应难以估计。目前这方面的研究相对匮乏，且现存文献多利用成熟市场、有效市场的经验证据，其研究结论对中国新兴市场实践的指导意义仍有待商榷。因此，本研究以中国 A 股上市公司年报中前瞻性信息披露为对象，从语言认知效应出发，关注文本信息中语态将来时标记特征，通过机器学习和文本分析的方法提取了财务报表文本信息中披露的前瞻性词集，从而构建更为客观全面的前瞻性信息披露指标。

潜在贡献如下：第一，首次试图讨论资本市场开放对公司前瞻性信息披露的影响。资本市场对外开放的重要目的在于通过引入境外投资者提高公司治理水平、提高信息披露质量、提高资源配置效率。本研究基于信息披露视角的分析，系统检验了"深港通"政策实施的经济后果，结论对资本市场开放政策实施的作用有一定解释意义，并为资本市场全面开放提供了一定证据支持。第二，从信息披露视角看，目前有少量文献关注到资本市场开放过程中外资持股对信息环境、信息披露的影响，但尚无对资本市场开放与前瞻性信息披露之间关系的专门研究，本研究从这一视角出发，利用"深港通"实施作为绝佳的外生冲击，相对准确地捕捉和识别境外投资者持股对境内上市公司前瞻性信息披露影响作用的净效应，从而缓解以往研究中较强的内生性问题，提供了外资持股对企业前瞻性信息披露影响的因果证据，一定程度上对现有资本市场开放对信息披露影响的文献做出增量贡献。第三，本研究丰富了现有前瞻性信息披露影响因素的研究领域，迎合了证券监管机构提倡上市公司披露更多前瞻性信息的要求。目前前瞻性信息披露的研究多聚焦于其经济后果方面，对影响因素的研究较少且多数关注公司治理因素和公司特征等微观层面。本研究以"深港通"政策实施为研究视角，为前瞻性信息披露影响因素研究提供了宏观层面的经验证据。

二、制度背景、理论分析与研究假说

（一）我国股票市场开放的制度背景

党的十八届三中全会提出"推动资本市场双向开放，有序提高跨境资本和金融交易可兑换程度"。2014 年 4 月 10 日，在亚洲博鳌论坛上国务院总理李克强正式宣布上海证券交易所将与香港联合交易所开展证券股票交易互联互通机制试点，允许两地投资者买卖规定范围内对方交易所上市的股票。同年 11 月 7 日，"沪港通"正式启动试点工作。试点初期，沪股通的股票范围是上海证券交易所上证 180 指数、上证 380 指数的成分股，以及上海证券交易所上市的 A＋H 股公司股票。"沪港通"下的港股通股票范围是香港联合交易所恒生综合大型股指数、恒生综合中型股指数的成分股和同时在香港联合交易所、上海证券交易所上市的 A＋H 股公司股票。双方可根据试点情况对投资标的范围进行调整。

经过两年多的筹备，"深港通"终于落地，中国证监会与香港证监会发布联合公告，于 2016 年 12 月 5 日正式启动深港通。深股通的股票范围是市值 60 亿元及以上的深证成分指数和深证中小创新指数的成分股，以及深圳证券交易所上市的 A＋H 股公司股票。"深港通"下的港股通股票范围是在现行"沪港通"下的"港股通"标基础上，新增恒生综合小型股指数的成分股（选取其中市值 50 亿港元及以上股票），以及同时在香港联合交易所、深圳证券交易所上市的 A＋H 股公司股票。

"深港通"和"沪港通"不同，一方面，"深港通"取消了总额限制，与"沪港通"的准入门槛有明显的差异；另一方面，上海证券交易所和深圳证券交易所服务的对象有所不同，主板市场主要服务于规模较大、成熟期的企业，中小板和创业板则服务于中小规模、成长期的创新型、高新技术型企业，其信息披露策略有所区别。大量对 A 股期待已久的境外资金将通过"深港通"进驻那些具有发展潜力、属于新兴行业的上市公司，一些上市公司的价值也将被全世界发现，有助于活跃 A 股市场的中小盘个股。从时间节点上看，"深港通"在"沪港通"的基础上进行了优化和完善，可以说"深港通"是"沪港通"的升级版；从地理位置上来看，深圳与香港的地理位置非常近，交通便利，两地的资金流、信息流、投资理念等都有非常紧密的联系。

（二）我国前瞻性信息披露的演变

随着资本市场及公司经营环境的不断变化，投资者对信息的需求也在不断变化。在复杂多变的经营环境下，过去的历史信息、单纯的财务信息显得"力不从心"，未来的前瞻性信息、与公司成长相关的信息日益受到重视。目前，前瞻性信息主要分布于年报中的管理层讨论与分析（MD&A），以未来发展为视角，提供基于公认会计原则而产生的表内信息及报表附注无法提供的信息，是上市公司对外披露的信息中最有价值的部分（胡楠等，2021）。我国 MD&A 的披露制度在 2002 年才正式引入年报披露要求，并逐年细化对 MD&A 的披露尤其是前瞻性信息的披露要求。2005 年，中国证监会修订上市公司信息披露内容与格式规则，首次明确要求 MD&A 中要披露"报告期内公司经营情况的回顾"和"对公司未来发展的展望"两部分内容。上海证券交易所于 2012 年发布了《管理层讨论与分析的编制要求备忘录》，再次强调上市公司年报中叙述性信息披露的重要性，尤其强调前瞻性信息的披露。

我国现行上市公司信息披露规范对公司前瞻性信息披露有所涉及。《公开发行证券的公司信息披露内容与格式准则第 2 号——年度报告的内容与格式》第二十八条规定："公司应当对未来发展进行展望。应当讨论和分析未来发展战略、下一年度的经营计划以及公司可能面对的风险，鼓励进行量化分析。"我国上市公司越来越重视前瞻性信息披露，尽管如此，整体上来说相比于美国等西方成熟的资本市场，我国的资本市场还不成熟、法律环境还不够完善，前瞻性信息披露尚在发展阶段，尤其是自愿性前瞻性信息披露，数量和质量明显不足。公司管理层对前瞻性信息披露仍具有较大的自由裁量权，公司间的披露水平参差不齐，前瞻性信息披露不实案例也屡有出现。在资本市场发生的多个现实案例中，上市公司发布的公告由于存在自利性信息披露动机而缺乏精确度和规范性，对投资者造成了误导和混淆视听的后果。由此可见，公司前瞻性信息及时充分真实地披露对投资者具有重要意义，而虚假或低质量的信息披露可能造成恶劣的后果，损害投资者的利益。

（三）理论分析与研究假说

现有研究的普遍结论是，资本市场开放后，外资进入新兴市场国家的上市公司，有助于优化公司治理结构、加强监督、改善公司信息环境、活跃市场竞争等，最终提升公司治理水平和价值（Huang and Zhu，2015；郭阳生等，2018；Yoon，2021）。进而，资本市场开放可以通过公司治理机制、股价信息反馈机制等对公司信息披露产生影响。例如，刘海燕和朱涵一（2017）发现 QFII 的引入对自愿信息披露具有正向促进作用，QFII 持股比例高的公司，自愿信息披露的内容更全面。此外，资本市场开放还可以通过提高公司治理水平等机制抑制管理层操纵核心盈余的行为和违规行为（赵东和王爱群，2019；邹洋等，2019），促进公司进行研发创新活动（Wang，2021），增加研发投入，提高公司的投资效率。综上所述，"深港通"互联互通机制的实施可以提升公司治理水平，促进公司改善信息环境。本研究试图从前瞻性信息披露的视角，探讨资本市场开放是否影响公司会计信息披露策略，以及进一步揭示上市公司非财务信息披露的黑箱。

基于信号效应理论，资本市场对外开放政策实施的一个重要目的在于通过引入境外投资者，提高公司治理水平，强化信息披露质量，从而促进中国资本市场健康稳定发展。已有研究（李春涛等，2018）表明 QFII 的引入不仅可以提高公司信息披露质量，对自愿信息披露也具有正向促进作用。"沪港通"的开通将香港联合交易所以及境外投资者对公司治理、信息披露等行为规范的要求和标准带入内地资本市场，为了获得境外资本，公司会主动提高信息披露质量（邹洋等，2019）。但资本市场开放对公司前瞻性信息披露的影响尚属未知。我国的境外投资者主要是价值投资者，这类投资者更注重公司长期价值投资（连立帅等，2019）。因此，我国境外投资者应该更看重公司长远发展，更可能依据公司前瞻性信息开展市场交易。《中华人民共和国证券法》也强调公司应充分披露投资者做出价值判断和投资决策所必需的信息。鉴于境外投资者对前瞻性信息的需求，公司为了迎合境外投资者需求，吸引境外投资者持股从而获得更多融资，会披露更多的前瞻性信息（Jones，2007；Merkley，2014）。

同时，基于前瞻性信息披露的内容，前瞻性信息被视为上市公司对外披露的信息中最有价值的部分，主要以未来发展为视角在一定程度上反映公司的长期价值。现有研究（Bozzolan et al.，2009；李锋森和李常青，2008；Cazier et al.，2020）将前瞻性信息内容划分为公司战略信息、研发信息、未来展望信息等。Johnson 等（2001）发现证券集体诉讼法案变革对诉讼加以限制时，提高了管理层业绩预测的频率及乐观程度。双重上市的公司面临着更多的监管，会披露更多的战略信息（Coebergh，2011）。会计准则相关的变化也会促进前瞻性信息的披露，美国 SFAS 5 的出台提高了或有事项披露质量（Desir et al.，2010）。王宇峰和苏逶妍（2009）利用中国上市样本，实证发现研发强度越大、研发人员比例越高，企业研发信息披露的频率就越高。综上所述，政策法规及相关监管规范公司信息披露行为，很大程度上促进了企业披露更多的前瞻性信息。基于以上理论分析，本书提出以下假设。

H_1："深港通"交易制度的实施有助于提升上市公司的前瞻性信息披露水平。

基于监督效应理论，资本市场开放后，境外投资者来自发达成熟的资本市场，往往被认为是价值投资者，对信息的收集、挖掘和处理都更专业（Chen et al.，2021），一定程度上会对公司管理层造成震慑从而对其进行约束和监督。境外投资可以发挥监管效应，优化公司治理。根据委托代理理论，良好的公司治理水平可以进一步促进公司前瞻性信息的披露（Wang and Hussaaney，2013）。境外投资者更看重公司长远发展，更可能依据公司的前瞻性信息开展市场交易。当公司在前瞻性信息披露等方面无法满足其期望时，境外投资者会果断抛售公司股票，造成股价下跌的局面。管理层为了避免这种情况影响公司在证券市场上的表现，常常会尽力提高信息披露水平，自愿披露更多前瞻性信息以达到境外投资者的要求。如果公司在信息披露方面有良好的表现，境外投资者也可以通过增持股票来激励管理层，从而使管理层进一步重视前瞻性信息披露。

已有研究发现，相比于境内投资者，境外投资者在地理位置、文化习俗和社会关系等方面都偏劣势，但在获取国际市场信息方面具有优势（Choe et al.，2005）。Kim 等（2016）发现境外投资者可能拥有更好的资源与专业知识来处理全球市场信息，因此境外投资者在标的公司中可能更偏好投资拥有境外业务的国际化企业（Ferreira and Matos，2008）。除了按经营业务区域分布之外，连立帅等（2019）研究表明，香港投资者是沪深港通标的公司前十大流通股股东时，对非财务信息收集的动机会增强，且会利用自身获取国际市场信息的优势，通过市场交易反映在股价中。因此，当上市公司的香港投资者持股比例较高或拥有境外业务时，其国际化程度较高，境外投资者更容易挖掘并获取更多信息，从而促使管理层积极披露更多前瞻性信息。故提出以下假设：

H_2：企业国际化程度越高，"深港通"交易制度的实施对前瞻性信息披露的正向效应越强。

三、研究设计

（一）样本选择和数据来源

2007 年中国制定的《企业会计准则》开始施行，为了避免新准则实施前后带来的差异，本研究选取 2007 年为样本区间的起点，选取了

2007—2019 年中国 A 股上市公司为初始研究样本；为了考察资本市场开放的政策效应，本研究将代表性举措"深港通"纳入研究范围，2016 年实施的"深港通"为本研究提供了一个准自然实验场景。"深港通"标的股票名单来自香港联合交易所官网，其他相关财务数据来自国泰安数据库（CSMAR）。

对前瞻性信息数据处理的步骤如下：（1）使用的年报数据来源于巨潮资讯网，使用 Python 编程软件将 2007—2019 年上市公司年度财务报告文件转化成 txt 文档，并对数据进行清洗。（2）借助 WinGo 财经文本数据平台的分词系统"深度学习相似词"，对文档内容进行结构化数据等处理。WinGo 财经文本数据平台提供的词集采用了"种子词集 ＋ Word Embedding 相似词扩充"的方法，即第一步是基于梳理大量前瞻性信息披露的政策法规、研究文献以及上市公司披露的文本信息，制定与前瞻性信息相关的种子词集。第二步通过相似词数据库使用 Word Embedding 神经网络语言模型，该模型根据上下文语义信息将词汇表示成多维向量，并通过计算向量相似度获得词汇的相似词，进而对种子词集进行词汇扩充。因此 WinGo 推荐的相似词词集更加适合财经文本语境，可有效避免人为定义词表的主观性和通用的同、近义词工具的弱相关性，确保最终得到的指标更准确、客观与科学。（3）计算前瞻性指标关键相似词词集对应的精确词频总和除以报告文本的总词数，简称为前瞻性指标词频。

WinGo 财经文本数据平台目前已有前瞻性指标部分公开数据，本研究增加了该平台未公开的 MD&A（未来展望）部分的前瞻性信息提取，在数据创新方面有较大的工作量，对原始文档进行处理以及将文档内容进行文本处理，再将文本的非结构化数据结构化成词向量进行存储并进一步使用 R 语言计算词频。前瞻性指标构建的具体步骤如下：

第一步，将 2007—2019 年的 A 股上市公司年报转化成 txt 文档，并用 Python 进行数据清洗，尤其是识别并提取 MD&A 章节的未来展望部分。

第二步，参考 Muslu 等（2015）、Li（2010）和胡楠等（2021）提取种子词（共 23 个），即计划、预计、未来、目标、可能、打算、预期、预测、希望、期待、期望、今后、明年、来年、目的、如果、机遇、契机、前景、展望、相信、愿景、挑战。

第三步，借助 WinGo 财经文本数据平台的分词系统"深度学习相似词"对第一步清洗与整理好的 txt 文档内容进行结构化数据等处理，即基于机器学习技术 Word2Vec 神经网络模型相似词扩充，得到扩充词集（共

97 个），部分列示如下：以后、日后、下半年、下一年、下一步、下一阶段、将来、近期、后续、尚需、还将、预见、后期、趋于、拟于、拟向、尚待、预估、仍需、未来发展、未来市场、新年度、新形势下、新一轮、短期内、发展机遇、发展良机、发展空间、机会、不确定性、长远发展、长远规划、必将、有望、追求、未来三年、未来五年、大好时机等。

第四步，将第一步中清洗整理好的 txt 文档进行分词处理后，非结构化的文本数据转化为词向量进行存储。

第五步，利用 R 语言计算前瞻性指标所对应词集的词频。

最后对初始样本进行筛选：（1）剔除金融行业上市公司的样本观测；（2）剔除样本期间被 ST 或 * ST 特殊处理的上市公司样本观测；（3）剔除相关研究变量缺失的样本观测。所有连续变量均在 1%（99%）分位上进行了 winsorize 处理。

（二）模型设计与变量定义

1. 前瞻性信息披露指标的衡量

前瞻性信息是指在决策有用观指导下，以企业未来可能采取的行动和可能发生的事项为基础披露的关于企业未来的各种财务及非财务信息。前瞻性信息与历史信息相对，是能够使投资者和其他用户评估公司未来财务业绩的当前计划和未来预测的一类信息。基于此界定，本研究借鉴胡楠等（2021）、Cho 和 Muslu（2021）对前瞻性信息衡量的指标，结合中国上市公司披露的中文文本信息特点，根据中文语言将来时态特征制定出衡量中文年报中前瞻性信息的种子词集，采用 Word2Vec 机器学习技术，基于 Continuous skip-gram model 和 Continuous bag-of-words model 将年报中上下文语义信息的词汇生成多维向量，进一步计算向量相似度，从而获得种子词汇在年报中的相似词，得到扩充后的词集，最后计算前瞻性词汇总词频与年报全文总词数之比，用来衡量前瞻性信息披露指标，记为 FTR，这个指标数值越大，表明公司前瞻性信息披露水平越高。其他财务数据均来源于 CSMAR 数据库。

具体地，借鉴胡楠等（2021）和 Muslu 等（2015）衡量前瞻性信息的词集，结合中国上市公司信息披露的政策法规及中文文本语言特征，选取前瞻性信息的词集，包括预计、未来、计划、预期、以后、将来、打算、明年等未来时态前瞻性词汇，基于 WinGO 财经文本数据平台的分词系统技术，通过 Word2Vec 机器学习技术计算出所有相关词集的词频，从而构建出前瞻性信息披露指标。

2. 模型设计与控制变量定义

借鉴已有外生事件情景的双重差分模型的相关研究设计（Bertrand and Mullainathan，2003；连立帅等，2019），本研究建立如下双重差分模型来检验"深港通"互联互通制度实施对上市公司前瞻性信息披露的影响：

$$FTR_{i,t} = \beta_0 + \beta_1 SZHK \times Post_{i,t} + \beta_2 Size_{i,t} + \beta_3 Lev_{i,t}$$
$$+ \beta_4 ROA_{i,t} + \beta_5 Tobinq_{i,t} + \beta_6 BTM_{i,t} + \beta_7 Firmage_{i,t}$$
$$+ \beta_8 AnaFol_{i,t} + Firm\_F.E. + Year\_F.E. + \varepsilon_{i,t}$$
$$(5-1)$$

首先，式（5-1）中，$FTR_{i,t}$ 为被解释变量，衡量的是 i 公司 t 年年报的前瞻性信息披露水平。式（5-1）中，$SZHK$ 为"深港通"标的企业的虚拟变量，当 $SZHK = 1$ 时，表示"深港通"标的公司为实验组；当 $SZHK = 0$ 时，表示非标的公司为控制组。$Post$ 为"深港通"实施年份，"深港通"实施之前的年份取 0，实施当年及之后的年份取 1。本研究同时控制了公司固定效应和年度固定效应，因此交互项 $SZHK \times Post$ 的系数 β_1 表示双重差分统计量。另外，根据以往文献的研究，参照 Chen 等（2021）、Cho 和 Muslu（2021）以及王秀丽等（2020），本研究控制了影响前瞻性信息披露的公司财务特征等变量，具体包括企业规模（$Size_{i,t}$）、资产负债率（$Lev_{i,t}$）、资产收益率（$ROA_{i,t}$）、公司价值（$Tobinq_{i,t}$）、账面市值比（$BTM_{i,t}$）、上市年限（$Firmage_{i,t}$）以及分析师跟踪（$AnaFol_{i,t}$）。变量定义具体见表 5-1。

表 5-1　模型的变量设置

变量类别	指标	说明
被解释变量	FTR	前瞻性信息披露水平，即"前瞻性"相关词汇总词频在年报全文总词数的占比
解释变量	$SZHK \times Post$	$SZHK$ 为"深港通"标的企业的虚拟变量，若企业在样本期间被纳入"深港通"标的名单取 1，否则取 0
		$Post$ 为"深港通"实施年份，"深港通"实施当年及之后的年份取 1，否则取 0
控制变量	$Size$	企业规模，即企业总资产自然对数
	Lev	资产负债率，即期末总负债与期末总资产之比
	ROA	资产收益率，即净利润与总资产之比
	$Tobinq$	公司价值，即企业市价（股价）与企业的重置成本（净资产）之比

续表

变量类别	指标	说明
控制变量	*BTM*	账面市值比，即资产总计与市值之比
	Firmage	上市年限，即企业至本期上市年数的自然对数
	AnaFol	分析师跟踪，即本年度内有多少个分析师（团队）对该公司进行过跟踪分析

四、实证结果与分析

（一）描述性统计结果

表 5-2 为变量的描述性统计结果。其中，*FTR* 的均值和中位数均为 0.006，标准差为 0.001，这与胡楠等（2021）的发现一致。*SZHK×Post* 的均值和中位数分别为 0.155 和 0.000，表明样本中平均有 15.5% "深港通" 标的公司且实验组与控制组相比较小。控制变量方面，企业规模（*Size*）均值为 21.997，资产负债率（*Lev*）均值为 0.446，资产收益率（ROA）均值为 0.042，公司价值（*Tobinq*）均值为 2.078，账面市值比（*BTM*）均值为 0.614，上市年限（*Firmage*）均值约为 16.018，分析师跟踪（*AnaFol*）均值约为 9.846。

表 5-2 描述性统计结果

变量	观测值个数	均值	标准差	第一四分位数	中位数	第三四分位数
FTR	32 652	0.006	0.001	0.005	0.006	0.007
SZHK×Post	33 453	0.155	0.361	0.000	0.000	0.000
Size	33 453	21.997	1.391	21.018	21.810	22.757
Lev	33 447	0.446	0.225	0.269	0.435	0.607
ROA	33 449	0.042	0.072	0.014	0.040	0.075
Tobinq	32 027	2.078	1.415	1.251	1.623	2.330
BTM	32 027	0.614	0.243	0.429	0.616	0.800
Firmage	33 453	16.018	5.758	12.000	16.000	20.000
AnaFol	23 927	9.846	9.674	2.000	6.000	14.000

（二）实证结果分析

1. 主回归结果分析

首先，表 5-3 前两列给出了 "深港通" 交易制度与前瞻性信息披露的回归结果。其中，从第（1）、（2）列可以看出，除了同时控制年度和公司固定效应之外，在不控制其他控制变量时，第（1）列的结果显示 $SZHK \times Post$ 系数为 0.000 2，t 值为 7.43，在 1% 的水平上显著为正；控制其他控制变量后，第（2）列的结果显示 $SZHK \times Post$ 的系数为 0.000 3，t 值为 7.40，同样在 1% 的水平上显著为正，表明"深港通"的实施显著提高了上市公司前瞻性信息披露水平，从而验证了假设 H_1。

表 5-3 "深港通"互联互通制度实施对前瞻性信息披露的影响

变量	(1) FTR	(2) FTR	(3) FTR	(4) FTR	(5) FTR	(6) FTR
$SZHK \times Post$	0.000 2*** (7.43)	0.000 3*** (7.40)	0.000 2*** (3.04)	0.000 2*** (2.82)	−0.000 2 (−0.86)	−0.000 2 (−0.68)
$SZHK \times Post \times INT$	—	—	0.000 3* (1.70)	0.000 4** (2.19)	—	—
INT	—	—	0.000 1 (1.21)	0.000 1 (1.14)	—	—
$SZHK \times Post \times HKinv$	—	—	—	—	0.000 4** (2.08)	0.000 4* (1.84)
$HKinv$	—	—	—	—	−0.000 1 (−0.43)	−0.000 0 (−0.18)
$Size$	—	−0.000 0 (−0.63)	—	−0.000 0 (−0.60)	—	0.000 1 (1.61)
Lev	—	0.000 0 (0.30)	—	0.000 0 (0.29)	—	−0.000 1 (−0.56)
ROA	—	−0.000 1 (−0.66)	—	−0.000 1 (−0.27)	—	−0.000 1 (−0.32)
$Tobinq$	—	−0.000 0 (−1.16)	—	0.000 0 (0.39)	—	0.000 0 (0.28)
BTM	—	−0.000 3*** (−4.15)	—	−0.000 1 (−1.07)	—	−0.000 3** (−2.26)
$Firmage$	—	−0.000 0 (−0.15)	—	−0.000 0 (−0.12)	—	0.000 0 (0.21)
$AnaFol$	—	0.000 0 (0.68)	—	0.000 0 (0.66)	—	−0.000 0 (−0.50)

续表

变量	(1) FTR	(2) FTR	(3) FTR	(4) FTR	(5) FTR	(6) FTR
截距项	0.004 6*** (192.54)	0.005 2*** (8.52)	0.004 5*** (74.03)	0.005 1*** (5.61)	0.004 6*** (33.86)	0.002 9** (2.43)
调整 R^2	0.55	0.54	0.57	0.55	0.55	0.53
样本公司量	3 737	3 534	2 093	1 954	1 738	1 584
年度	控制	控制	控制	控制	控制	控制
公司	控制	控制	控制	控制	控制	控制

注：括号内的数值为 t 值，*、**、***分别表示在10%、5%和1%水平上显著。

已有研究提出外部投资者直接与企业管理层沟通会受到较多限制，这一问题对境外投资者来说更为突出（连立帅等，2019），因此更需要企业通过增加定性披露来补充其财务报告，以满足投资者对过去和未来预期业绩信息的需求，Cazier 等（2020）指出投资者需要根据前瞻性和非前瞻性的财务报告信息评估未来现金流的数量、时机和不确定性。"深港通"互联互通制度的实施一定程度上为我国资本市场健康发展带来了机遇与活力，结合表 5-3 前两列结果可以看出，"深港通"标的公司相比非标的公司更愿意在财务报告中披露更多的前瞻性信息，展示公司价值，满足境外投资者需求，吸引外资等，同时也符合《中华人民共和国证券法》的要求，即公司应充分披露投资者做出价值判断和投资决策所需的信息。

此外，已有研究发现境外投资者更有可能寻求利用现有的信息优势，与境内同行相比，境外投资者在获取国际市场信息方面具有优势，也具有更熟练的全球投资经验。同时，境外机构投资者具有卓越的技术优势，可以访问全球人才并拥有最新的沟通与分析的工具（Kim et al.，2016），因此，境外投资者在标的公司中可能更偏好投资拥有境外业务的国际化企业。本研究根据企业是否有境外业务以及前十大流通股股东是否有香港投资者进行分组并与实验干预组交乘，分别不控制与控制其他变量时，得到表 5-3 中第（3）和（4）列，即当企业拥有境外业务（INT 取 1）与"深港通"交乘项 $SZHK \times Post \times INT$ 系数为正且在 10% 与 5% 水平上显著，第（5）和（6）列即前十大流通股股东有香港投资者（HKinv 取 1）与"深港通"交乘项 $SZHK \times Post \times HKinv$ 系数为正且在 5% 与 10% 水平上显著。从而表明企业国际化程度越高，"深港通"交易制度的实施对前瞻性信息披露的正向效应越强，检验结果支持了假设 H_2。

2. 机制分析

"深港通"标的公司更多是新兴行业的潜力股、科技股，不同企业进行前瞻性信息披露的动机和策略大有差异，资本市场开放境外投资者进入对不同的企业发挥的作用也有所不同。Yoon（2021）发现实施"沪港通"互联互通机制促使上市公司增加了自愿信息披露，同时其研究指出在深圳证券交易所上市的公司多数属于高科技行业，因此并没有关注"深港通"政策实施对于信息披露的实际作用，本研究试图对"深港通"的实践价值进行解释与补充。在现实情形中，中小规模、成长性较高的高科技企业为了避免公司价值被低估，更需要也更愿意披露有关创新的前瞻性信息，将自己与其他公司加以区分。Jones（2007）和 Merkley（2014）研究表明，R&D 敏感型行业和企业具有较高的自愿信息披露水平，更有意愿展示自身经营战略，降低信息不对称程度，从而吸引更多的资本投资。本研究关注的前瞻性信息从测度方法上看更侧重分析年报文本信息的语言将来时态，一定程度上可以反映管理层对公司未来发展的预期与前瞻性态度。虽然基于年报对未来发展前景的描述，但公司管理层可以在定性披露的内容与语言展示上行使更多的自由裁量权（Cazier et al.，2020），因此披露更多的前瞻性信息对于投资者来说是否属于"画大饼"行为仍存有疑惑。Cho 和 Muslu（2021）提出公司披露的文本性前瞻性信息有两个值得关注的地方，分别是描述内容即"说了什么"和描述语气即"怎么说"。针对前瞻性信息描述内容与描述语气两个方面，本书选取创新信息和战略信息作为前瞻性信息披露内容的代表，同时选取管理层分析与报告（未来展望）的管理层语调，试图进一步解释资本市场开放对上市公司前瞻性信息披露的作用机制。

（1）前瞻性信息描述内容。首先，创新作为企业的核心竞争力，是衡量企业价值和可持续发展能力的重要指标，也是投资者决策的重要参考标准，以往研究中企业创新指标常用的有研发费用和专利两类，但都不是直接衡量企业创新的指标，年报中与技术创新有关的投入和产出描述性创新信息备受利益相关者关注（胡楠等，2020）。其次，战略信息披露内容的特点是突出企业核心能力和竞争优势，展示公司未来的盈利能力和成长潜力，与公司计划与目标紧密相连，具有很强的前瞻性（Merkley，2014）。企业通过战略信息披露，使自己与其他公司进行区分，进而最大化自己的利益（Hassan，2015）。综上所述，创新信息和差异化战略信息从披露内容上可以一定程度代表前瞻性信息。

因此，本研究进一步利用 Word2Vec 机器学习技术，结合 WinGo 财经文本数据平台提供的财经词库，对公司年度财务报告中创新与差异化战略相关信息进行词频提取，使用创新信息和差异化战略信息作为前瞻性信息披露内容的替代变量，具体方法与上文中前瞻性信息指标构建方法一致，并建立以下模型。

$$Inovation_{i,t}/Difsta_{i,t} = \beta_0 + \beta_1 SZHK \times POST_{i,t} + \beta_2 Size_{i,t}$$
$$+ \beta_3 Lev_{i,t} + \beta_4 ROA_{i,t} + \beta_5 Tobinq_{i,t}$$
$$+ \beta_6 BTM_{i,t} + \beta_7 Firmage_{i,t} + \beta_8 AnaFol_{i,t}$$
$$+ Firm\_F.E. + Year\_F.E. + \varepsilon_{i,t}$$
$$(5-2)$$

式中，$Inovation_{i,t}$ 为创新指标关键词词集对应的精确词频总和与年报全文总词数的比值；$Difsta_{i,t}$ 为差异化战略指标关键词词集对应的精确词频总和与年报全文总词数的比值，其他变量与式（5-1）一致。

回归结果如表 5-4 所示，可以看到在不添加控制变量时第（1）列中 $SZHK \times Post$ 的系数为正且在 1% 水平上显著，第（2）列加入控制变量后并没有改变系数的显著性水平，说明"深港通"制度实施后显著提高了上市公司的创新信息披露水平。类似地，从第（3）列和第（4）列可以看到，无论是否加入控制变量，系数均为正且在 1% 水平上显著，表明"深港通"制度实施后显著提高了上市公司的差异化战略信息披露水平。可见，机制检验的结果表明，"深港通"互联互通机制通过增加公司创新信息和战略信息披露内容，增加了年报中对未来展望的描述，提高了前瞻性信息披露水平。

表 5-4　"深港通"互联互通制度实施对前瞻性信息披露的机制检验——描述内容

变量	(1) Inovation	(2) Inovation	(3) Difsta	(4) Difsta
$SZHK \times Post$	0.001 9*** (5.89)	0.002 4*** (7.03)	0.000 4*** (3.33)	0.000 8*** (5.77)
Size		−0.000 5** (−2.04)		−0.000 7*** (−6.49)
Lev		−0.003 3*** (−4.03)		−0.001 9*** (−5.03)
ROA	—	0.009 9*** (6.24)		0.002 6*** (3.16)

续表

变量	(1) *Inovation*	(2) *Inovation*	(3) *Difsta*	(4) *Difsta*
Tobinq	—	−0.000 6*** (−5.09)	—	−0.000 2*** (−3.92)
BTM	—	−0.002 1*** (−2.90)	—	0.000 6 (1.61)
Firmage	—	−0.000 7** (−2.39)	—	−0.000 2 (−1.36)
AnaFol	—	−0.000 0 (−1.45)	—	0.000 0 (1.13)
截距项	0.021 1*** (95.76)	0.041 5*** (7.01)	0.011 8*** (97.26)	0.029 4*** (11.05)
调整 R^2	0.11	0.14	0.12	0.13
样本公司量	3 826	3 621	3 604	3 346
年度	控制	控制	控制	控制
公司	控制	控制	控制	控制

注：括号内的数值为 t 值，*、**、***分别表示在10%、5%和1%水平上显著。

（2）前瞻性信息描述语气。中国证监会呼吁并要求企业更多地披露前瞻性信息，但未具体说明披露的基调或性质，前瞻性信息作为一种定性的会计信息，除了披露内容与数量之外，披露语调即描述语气也值得关注。Li（2010）发现 10-K 和 10-Q 文件中 MD&A 前瞻性描述语气有助于提升公司的未来盈利水平。本研究参考 Muslu 等（2015）以及胡楠等（2021）对于前瞻性指标的构建方法，一定程度上较好地解决了前瞻性语气的识别问题。为了进一步验证"深港通"制度实施后，管理层为吸引境外投资从而提升披露前瞻性信息的意愿，对于公司未来描述语气积极，本研究进一步借鉴 Loughran 和 McDonald（2011）构建管理层语调指标，管理层语调指标越大，管理者对未来展望描述语气越积极。由于 MD&A 包括两部分内容——公司对过去经营情况的讨论分析、未来展望，本研究选取 MD&A 的未来展望部分，建立以下模型。

$$
\begin{aligned}
Tone1_{i,t}/Tone2_{i,t} =\ & \beta_0 + \beta_1 SZHK \times POST_{i,t} + \beta_2 Size_{i,t} \\
& + \beta_3 Lev_{i,t} + \beta_4 ROA_{i,t} + \beta_5 Tobinq_{i,t} \\
& + \beta_6 BTM_{i,t} + \beta_7 Firmage_{i,t} + \beta_8 AnaFol_{i,t} \\
& + Firm\_F.E. + Year\_F.E. + \varepsilon_{i,t} \quad (5-3)
\end{aligned}
$$

式中，$Tone\,1_{i,t}$ 采用 MD&A 未来展望中积极词汇词集对应的词频与消极词汇词集对应的词频之差除以积极词汇词集对应的词频与消极词汇词集对应的词频之和来衡量；$Tone\,2_{i,t}$ 采用积极词汇词集对应的词频与消极词汇词集对应的词频之差除以报告文本的总词数来衡量。其他变量与式（5-1）一致。

回归结果如表 5-5 所示，无论采取哪种衡量方式，无论是否加入控制变量，"深港通"制度实施后，管理层对公司未来展望描述的语气都更积极，会披露更多的前瞻性信息。

表 5-5 "深港通"互联互通制度实施对前瞻性信息披露的机制检验——描述语气

变量	(1) Tone 1	(2) Tone 1	(3) Tone 2	(4) Tone 3
$SZHK \times Post$	0.017 9***	0.016 8***	0.004 2***	0.004 6***
	(3.04)	(2.61)	(4.83)	(4.63)
Size	—	0.006 2	—	−0.000 2
		(1.26)		(−0.22)
Lev	—	−0.017 3	—	0.002 3
		(−0.98)		(0.87)
ROA	—	0.249 2***	—	0.026 5***
		(7.41)		(5.40)
Tobinq	—	−0.004 6*	—	−0.000 4
		(−1.95)		(−1.30)
BTM	—	−0.070 1***	—	−0.007 1***
		(−4.65)		(−3.12)
Firmage	—	−0.007 6*	—	−0.000 8
		(−1.65)		(−1.22)
AnaFol	—	0.000 3	—	−0.000 0
		(1.25)		(−0.09)
截距项	0.596 2***	0.570 7***	0.067 9***	0.079 8***
	(114.24)	(5.17)	(83.43)	(4.83)
调整 R^2	0.03	0.04	0.02	0.03
样本公司量	3 816	3 605	3 816	3 605
年度	控制	控制	控制	控制
公司	控制	控制	控制	控制

注：括号内的数值为 t 值，*、**、***分别表示在 10%、5%和 1%水平上显著。

五、结论与启示

"沪港通""深港通"互联互通机制的相继实施是中国资本市场开放的重大举措，使境外机构投资者进入，使得进入"沪港通""深港通"的公司面临不同的市场环境，这些不同的市场环境和投资者需求会迫使企业在信息披露上做出一些改变，尤其体现在前瞻性信息上。在针对前瞻性信息披露要求更高的情况下，新进企业是否主动积极披露相关信息以接受新市场的洗礼，是非常重要的问题。然而，受实施年限和测量难度的限制，现有资本市场开放和外资持股的相关研究，尚未关注资本市场开放对前瞻性信息披露的影响。作为以文本性的非财务信息为主的前瞻性信息，被视为上市公司对外披露的信息中最具有价值的部分，据此本研究选取了2007—2019年中国A股上市公司为初始研究样本，利用"深港通"这个外生事件对资本市场开放对前瞻性信息披露的影响这一重要问题进行探索。

本研究的结果扩充了资本市场开放对上市公司信息披露的相关研究，为理解境外机构投资者在我国资本市场扮演的角色和发挥的治理作用提供了新的思路，同时为"深港通"互联互通机制实施的经济效应提供了微观经验证据。结论表明，"深港通"运行成效显著，对促进机构投资者以及利益相关方关注上市公司前瞻性信息披露、正确认识公司披露前瞻性信息具有积极意义。研究结论还有助于上市公司做出正确的财务信息和非财务信息披露决策，改善公司信息环境并提升公司治理水平，增强信息披露的决策有用性，提高资本市场资源配置效率，推动中国资本市场坚定、全面、持续地对外开放。

第六章 会计准则与资源配置

　　会计准则的基本功能是对外提供财务信息,其质量高低直接决定资本市场的有效程度和社会资源的配置效率。在本章,我们从微观主体和宏观经济层面系统回顾了会计信息与资源配置的研究成果,并从信息竞争视角分享一些有关会计改革的思考。具体而言,我们构建了会计准则与宏观资源配置的理论路径,整体把握会计准则、市场环境、市场参与者和宏观资源配置的理论关系;聚焦于会计准则实施、修订与会计信息质量之间的关系,深入分析了会计准则影响资源配置效率的作用机制;基于信息竞争的视角,探讨了会计改革面临的机遇和挑战以及未来发展方向。针对会计收益确定模式的变革,我们实证分析了新收益确定模式(综合收益披露)是否有助于提升财务报告的决策有用性,是否有助于提升资本市场的资源配置效率,从而进一步加深对会计准则和资源配置的理解。

第一节　从微观信息到宏观配置

一、逻辑解析

　　基于现代经济学理论,信息披露影响着经济运行的方式和资源配置的效率。站在微观层面,充足的经济信息能更好地吸引潜在投资者,促进资源与管理人才的结合,实现资源的优化配置。由于资源配置决策过程中依赖最多的是会计信息(Ball and Brown,1968),财务决策也多以会计信息为起点,会计信息作为经济环境中重要的公共信息来源,无疑具有提高资源配置效率的经济意义。基于制度经济学,会计准则是生产会计信息、降低交易费用的制度设计,因而会计准则与投资者的经济资源配置效率紧紧地联系在一起。站在宏观层面,无论是我国经济体制改革、资本市场的建立、公司治理改革的尝试,还是供给侧改革与经济高质量发展的战略实施,无不有意无意地围绕着资源配置的主题展开。众所周知,微观市场参与者是构成宏观经济的主体，宏观资源配置实则是微观主体资源配置决策的汇总，会计准则所产生的微观信息影响着资本市场的有效程度与宏观经济资源的配置效率。由此看来，会计信息推动着微观主体的资源配置与宏观经济的顺利进行（刘玉廷，2010），为此我们构建了会计准则与资源配置、经济高质量发展的理论路径，如图 6-1 所示。

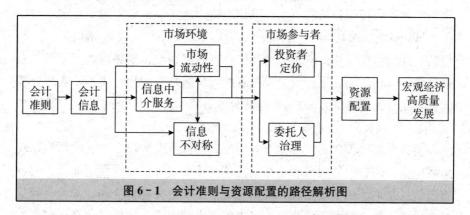

图 6-1　会计准则与资源配置的路径解析图

基于图 6-1，本节将整体把握会计准则与资源配置、经济高质量发展的理论逻辑框架，相关的变量度量、文献综述将在本章后续章节予以展开。相应论述与本章结构安排如下。

1. 会计准则与会计信息

会计准则规范了会计信息生成、加工和披露过程中的确认、计量和报告，直接决定了会计信息的质量，会计准则修订或采用新准则体系势必会对会计信息产生影响。21 世纪以来，经济一体化成为各国发展的主流趋势，中国和世界经济的依存关系也在这一趋势下逐步加深（余蔚平，2014）。良好的信息环境和较低的信息壁垒是资本跨境流通的基础，为降低会计信息壁垒、提升对外开放水平，我国企业会计准则与 IFRS（国际财务报告准则）实现了实质性趋同。在会计准则国际趋同的浪潮下，我国会计准则在学习和借鉴国际财务报告准则成熟经验的基础上快速建立，会计核算规则也与国际财务报告准则趋同。随着在 G20 峰会上达成建立全球统一会计标准的共识，很多国家自愿采用或强制采用了国际财务报告准则。但就现有研究而言，无论是自愿采用还是强制采用，国际财务报告准则的采用是否提升了财务报告的决策有用性尚未达成一致结论，这一问题将在第二节展开论述。

2. 会计信息与市场环境

良好的市场环境有助于降低交易费用，提升资源配置效率。一方面，较低的信息不对称程度是良好市场环境的基础。市场参与者在配置资源的过程中需要与交易对象、订立合同、执行交易、洽谈交易、监督交易等相关的信息。如果微观主体在决策过程中无法获取充分、有效的相关信息，就有可能出现资源错配，交易成本难以有效降低。另一方面，较高的市场流动性是良好市场环境的基础。在具有充足流动性的市场中，市场深度可以得到保障，任何数量的买卖订单都能快速达成，从而实现交易成本最小化（Harris，1990）。由于会计提供的信息能被各种交易主体使用，高质量的会计信息可以降低资本市场的信息不对称程度，提高市场流动性，营造良好的市场环境，进而引导投资者进行价值判断和理性决策，实现资源的优化配置（谢志华，2014），这部分内容我们将在本节予以详尽论述。

3. 会计信息与市场参与者

会计准则能提供有关单位财务状况和经营成果的信息，这些信息是投资者定价、信息中介服务和委托人治理的重要基础。对投资者而言，会计报表信息是估值的主要依据，其信息质量影响着公司价值和证券价格评估的准确性，从而影响资本流向；对于信息中介而言，高质量的会计信息夯实了信息中介的服务基础，有助于信息中介向市场传递有价值的信息，进而提高资源配置效率；对于委托人而言，会计报表信息与受托人履行责任的实际情况契合度越高，受托人的背德行为和逆向选择的可能性就越小。不仅如此，高质量的会计信息还能保障良好的激励机制，这些都有助于受托人将自己掌控的资源置于有效的经济项目中。这部分内容将在本节予以深入论述。

4. 会计信息与经济高质量发展

经济越发展，会计越重要。自新中国成立以来，会计的价值体现在财政经济的方方面面，是公司进行经营管理和国家实施宏观治理的主要抓手。由于宏观是微观的加总，会计信息对微观主体资源配置产生的影响可上升至宏观层面。落实经济高质量发展的宏观战略，资源的有效配置是十分重要的工作内容，而会计信息在微观主体决策与宏观资源配置过程中尤为重要，这部分内容将在本节予以详细论述。

二、会计信息与市场环境

1. 信息不对称

不同市场参与者所掌握的决策信息各有不同，这在一定程度上是因为市场存在信息不对称（Flannery et al.，1997），从而影响了市场整体的运转，降低了资源配置的效率（Glosten and Milgrom，1985）。信息不对称主要有逆向选择和道德风险两种形式（Scott，1997）。其中，逆向选择表现为拥有相对信息优势的内部人员对外传递经过粉饰的信息，以牺牲外部市场参与者利益的方式谋取私利；道德风险表现为内部人员通过外部市场参与者无法察觉的行为方式（如偷懒行为和责任推脱行为）来提高自身效用。

基于已有研究，信息披露水平的提高可降低市场信息不对称程度（Diamond and Verrecchia，1991），特别是对于会计信息而言，其披露可有效加强企业内部和外部投资者间的信息沟通（Verrecchia，2001；Leuz and Verrecchia，2000）。因此，建立高质量的会计准则是降低信息不对称、优化市场环境的重要手段。值得注意的是，资本市场运行和经济资源配置中的很多现实问题都可以从信息不对称的角度加以解释（Grossman，1976）。近年来，关于会计准则经济后果的研究已不再单独关注会计信息与信息不对称的关系，而是在其基础上对某一具体经济问题进行延伸。比如，很多关于公允价值披露相关准则（如养老金核算、衍生工具核算等）的经济后果的研究都在一定程度上涉足了信息不对称理论（Beaver and Landsman，1983；Beaver and Ryan，1985；Barth et al.，1992；Venkatachalam，1996）。除此之外，也有一些研究关注上市公司自愿信息披露与信息不对称之间的关系，如 Hossain 等（1995）、Ferguson 等（2002），由于这些研究与会计准则关系不大，本书不予深入讨论。

2. 市场流动性

在资本市场中，财务报告的质量决定着证券市场的深度（交易量）和宽度（买卖价差），从而影响证券市场流动性。一方面，财务报告中的会计信息有助于引导投资者科学决策，避免投机行为的发生，在降低市场风险的同时提高证券市场的深度和宽度；另一方面，管理层通过自愿信息披露对外释放必要的补充信息，这在一定程度上降低了投资者收集、分析信息的成本，提升了投资者估值的准确性，增强了市场流动性。在资本市场中，高质量的会计信息是市场流动的基础，而良好的流动性恰恰是资源配置的重要基础，这类研究不在少数。比如，Hasbrouck（1991）通过 VAR 价格冲击模型分析了财务报告质量对市场深度和宽度的影响，发现会计信息的质量和市场流动性正相关；Diamond 和 Verrecchia（1991）构建了财务信息和市场流动性的理论模型，发现高质量的财务报告可以获得投资者的青睐，进而增强证券市场的流动性。Kim 和 Verrecchia（1994）以及 Welker（1995）发现，财务报告质量较高的上市公司，其股票交易更频繁，股票的买卖价差更低，这表明良好的会计信息环境有助于提高投资者的投资意愿，证明了会计信息对提升证券市场流动性的积极作用；Bhat-tacharya 等（2003）基于盈余管理的视角评价会计信息质量（操纵性盈余占比、盈余扭亏与盈余平滑），发现盈余质量的提升会引起交易换手率的上升，因而会计信息影响着证券流动性。

3. 信息中介服务

随着社会经济的发展，投资者决策所需信息愈发多元，会计信息披露的内容和体量也更加多元。然而，过多的会计信息会导致信息超载，投资者在冗杂的信息中挑选出有用的信息会增加决策成本。因此，如何平衡信息的恰当供给量便成为重要的话题，而信息中介也在信息供给方面扮演着重要的角色。信息中介在吸收企业释放的信息的同时也对外传递收集、过滤或加工后的信息（与财务信息相互竞争或与财务信息相互补充），其是否可以降低信息不对称程度、提高市场流动性，进而优化市场环境等是十分值得探讨的。资本市场中常见的信息中介有审计师（或会计师事务所）、分析师（或证券咨询机构）、信用评级机构和证券媒体等，详见图 6-2。

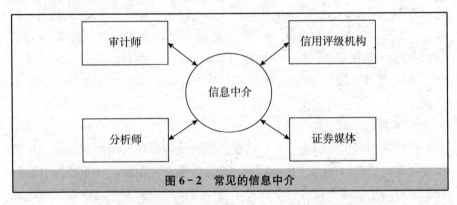

图 6-2　常见的信息中介

（1）审计师。在资本市场中，独立审计是契约安排的组成部分。由于超然独立性的存在，外部审计扮演着信息和保险的双重角色（Dye，1993）。对于信息角色而言，基于代理成本假说和信息假说，审计的鉴证和监督功能可有效降低代理成本，提升企业价值（Jensen and Meckling，1976；Watts and Zimmerman，1983；Datar et al.，1991；Titman and Trueman，1986）。此外，高质量的审计信息本身就具有一定的信息含量，也在一定程度上起到了对外释放信息的作用。对于保险角色而言，审计通过对财务报告的审查，可降低错报和漏报风险，对财务报告质量起到保障的作用。由此看来，审计师在资本市场中不仅可提高投资者所获信息的质量，还可扩大投资者的信息内容。审计师在降低信息不对称程度的同时增强了市场流动性。

（2）分析师。分析师作为企业外部的市场信息中介之一，在企业和市场之间扮演着非常重要的角色，其分析不仅可以传递信息，还可以对管理层起到间接的约束作用，最常见的分析师行为的代理变量有：分析师跟踪数量、分析师盈余预测准确性、分析师盈余预测分歧度。分析师跟踪数量是指跟踪调查上市公司并对其进行盈余预测的分析师人数，该指标从数量上刻画了分析师行为的特点，被认为是企业信息环境的指示器，代表市场对企业的关注程度（Clement and Tse，2003）。分析师盈余预测准确性是指分析师的盈余预测值与上市公司实际披露的盈余值的偏差，该偏差取决于上市公司的信息披露质量、分析师自身的职业素质等因素。分析师盈余预测分歧度是指不同分析师之间的预测差异。以上两个指标均从质量上刻画了分析师的行为特点，反映了分析师所掌握的私有信息之间的差异。有研究表明，上市公司公开披露的财务信息的质量提高后，分析师跟踪数量增多、预测误差与预测分歧度变小（Byard and Shaw，2003；Kim et al.，2011）。

（3）信用评级机构。金融产品的复杂程度随着资本市场的发展而不断加深，金融衍生品等创新金融工具的规模与日俱增。面对由此带来的金融风险，越来越多的第三方评级机构利用自身优势，在收集、整理信息的基础上对外释放评级信息，提供专业化的信息服务。目前，穆迪、标准普尔与惠誉是世界上业务规模较大、影响力较强的评级机构。基于这三家评级机构各自的评级表述，穆迪更注重债务人的违约风险，穆迪将其提供的信用评级表述为对未来可能性的分析预测，这种预测针对的是借款人无法偿还部分或全部债务时，贷款人蒙受债务损失的可能性及其可能遭受的损失程度。由于贷款人蒙受的损失是借款人债务违约造成的，因此，穆迪提供的信用评级实质上是对借款人违约风险概率的分析预测。标准普尔对信用评级的相关表述基于相似立场，将信用评级表述为公司意见。标准普尔提供的信用评级是对公司、机构或主权国家等各类借款人的债务清偿能力、履约意图及遭受风险的可能性的专业评估，并通过简明的字母符号标识将评估意见予以表述。惠誉提供的信用评级是基于对各类债券发行人违约风险概率的评估。这一评估是对债券发行人的履约意图及能力的专业分析，其信用评级仅代表惠誉对评级标的信用可靠性的专业意见。

（4）证券媒体。在信息时代，投资者每天会面对成千上万的信息，由于互联网技术兴起，广大投资者的信息来源更加广泛，因此投资者比以往更加倚重财经媒体的信息再加工，借助财经媒体的分析来获取自身所需要的信息。对媒体报道的衡量，学术界没有一个统一的标准。国外主要有两种衡量方法：一种是用媒体对上市公司的新闻报道数量作为代理变量，其中 Chan（2003）采用虚拟变量 News 来衡量上市公司的媒体报道，如果有报道则该变量取值为1，没有则为0；另一种方法是借鉴信息科学中的计算语言分析法（computational linguistic method）对报刊上有关上市公司的报道内容、用词和力度进行分析，并以此作为对媒体报道的代理变量来考察媒体报道与上市公司之间的关系。Werner 和 Frank（2001）就是采用这种方法分析了网络信息公告的影响作用。

三、会计信息与市场参与者

（一）投资者定价

1. 资本成本

关于公司会计信息对资本资产定价机理的影响，目前主要有两种代表性的观点。一种是信息风险观。该观点认为，高质量的会计信息有助于降低不同投资者之间的信息不对称程度，降低交易成本，增加股票需求，最终降低权益资本成本。Merton（1987）指出，当公司信息披露无法达到要求时，投资者对该公司的股票进行定价时将要求信息风险溢价，从而会增加公司的筹资成本。另一种是估计风险观。该观点认为，高质量的会计信息披露有助于降低管理者与投资者之间的信息不对称程度，可以降低投资者对公司未来收益预测时的不可分散的估计风险，降低投资者对股票所要求的报酬率，最终降低权益资本成本。Brown（1985）和 Clarkson 等（1996）指出，估计风险是指投资者面临的回报或现金流产生过程中的参数的不确定性。参数的不确定性降低了回报的可预测性，其通过对投资者信念的影响以及随着投资者对经济形势认知的深入而带来的价格的演变，影响特定时点的股票均衡价格，可能导致公司筹资成本提高。

Botosan（1997）研究发现，对于分析师分析较少的公司，其会计信息质量与更低的权益资本成本有关。Botosan（2000）在进一步扩大样本的基础上，考察了不同类型的会计信息披露与权益资本成本之间的关系。结果发现，分析师分析较少的公司，它们的权益资本成本与前瞻性信息和关键非财务指标的披露数量负相关，分析师分析较多的公司，其权益资本成本和历史信息的披露水平负相关。Botosan 和 Plumlee（2002）的研究将样本扩大到多年度跨行业公司，采用古典股利模型估计资本成本，结果发现权益资本成本随着财务年度报告披露水平的提高而降低。Hail 和

Zurich（2002）选择强制披露较少、自愿披露较多的瑞士证券交易所上市公司为样本，考察了各上市公司会计信息质量和权益资本成本之间的关系，发现两者存在非常显著的负相关关系。

2. 股票价格

新股发行的折价现象在世界各国的证券市场上是普遍存在的，且不同国家的 IPO（initial public offerings）抑价水平存在很大差别。学者就会计信息与 IPO 折价的联系进行了考察。从理论角度，Barry 和 Brown（1984）的理论分析表明，资本市场上的投资者认为会计信息质量差的公司的股票有更高的风险水平，要求更高的风险溢价水平，因此对这类公司的股票出价会更低。依据这一理论，在 IPO 过程中，公司与市场之间的信息不对称程度越高，投资者对新股的风险预期水平会越高，要求的风险溢价也会越高，从而导致出价低。IPO 定价越低，表示 IPO 抑价水平越高。Rock（1986）从外部投资者逆向选择的角度出发，提出基于投资者与公司内部之间信息不对称的"赢家诅咒"假说。他认为 IPO 抑价是对不知情投资者的补偿。Beatty 和 Ritter（1986）发展了 Rock（1986）的模型，加入了"公司价值的事前不确定性"这一因素来衡量市场上的信息不对称程度，IPO 抑价水平随事前不确定性的提高而提高。市场上信息不对称程度越高，IPO 抑价水平就越高。Diamond 和 Verrecchia（1991）的理论分析说明，上市公司如果提高信息质量，可以吸引大宗投资者的投资，同时会降低不同类别的投资者之间的信息不对称程度，公司股票的流动性会增强，融资成本会降低。依据这一理论思路，在公司 IPO 过程中，提高公司的会计信息质量，会吸引市场上更多的潜在投资者对公司进行投资，新股的发行方就无须在出售新股时通过提供价格折扣来吸引更多投资者，公司 IPO 抑价水平就会降低。在评估 IPO 定价水平时，通常将 IPO 发行价与配对样本当日收盘价进行对比。

（二）委托方治理

现代企业的一个重要特征是两权分离并由此产生了委托代理问题。在股权分散的情况下，小股东选择"搭便车"，当企业有充足的自由现金流时，管理层不仅会通过高额薪酬和在职消费来实现自身价值最大化，还会选择"帝国建造"将资金投到净现值为负的项目上，从而导致过度投资。进入 20 世纪，第二类代理问题逐渐被学者关注。除了高度分散的股权结构外，还有一种更普遍的股权结构——股权集中，在股权集中的情况下，大股东具有参与公司管理的能力，可以消除或减少"搭便车"行为，但由于控制权与现金流权相互分离，拥有较高控制权的大股东可能以牺牲中小股东利益为代价，通过左右投资决策来获取控制性资源和进行利益输送，并导致非效率投资。

针对第一类代理问题，当信息不对称存在时，由于股东与经理人的利益分配机制未必充分有效，因而他们之间会产生委托代理问题，经理人可能利用多余的现金从事一些净现值为负的项目，而且经理人有在职消费、有不断做大公司规模以提高个人声誉的愿望，而信息不对称程度的降低能够有效降低代理成本（Jensen，1986）。因此，会计信息除了通过降低投资者估计风险和提高股票流动性从而降低外部融资成本之外，还具备公司治理的功能，即约束企业管理者的决策，减少他们侵占投资者利益的行为，缓解委托代理问题（Bushman and Smith，2001）。除此之外，在一个经典的委托代理模型中，委托人往往通过将代理人的薪酬与业绩指标挂钩来激励代理人努力工作，这些业绩指标通常都是财务指标，例如利润、股价等。委托代理模型证明了代理成本取决于业绩指标的相关性和可靠性。业绩指标的相关性是指业绩指标在多大程度上能够反映代理人的努力程度；业绩指标的可靠性是指业绩指标中的噪声因素。业绩指标相关性和可靠性越高，则代理成本越低，委托代理关系越有效。综上，基于资源配置视角，会计信息有助于监督履行受托责任的情况，帮助委托人正确判断，约束管理层为了谋求个人利益最大化而损害企业价值，激励管理层尽职工作，进而提升企业资源配置效率。

四、会计信息与经济高质量发展

会计信息的有用性始终是会计研究领域的热点话题，大部分关于会计信息有用性的研究着眼于微观企业，重点考察不同公司治理下企业会计信息的有用性，考察微观企业会计信息对微观市场主体投资策略的影响，较少关注会计信息对诸如 GDP 等宏观经济指标的意义。企业是构成宏观经济的微观主体，宏观经济增长作为企业产出的汇总（姜国华和饶品贵，2011），直接受到企业经营状况的影响。就宏观经济指标而言，GDP 等经济指标的计算与微观会计信息息息相关（Konchitchki and Patatoukas，2014a）。因此，作为企业产出信息的会计盈余从基本面反映微观企业的真实经济活动，天生地将微观企业和宏观经济联系起来。不仅如此，"国家调节市场，市场引导企业"，企业是微观经济，处于基础层次，企业的经济活动由市场调节或由市场决定，但市场行为不应是完全盲目的、无政府状态的，要受国家政府的宏观调节。要形成政府—市场—企业的运行机制，政府处于宏观层次，市场处于中间层次，企业处于基础层次（卫兴华，

2014)。有鉴于此，会计信息对微观投资决策的影响势必会上升至对市场、国家等宏观层面的资源配置的影响。Guenther 和 Young（2000）基于多国会计盈余数据，在考察不同法律制度体系、会计信息系统以及投资者保护的差异后指出，会计盈余与真实经济价值存在显著的正相关性。Klein 和 Marquardt（2006）基于经济周期视角的研究表明，在控制会计稳健性与样本选择偏差后，公司业绩亏损与宏观经济周期显著相关。Marcuss（2004）认为会计盈余增长指标作为公司收益指标的替代变量，是衡量经济增长的重要先行指标。Konchitchki 和 Patatoukas（2014a）研究了美国上市公司汇总会计盈余（aggregated accounting earnings）与未来 GDP 的关系，结果发现，汇总会计盈余能够有效预测未来三期的 GDP 增长率，而汇总会计盈余信息对 GDP 的预测能力并没有被宏观经济学家完全理解。随后，Konchitchki 和 Patatoukas（2014b）基于杜邦分析法中公司盈利能力驱动因素的汇总，分别考察汇总资产周转率和汇总利润率对未来真实 GDP 增长率的预测能力。整体看来，会计信息可以促进宏观资源有效配置，促进经济高质量发展。

第二节　会计信息质量与资源配置

一、会计信息质量

（一）会计信息质量的度量方式

1. 信息含量（盈余反映系数）

信息含量常常与事件研究法相结合，测量市场对会计信息披露这一可辨别事件的反应效果。其有效性体现于这样的事实：如果市场是理性的，那么事件是否对投资者产生影响将立即通过价格反映出来，并可以通过对较短时间内价格的变化进行分析来加以测量。国内外许多学者采用个股收益率与市场收益率的差值或均值调整模型，计算异常超额报酬率（abnormal return）（Chen et al.，2000；李正和李增泉，2012）。将事件窗口期的累计超额报酬率与会计数据（非预期盈余）的回归系数作为会计信息含量的度量指标。

2. 股价同步性

参考 Roll（1988）和 Durnev 等（2003）的研究，股价同步性的模型如下：

$$R_{i,t} = \alpha_{i,t} + \beta_1 R_{j,t} + \beta_2 R_{m,t} + \varepsilon_{i,t} \tag{6-1}$$

式中，$R_{i,t}$ 为公司 i 第 t 期的股票收益率；$R_{j,t}$ 为公司所在行业 j 第 t 期的加权平均收益率；$R_{m,t}$ 为公司第 t 期的市场收益率；$\varepsilon_{i,t}$ 为公司特质信息对股票收益的影响，它是股票收益率中不能被市场和行业因素等系统因子影响的公司特有收益（在有的模型中也被视为非预期盈余）。$R_{i,t}^2$ 表示式（6-1）的可决定系数，$R_{i,t}^2$ 越大，市场和行业层面信息对股票收益率影响越大，公司特质信息对股票收益率影响越小，股价波动的同步性越大。实证研究中经常探求会计信息与股价同步性之间的关系。

3. 盈余质量

参考 Dechow 等（2013），我们总结了如下有关盈余质量的度量指标，详见表 6-1。

表 6-1　盈余质量度量指标

指标	理论	优劣
盈余持续性		
Earnings$_{t+1}$ = α + βEarnings$_t$ + ε_t	具有较高持续性盈余的企业更易于估值	优：契合格雷厄姆（Graham）和多德（Dodd）基于预期现金流对企业估值的观点
盈余回归的 β 系数		劣：持续性取决于企业基本面业绩与会计度量系统，这两个方面难以区分并且会受到管理者盈余操纵的影响
应计项目比例		
Accruals$_t$ = Earnings$_t$ − Cash Flows$_t$	由于盈余持续性较低，极端应计项目意味着盈余质量较低	优：通过比较应计制会计系统与现金制会计系统直接获得指标度量
Accruals$_t$ = Δ(Noncash Working Capital)		
Accruals$_t$ = Δ(Net Operating Assets)		劣：指标度量会受到企业基本面业绩和会计系统两方面影响
应计项目回归模型的残差		
应计项目与经济驱动因素的回归残差	回归残差代表管理者操纵与估计错误，进而降低盈余质量	优：该指标尝试将管理操纵和错误应计项目相分离
		劣：遗漏与企业业绩相关的变量

续表

指标	理论	优劣
盈余平滑		
σ（Earnings）/σ（Cash Flows） 盈余标准差与现金流标准差的比	对暂时性现金流进行平滑修正有助于提升盈余持续性	优：符合会计实务
		劣：难以将企业基本面业绩、会计规则与盈余操纵相区分
基准（盈余管理）		
盈余分布的扭结	非正常的盈余分布暗示针对某一目标的盈余操纵	优：便于计量，概念直接易接受，有助于盈余管理的识别
盈余分布的改变		
预测错误分布的扭结		劣：会受非会计问题影响
一系列正盈余的增长		

注：Accruals 表示应计项目；Cash Flows 表示现金流量；Noncash Working Capital 表示非现金运营资本；Net Operating Assets 表示非现金经营净资产。

4. 可比性

现有文献对会计信息可比性的测度方法主要分为三种：第一种是基于过程视角的会计准则协调的测度方法，即通过会计准则的协调程度来间接测度不同国家的会计信息可比性；第二种是基于结果视角的会计方法协调的测度方法，即通过会计方法的协调程度来直接测度不同公司的会计信息可比性；第三种是对会计方法协调测度方法的延伸，即基于会计产出（如会计盈余）的相似程度来直接测度不同公司的会计信息可比性（周晓苏等，2017）。其中，第三种测度方式是现阶段比较流行的。

5. 稳健性

稳健性根据性质的差异可分为两种不同的类别：条件稳健性和非条件稳健性。非条件稳健性（unconditional conservatism）意味着会计处理方法在资产或负债形成时就已经确定，不会再根据其后的经营环境而变化，它一般会导致不可确认的商誉存在。条件稳健性（conditional conservatism）意味着会计人员在确认好消息时对可验证性的要求更高（Basu，1997），对损失和收益的确认存在非对称性，即会计人员对于损失（坏消息）要及时确认而对于收益（好消息）直到有充分的证据时才予以确认。

6. 透明度

会计信息透明度计量的方法有三类（张程睿，2006；王克敏等，2009）。其一，根据研究目的，研究者自行构建透明度指标；其二，直接采用权威机构发布的透明度指数；其三，选择一些反映公司会计信息披露水平的指标替代透明度指标。

一些研究者根据需要，自行构建了透明度指标。Meek 等（1995）把自愿披露的信息分成战略信息、非财务信息、财务信息三大类，在此基础上划分成 13 小类以及 85 个评价指标，对这些指标打分可以确定透明度得分。Botosan（1997）从投资者和分析师的视角，把年报信息分为五大类，即背景信息、历史结果的总结信息、重要的非财务统计信息、预测信息以及管理层的讨论与分析信息，然后分别予以评分，根据得分大小确定公司信息透明度高低。

权威机构发布的指数通常有完整的评价流程，加上发布机构的权威和信誉等，其评价结果容易得到认可，常见的有：普华永道会计师事务所（PWC）发布的"不透明指数"、标准普尔公司的透明度和披露评级（transparency & disclosure scores）、美国国际财务分析和研究中心发布的 CIFAR 指数、美国投资管理和研究协会发布的 AIMR 指数、我国深交所的信息披露考评。

在选择替代指标方面，Bhattacharya 等（2003）提出的度量方法被广泛应用于各种实证检验，影响力很大。他们认为，造成公司盈余不透明的原因主要是公司存在粉饰盈余、平滑盈余以及损失规避三方面的动机。根据 Bhattacharya 等（2003）的解释，公司的盈余激进度较高，意味着内部人利用应计项目粉饰会计盈余的可能性较大，为了配合盈余粉饰行为，公司的会计信息往往不透明；盈余平滑度越大，意味着内部人为了向外部投资者释放公司处于稳定经营状态的假信号，越有可能隐瞒公司真相，导致信息不透明；损失规避度主要反映一国的会计法规允许企业进行损失规避的空间大小，仅适用于跨国对比研究。

此外，还有一些学者选择其他替代指标计量透明度。如 Barth 等（2008）采用盈余管理指标反向计量透明度。Lang and Maffett（2011）从会计准则、审计师选择、盈余管理、分析师跟踪以及预测的精确性等多维视角计量透明度。Balakrishnan 等（2011）分别从信息不确定性、信息不对称程度以及财务报告质量三个角度来测度财务报告透明度。Schmidt 和 Wilkins（2013）以财务重述的及时性来测量财务报表透明度。

（二）会计信息质量与资源配置

会计信息质量可以促进资源有效配置。Francis 等（2005）在研究中列示了七种会计信息质量属性，并考察了权益资本成本和它们之间的关系。研究发现，从单个分析来看，会计信息质量低的公司的权益资本成本比会计信息质量高的公司的权益资本成本高，即会计信息质量和权益资本成本存在负相关关系，投资者会通过判断对会计信息质量进行定价。Wang（2003）研究了公司的资源配置效率和会计信息质量的关系，结果表明，行业和公司层面的资源配置效率与公司会计信息质量显著正相关。Durnev 等（2004）运用边际托宾 Q 比率度量投资效率，认为从行业的角度来看，股价里包含的公司特质信息与公司投资效率显著正相关。Risberg（2006）同样运用边际托宾 Q 比率度量投资效率，结果发现盈余质量和公司的投资效率间是呈先凸后凹的形状的关系。Bushman 等（2006）对上市公司是否会迅速从亏损的项目中撤出资本展开了研究。该研究主要考察那些会计制度较完善、能及时确认经济损失的国家，其公司是否会迅速地对由流向新投资的资本减少所导致的投资机会的减少做出反应，研究发现在更稳健的会计报告体制下，公司对投资机会减少做出反应的速度更快。同时，在所有权相对分散的国家中，稳健性对过度投资起到更好的约束作用，这也就意味着大股东治理和会计治理之间存在替代效应。Biddle 和 Hilary（2006）考察了会计质量怎样影响公司投资现金流敏感性（investment-cash flow sensitivity），研究发现，美国的高会计质量与低投资现金流敏感性相关；在日本，两者却无关。他们分析认为该结果存在差异的原因在于：美国市场上更多的资本是通过与未拥有私人信息获取渠道的投资者进行单独交易得到的，但这一解释并未得到直接的检验。得出类似结论的还有 Verdi（2006）和 Khurana等（2006）的研究。

二、会计准则与资源配置

随着资本市场国际化程度的不断加深，在全球范围内有一套通行的会计语言的需求已经越来越迫切。为了提高各国之间会计信息的可比性，进而促进资本在全球资本市场上的最优配置，国际会计准则理事会（IASB）自成立之日起就一直致力于制定一套可供全球通用，能提高会计信息可比性、透明度的高质量会计准则体系。历经近 40 年的努力，国际财务报告准则得到了包括中国在内的 100 多个国家或地区的普遍认可或采用。截至 2011 年 6 月，已有 93 个国家或地区要求其所有上市公司必须采用 IFRS，6 个国家或地区要求其部分上市公司必须采用 IFRS，还有24 个国家或地区允许其上市公司采用 IFRS。对于采用新准则体系的国家，会计信息质量是否有所提升？资源配置效率是否提高？这些问题尚未得出一致结论。

　　对于自愿采用新准则体系而言，有些研究表明，采用 IFRS 或 IAS 后会计信息质量提升，资源配置效率提高，具体体现在自愿采用 IFRS 之后，公司的盈余质量较高、资本成本较低、分析师预测误差较小、市场价值较高、信息不对称性较低以及本土投资偏好较低等方面。Barth 等（2008）以 21 个国家 1994—2003 年自愿采用 IAS 的公司为研究样本，检验了样本公司在自愿采用国际财务报告准则之后盈余质量的变化，发现相对于本土会计准则，上市公司采用 IAS 之后盈余管理程度显著降低，损失确认更加及时，并且盈余价值相关性也显著增强，会计信息质量得到了显著提高。Ernstberger 和 Vogler（2008）以 1998—2004 年德国上市公司为研究样本，发现采用 IAS 公司的权益资本成本显著低于采用德国本土会计准则公司的权益资本成本。Ashbaugh 和 Pincus（2001）研究发现公司自愿采用国际会计准则之后，分析师盈余预测误差显著降低，公司市场价值显著提高。Covrig 等（2006）以全球 25 000 个共同基金为研究样本，检验了自愿采用 IAS 能否增强吸引外资的能力，发现自愿采用 IAS 的共同基金中外资所有权的比例较大，即使公司所处的信息环境比较差，自愿采用 IAS 的共同基金中外资所有权的比例也比较高，因此认为自愿采用 IAS 确实能增强吸引外资的能力，进而降低本土投资偏好。此外，自愿采用 IFRS 之后，公司的资本市场流动性也显著增强（Drake et al.，2010）。另外，也有一些研究并未得到采用新准则体系后会计信息质量和资源配置效率有所提高的结论。比如，Daske（2006）以 1993—2002 年自愿采用 IAS 的德国上市公司为研究样本，发现公司自愿采用 IAS 后的预期权益资本成本不但没有下降反而上升了。

　　对于强制采用新准则体系而言，一些研究发现投资者从强制采用 IFRS 中受益了，具体体现在强制采用 IFRS 之后盈余质量较高、盈余价值相关性较高、资本市场流动性较强、资本成本较低、市场权益价值较高以及信息环境质量较高等。Wan Ismail 等（2010）以马来西亚上市公司为研究样本，以异常应计项目绝对值和盈余价值相关性度量盈余质量，发现强制采用 IFRS 之后公司的盈余质量显著提高。Capkun 等（2008）发现公司由采用本土会计准则转而采用 IFRS 之后，盈余调整金额与公司市场价值和股票收益率具有价值相关性，Kinsey 等（2008）也发现了类似的研究结论。Daske 等（2008）检验了强制采用 IFRS 之后公司的资本市场流动性、资本成本和权益市场价值的变化，发现强制采用 IFRS 之后公司资本市场流动性增强了，权益市场价值增加了，并且资本成本降低了。Drake 等（2011）以 22 个国家的 5 000 多家上市公司为研究样本，发现强制采用

IFRS 之后资本市场流动性显著增强了。Li（2010）以欧盟 1 084 家上市公司 1996—2005 年的数据为研究样本，发现强制采用 IFRS 之后显著降低了公司权益资本成本。Palea（2008）也得出了类似的结论。此外，强制采用 IFRS 之后，分析师盈余预测误差显著降低（Byard et al.，2008），并且分析师信息环境和公共环境得到了显著改善（Wang et al.，2008）。然而，一些研究发现投资者未从强制采用 IFRS 中受益。Plumlee 和 Plumlee（2008）具体描述了强制采用 IFRS 之后投资者的信息损失。Griffin 等（2008）、Kim 等（2010）发现强制采用 IFRS 之后，公司的审计费用显著增加。

第三节　信息竞争与会计准则改革

资本市场中充斥着大量的信息，这些信息或相互补充，或相互竞争，当某一信息难以带来价值时，该信息就会被其他信息取代。一直以来，财务报告是投资者决策最看重的信息，其重要性不言而喻。进入 21 世纪，信息来源、信息体量日益丰富，为捍卫财务报告在资本市场的价值，会计学界应站在新的历史起点上重新思考会计的一些基本问题。

一、微观深化

财务会计确实存在于微观主体中，并对微观主体决策发挥基础性作用，这种作用集中体现在为外部的利益相关者提供各种信息，从而大大地提高了决策的科学性和有效性。会计准则面对的是大量、经常、杂乱无章的交易及业务，这些业务一旦进入会计核算系统就将得到序时、分类记录，这种记录无疑成了再现或证明已发生经济活动的唯一和权威的资料，这样的会计资料使纷繁复杂的经济活动不再如现实中那般混乱无序，使已发生的经济活动得到全面、正确而深刻的说明，从而有力地保证了对以往活动做出客观公正的评价，据以正确分配已创造出的财富，衡量各成员的工作贡献并合理奖惩，对未来资源配置做出必要安排。因此，会计不能满足于对各种业务的记录，更关键的是把记录的结果报告给利益相关者（杨雄胜等，2013）。

传统的会计理论在这个基本面上形成了会计目标假说，立足于客观可靠形成了受托责任目标，着眼于信息相关产生了决策有用目标，但"客观性"与"相关性"对会计准则而言孰更重要，理论界可谓见仁见智。从这几年准则修订来看，相关性似乎占据了上风，而财务报告的客观性逐渐弱化。随着互联网＋、数字经济、金融衍生品的产生与发展，一些价值难以可靠计量的经济资源对投资者的决策愈发重要。为了满足这些利益相关者的诉求，会计准则不断扩大自身的核算口径，增大确认范围，但与此同时，会计计量也需要结合更大程度的估计与判断，削弱了财务报告的客观性。在这一过程中，相关性的提高所带来的收益是否大于客观性降低所带来的成本便成了制约准则发展、演进的关键。对于微观信息而言，一方面，会计准则要提升财务报告的相关性以提升自己的功能价值，捍卫在信息竞争中的地位；另一方面，会计准则要恪守自身的客观性，凸显财务报告的传统价值。

二、宏观拓展

在互联网时代，社会离不开终端网络间的交流互通，那种自然时间、空间差异带给人类的种种障碍一扫而空。随着区块链技术的成熟，会计在现实中的身份和作用将发生革命性变化。一旦会计准则将微观数据与宏观经济联系起来，财务报告的价值将有质的飞跃。在未来，会计准则不仅能记录企业交易或事项对自身经济资源、要求权的影响，还会借助网络世界，反映企业的经济活动对宏观经济的影响，并与实际发生的经济活动保持实时同步。如此一来，会计在反映所有微观主体的同时又在整体上反映宏观的运行状况及态势，成为微观与宏观管理的重要信息。这种信息不仅能让企业清楚自身相比以前、可比企业的好坏，还能知晓自身在整个地区或行业中的地位、影响力的变化状况，乃至对社会经济发展的贡献，从而能动态地实现对公司的持续改善管理。

若将这一构想付诸实践，还需更多理论创新与技术研发。尽管如此，从目前社会信息化发展趋势中，我们已然看到会计宏观扩展的势头。比如，一些地方或行业会计信息平台的建设，为会计信息在日常加工处理过程中突破某个特定会计主体限制而发展到多个甚至大量不同主体范围加工处理提供了宝贵经验，从而使全社会统一加工处理会计信息成为可能；国内外兴起的云计算及 XBRL 标准的国际广泛认同、应用，为社会范围内提供公共产品性质的会计核算服务提供了可靠的技术支持；数字企业、数字城市、数字政府、数字社会等概念被越来越多的人接受，这些概念的实现行动直接引发了必须建立相应社会会计制度的迫切而强烈的要求。由此可见，在这样崭新的背景下，会计信息不应仅仅局限于各微观主体的"私有资源"，而应扩展为对全体微观主体均有引导作用，同时直接指导地区或行业一些带有整体性、全局性、综合性管理特性的公共资源。我们期待会计学界将此作为一个带有战略意义的课题重加研究，提供充分科学的理论指导，从而使会计发挥好服务宏观的作用，进一步提升财务报告的信息价值与会计学的社会地位。

第四节　会计收益确定模式与资源配置效率：基于综合收益披露的价值相关性分析

20 世纪 90 年代以来，资本市场快速发展，会计目标逐渐由受托责任观向决策有用观转变。面对股票、债券等资产价格的快速波动，传统收益确定模式难以及时捕捉资产价值变化，许多利得和损失难以在利润表中得到充分的反映，间接地体现在资产负债表中。这样一来，财务报表的透明度下降，会计盈余的有用性有待提升。为此，会计准则一改传统的收益确定模式，要求披露综合收益，以期更好地服务于报表使用者科学决策，从而提升资本市场的资源配置效率。针对综合收益模式和传统收益模式的主要差别，本书分析了新模式下会计盈余的价值相关性。具体而言，本书以其他综合收益的会计信息质量特征为视角，探究了会计稳健性对其他综合收益信息含量的中介效应，为综合收益观下会计稳健性是否有助于提升会计信息决策有用性和资本市场资源配置效率提供理论与实证支持。

一、引言

早在 20 世纪七八十年代，FASB 就引入"其他综合收益"（OCI）的概念，并广泛开展相关领域研究，长期关注并推崇综合收益观的应用。在会计准则国际趋同的大背景下，我国财政部 2009 年在《企业会计准则解释第 3 号》中首次引入 OCI，2014 年将其正式纳入《企业会计准则第 30号——财务报表列报》。时至今日，OCI 在我国的应用已有十年历史，相关研究已取得阶段性成果，主要围绕 OCI 的实质与界定标准（谢获宝，2010；毛志宏，2011）、OCI 的信息有用性（徐经长，2013；杨有红，2017）和 OCI 的公司治理作用（杨克智，2016；王艳和谢获宝，2018）。与国际研究相比，我国学术界关于 OCI 的研究才刚刚起步，对其概念本质、会计信息质量以及资本市场经济后果等问题尚需更深入研究。

　　OCI 属于报表次要来源的非清洁项目（dirty surplus）[①]，其当期发生额在某种程度上可视为超额盈余。由于我国会计准则对 OCI 的确认与计量并无不对称的要求，且其计量与公允价值息息相关，OCI 的引入势必会对会计稳健性产生一定影响。纵观各国会计准则，稳健性在会计规则中得以不同程度地体现，但 IASB 并未将稳健性归为会计信息质量特征。在新概念框架中，中立性是"如实反映"的重要基础，指财务信息的选择和列报不存在偏见，不暗含不对称的稳健性处理。鉴于不确定因素的普遍存在，与中立性不同，稳健性会使得会计信息有所偏倚，无法客观列报相关信息（Hendriksen，1982），有时甚至会降低盈余价值相关性与企业投资效率（Sloan，1996；Roychowdhury，2010）。因此，学术界与准则制定机构必须对稳健性原则保持慎重的态度（Joplin，1914；潘序伦，1931；周华，2016）。

　　基于有效市场假说（Fama，1970）和会计信息有用性理论（Beaver，1970），随着综合收益观的进一步推行，OCI 的列报是否具有显著的信息含量？OCI 的列报是否降低了会计稳健性并使会计信息更符合新框架下"完整、中立、无误"的质量要求？以上问题亟待实证检验。有鉴于此，我们以 2014—2017 年我国 A 股上市公司为样本，对以上问题进行了探索性研究。

二、文献回顾

　　在国际会计准则体系中，财务报告的目标构成财务报告概念框架的基础，其他部分均以该目标为逻辑起点推演形成。相比之下，我国会计准则偏重以假设为逻辑起点，但财务报告目标仍在我国会计准则体系中举足轻重。基于决策有用性信息观，如果会计信息能改变投资者的信念或行为，或使信息使用者的预期发生改变从而改进决策，这样的信息就是有用的，这样的信息系统也被认为是具有信息含量的（Christensen and Demski，2002）。为更好地提供与决策相关的财务信息，IASB 在新概念框架中将"如实反映"作为一项基本质量特征，替代原先的"可靠性"，后者则演变

---

　　① OCI 是指绕过传统收益（净利润）组成项目而直接进入所有者权益变动表中且与所有者投入资本无关的未实现得和损失（FASB，1997）；清洁项目（clean surplus）是指先在利润表中进行披露，然后随着期末利润的结转而进入资产负债表股东权益的损益项目（Feltham and Ohlson，1995）；非清洁项目（dirty surplus）是指绕过利润表而直接影响净资产价值的相关项目（Feltham，1996），在当前会计准则下确认为 OCI；真实非清洁项目（really dirty surplus）是指当主体发行或回购自身股票时并没有按公允价值计量的相关项目，与非清洁项目不同，这些项目并不在会计报表中列报（Landsman et al，2011）。

为对计量不确定性的容忍，不再作为有用财务信息的质量特征。完全体现"如实反映"的描述应具备三个特征：完整（complete）、中立（neutral）和无误（free from error）。相比较而言，"可靠性"的重点是可验证性，而"如实反映"更关注不偏不倚，要求中立性。与新概念框架的要求不同，稳健性意味着不对称的会计处理，当前会计实务中的一些稳健性要求仅仅是会计惯例，早已失去存在的理由（Littleton，1939），该原则有时并不能达到谨慎的目的，反倒有利于操控会计数字（潘序伦，1931；Jackson and Liu，2010），稳健性与中立性往往矛盾，不利于会计理论的自洽（杨翼飞，2006；周华，2016）。值得注意的是，新概念框架认为审慎性支持中立性，尽管审慎性与稳健性都强调不高估资产或收益，不低估负债或费用，但审慎性还强调了不低估资产或收益，不高估负债或费用。换言之，与稳健性不同，审慎性并不意味着不对称的会计处理。在会计准则国际趋同的背景下，并不被新概念框架提倡的会计稳健性是否有助于财务报告目标的实现需要引起学者的广泛关注。

在全面推行综合收益观的趋势下，国内外学者主要从两方面研究 OCI 的列报是否有助于财务报告目标的实现。从决策有用观的视角，相关研究多围绕价值相关性展开。多数研究发现，OCI 作为净利润的补充，具有增量信息（Dhailwal et al.，1999；Loftus and Stevenson，2008；Kanagaretnam et al.，2009；Kubota，2011；王鑫，2013；Jones and Smith，2011；杨有红和闫珍丽，2018），并且 OCI 呈报在利润表时的价值相关性要比呈报在所有者权益变动表时更强（Hirst and Hopkins，1998；徐经长和曾雪云，2013）。但也有研究发现，OCI 并不具备显著的价值相关性（Cheng，1993；唐国平和欧理平，2011；盖地和高潮，2012），OCI 波动与股价波动、股票报酬波动之间缺乏稳健一致的风险相关性（曾雪云等，2016）。还有一些研究认为 OCI 持续性较差，属于暂时性收益（Jones and Smith，2011），对未来现金流或净利润的预测能力相对较弱（Dhaliwal et al.，1999；王鑫，2013）。从受托责任观的视角，相关研究主要围绕 OCI 与盈余管理之间的关系展开。一些研究认为，OCI 有助于识别、抑制盈余管理行为（Hunton et al.，2006；He and Lin，2015；王艳和谢获宝，2018），综合收益的呈报方式与盈余平滑动机显著正相关（Lee et al.，2006）。但也有研究认为，OCI 的列报并未显著增强公司盈余管理的透明度（张志红和孙茜，2016）。因此，国内外学术界对于 OCI 研究的相关问题尚未达成广泛共识，也没有从会计信息质量特征的视角探究 OCI 的列报是否有助于会计目标的实现。

三、理论分析与研究假设

我们结合相关文献提出 OCI 提升自身信息含量的理论路径，理论框架详见图 6 - 3。

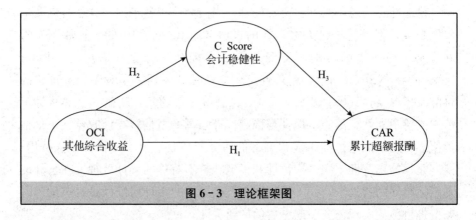

图 6 - 3　理论框架图

（一）OCI 的信息含量

如果资产负债表能以完美的盯市会计（market-to-market）使账面价值等于资产价值，利润表中的会计盈余便不具有任何信息含量（Scott，1997）。虽然资产负债表中很多资产和负债的项目都按照市价进行报告，但理想状态并不存在，报表的账面价值与资产价值并不相等。比如，有些项目是按历史成本报告（比如存货），有些项目根本没有在资产负债表中列示（比如成长期权、数据资产），有些项目因会计人员的主观操作而呈现有偏的会计数字（比如盈余管理），还有些项目因会计人员无法掌握完全客观的事件概率而错误列报（比如退休金），因此，资本市场中净资产创造的含息盈余往往不等于正常盈余，进而形成了超额盈余。在会计准则体系中，OCI 是资本市场公允价值超过预期的利得和损失，可在一定程度上视作与 OCI 相关的资产或负债的超额盈余。例如，以公允价值计量且其变动计入 OCI 的债券，若将其实际利率与摊余成本的乘积作为预期收益，债券当期公允价值变动超过预期收益的非预期部分便计入OCI，此时 OCI 的当期发生额与该债券的超额盈余在数量上相等。由于资本市场并不是完全有效的，超额盈余在证券估值的过程中十分重要（Penman，2002），若将 OCI 视为超额盈余，OCI 便具有了信息含量。

不仅如此，作为净利润的补充，OCI 含有以历史成本计价的传统净利润信息所不能完全反映的、受公允价值计量影响的收益变动信息。一方面，净利润是不全面且有偏差的，而 OCI 包含了本期确认但在未来循环至损益的盈余信息（可重分类的 OCI）和在未来无法循环至损益的其他净资产变动信息（不可重分类的 OCI），OCI 可以更加全面地反映净利润以外的其他因素所导致的盈余变动，提供与未来现金流相关的会计信息。另一方面，OCI 可以消除会计错配，使财务信息更能如实反映企业的经济活动，提高会计信息透明度与决策有用性。

综上，OCI 应具有显著的信息含量。基于决策理论，理性的基本面投资者（fundamental investor）会通过财务报表分析挖掘 OCI 所隐藏的潜在价值，获取当前股价中没有反映的信息，修正之前对股票市场的预期，以便在有效证券市场条件下获得超额报酬。据此，我们提出假设 H_1：

H_1：OCI 具有显著的会计信息含量，即 OCI 与累计超额报酬呈正相关关系。

(二) OCI 与会计稳健性

依据损益和 OCI 的划分原则，在宽口径法下我们可将 OCI 分为三大类：(1) 搭桥项目：当资产或负债重计量且其损益信息的计量不同于财务状况报告（资产负债表）时，两种计量的差额就应作为搭桥项目确认为 OCI。如《企业会计准则第 22 号——金融工具确认和计量》中指定为以公允价值计量的金融负债自身信用风险变动，以公允价值反映其在资产负债表中的价值变动，以摊余成本确认计入损益的金额，债务工具的公允价值与其摊余成本的差额计入 OCI。(2) 会计错配重计量项目：当相关联的若干项目中的一个项目按照现行价值进行计量，而相关联的项目却没有重新计量或者以后再确认时，就会出现重计量错配。如《企业会计准则第 24 号——套期会计》要求主体应将现金流套期衍生工具的利得或损失计入 OCI。(3) 暂时性重计量项目：某些长期资产或负债的重计量对于输入值微小的变动都具有敏感性，将这些价值变动反映在损益之外，可降低对损益可预测性与可理解性的影响。如《企业会计准则第 9 号——职工薪酬》将重新计量设定受益计划净债务或净资产的变动计入 OCI。由此看来，OCI 的确认与计量以相关资产和负债的价值变化为核心，与公允价值息息相关。

15 世纪以来，稳健性原则一直影响着会计实践与会计理论（Givoly and Hayn，2000）。根据性质的差异稳健性可分为两种：条件稳健性和非条件稳健性，本研究关注条件稳健性，即会计人员在确认"好消息"时对可验证性的要求更高，对于损失（"坏消息"）要及时确认而对于利得（"好消息"）要有充分的证据时才予以确认（Basu，1997）。从会计确认的角度分析，我国会计准则中有关净利润的不对称规定有 140 余处（赵西卜，2012），但对于 OCI 的确认并没有类似的不对称规定，相关利得和损失被同等对待。从会计计量的角度分析，OCI 产生于资产负债观下资产和负债价值的变动，其概念的提出是对历史成本计量属性的挑战（刘玉廷，2007），无论是"搭桥项目""会计错配重计量项目"还是"暂时性重计量项目"皆以公允价值为主要计量属性，而公允价值计量又会降低会计稳健性（姜国华和张然，2007；张荣武和伍中信，2010）。鉴于综合收益、净利润与 OCI 的勾稽关系，OCI 的列报会降低综合收益的稳健性，在此我们提出假设 H_2：

H_2：OCI 的列报削弱了会计稳健性。

（三）会计稳健性的中介效应

稳健性原则会使某一期间内资产被低估或负债被高估、后续期间内财务业绩被高估，从而导致财务报告出现偏差，对资产和负债或收益和费用的不对称处理在某些情况下并不能提供有用的财务信息（IASB，2018）。依照会计对称理论，同一性质、内容的经济事项的会计处理，原则上应采用相同的会计处理方法，如果采用不同的会计处理方法，其会计处理结果就会不同，从而引起会计核算的混乱（赵西卜，2004）。对于"好消息"与"坏消息"的不对称处理会增大企业管理者利用资产减值规则操纵会计数据的空间（李远鹏和李若山，2005；周华，2016），提高信息不对称程度，降低盈余质量与价值相关性（Penman，2002；姜国华和张然，2007）。基于估值角度，会计稳健性带来的偏差会使投资者错误地低估企业未来现金流量，"好消息"难以及时地反映到股票价格当中，公司当期的股票收益相对较低（Sloan，1996；Monahan，2005），受限于资本市场的有效程度，处于信息劣势的投资者很可能面临较高的逆向选择风险，会计稳健性与累计超额报酬往往负相关。结合 H_1 与 H_2 不难看出，OCI 可通过降低会计稳健性的方式提升自身信息含量。由此，我们提出假设 H_3：

H_3：会计稳健性对 OCI 的信息含量具有中介效应。

值得注意的是，由于会计信息具有经济后果，会计准则在制定过程中会受到不同利益集团的游说，会计绝对中立难以实现。现实经济中的会计信息往往是中立性与经济后果博弈的结果，会计信息质量的高低取决于两者博弈的程度（Zeff，1978；刘小年和吴联生，2004）。考虑到稳健性有时也会在债务契约等问题上发挥积极的效用，稳健性和中立性的相互制衡将是会计准则制定的重要环节，我们尚不可全盘肯定或否定二者的理论意义。

四、研究设计

(一) 样本数据

我国 2014 年正式将 OCI 纳入会计准则体系, 并要求上市公司在会计报表中披露和列示相关内容, 我们以 2014—2017 年沪深两市 A 股上市公司作为初选样本进行了如下筛选:(1) 剔除金融类公司样本;(2) 剔除 ST 公司样本;(3) 剔除存在缺失值的样本, 最终得到 7 459 个有效样本。为避免极端值的影响, 我们对连续变量在 1% 和 99% 处进行了缩尾处理。我们所用数据来源于 CSMAR 数据库和 Resset 数据库。

(二) 变量定义与模型设计

基于 Biddle 等 (1995) 与 Collins 和 Kothari (2006) 的研究, 我们采用事件研究法检验 OCI 的信息含量。由于上市公司年度报告在年度结束后四个月内公告, 为避免当年股票报酬中包含以前年度盈余信息, 我们基于市场模型以会计报表日前 100 日为估计窗, 以上一年度报告公告次月至当年报告公告当月为事件窗, 计算累计超额报酬 ($CAR_{i,t}$), 并将其作为式 (6-1) 的被解释变量, 以当年每股其他综合收益金额与公司上一年股票收盘价的比值 ($OCI_{i,t}$) 作为式 (6-1) 的解释变量, 实证检验 OCI 对累计超额报酬的影响。根据以往的研究 (Lang and Lundholm, 1996), 我们选取了相关控制变量, 详见表 6-2。

$$CAR_{i,t} = \alpha + \beta_1 OCI_{i,t} + \beta_2 Size_{i,t} + \beta_3 Lev_{i,t} + \beta_4 MB_{i,t}$$
$$+ \beta_5 SOE_{i,t} + \beta_6 Big4_{i,t} + \beta_7 First_{i,t} + \beta_8 ROE_{i,t}$$
$$+ \beta_9 Suspect_{i,t} + \varepsilon_{i,t} \qquad (6-1)$$

表 6-2 变量说明

变量符号	变量名称	变量说明
$OCI_{i,t}$	其他综合收益	公司当年每股其他综合收益金额与上一年度股票收盘价的比值
$Size_{i,t}$	企业规模	公司当年股票市值的自然对数
$MB_{i,t}$	市净率	公司股票收盘价格与每股所有者权益的相对值
$Lev_{i,t}$	资产负债率	公司当期年报中总负债与总资产的比值
$CAR_{i,t}$	累计超额报酬	以报表日前 100 天为估计窗, 以上一年度报告公告次月至当年报告公告当月为事件窗计算的月累计超额报酬

续表

变量符号	变量名称	变量说明
$C\_Score_{i,t}$	会计稳健性	基于 Khan 和 Watts（2009）C_Score 模型计算的会计稳健性水平得分
$ROE_{i,t}$	净资产收益率	公司当年净利润与所有者权益的相对值
$First_{i,t}$	第一大股东持股比例	公司第一大股东的持股比例
$SOE_{i,t}$	企业性质	哑变量，国企取 1，其余取 0
$Big4_{i,t}$	审计质量	哑变量，公司当年审计单位为"四大"取 1，否则取 0
$Suspect_{i,t}$	盈余管理迹象	哑变量，公司当年净资产收益率小于 0.05 取 1，否则取 0
$CF_{i,t}$	现金流	公司当期年报中总现金流金额与期末总资产的相对值
$RD\&AD_{i,t}$	研发支出与广告费用	公司当年研发支出与广告费用的合计与期末总资产的相对值
$REV_{i,t}$	经营不确定性	公司前五年年报中营业总收入的标准差
$R_{i,t}$	股票报酬	公司当年 5 月第一个交易日至次年 4 月最后一个交易日的年度累计股票报酬率
$DR_{i,t}$	股票报酬虚拟变量	R＜0 时取 1，反之取 0

　　基于 Roychowdhury 和 Watts（2007）对不同会计稳健性度量指标的分析，我们选取 Khan 和 Watts（2009）的研究方法对式（6-4）按年度进行回归，将所得回归系数代入式（6-2）中求出公司会计稳健性水平得分（C_Score），并将其作为式（6-5）的被解释变量以检验 H₂。参照 Ahmed 和 Duellman（2013）的研究，我们选取相关控制变量，详见表 6-2。

$$C\_Score_{i,t} = \gamma_1 + \gamma_2 Size_{i,t} + \gamma_3 MB_{i,t} + \gamma_4 Lev_{i,t} \quad (6-2)$$

$$\begin{aligned}
CI_{i,t} &= \alpha + R_{i,t}(\mu_1 + \mu_2 Size_{i,t} + \mu_3 MB_{i,t} + \mu_4 Lev_{i,t}) \\
&\quad + \beta_2 DR_{i,t} + R_{i,t} DR_{i,t}(\gamma_1 + \gamma_2 Size_{i,t} + \gamma_3 MB_{i,t} \\
&\quad + \gamma_4 Lev_{i,t}) + (\delta_1 Size_{i,t} + \delta_2 MB_{i,t} + \delta_3 Lev_{i,t} \\
&\quad + \delta_4 DR_{i,t} Size_{i,t} + \delta_5 DR_{i,t} MB_{i,t} + \delta_6 DR_{i,t} Lev_{i,t}) \\
&\quad + \varepsilon_{i,t}
\end{aligned} \quad (6-3)$$

$$\begin{aligned}
CI_{i,t} &= \alpha + \mu_1 R_{i,t} + \delta_1 Size_{i,t} + \delta_2 MB_{i,t} + \delta_3 Lev_{i,t} + \beta_2 DR_{i,t} \\
&\quad + \delta_4 DR_{i,t} Size_{i,t} + \delta_5 DR_{i,t} MB_{i,t} + \delta_6 DR_{i,t} Lev_{i,t} \\
&\quad + \mu_2 R_{i,t} Size_{i,t} + \mu_3 R_{i,t} MB_{i,t} + \mu_4 R_{i,t} Lev_{i,t}
\end{aligned}$$

$$+\gamma_1 R_{i,\,t} DR_{i,\,t} +\gamma_2 R_{i,\,t} DR_{i,\,t} Size_{i,\,t} +\gamma_3 R_{i,\,t} DR_{i,\,t} MB_{i,\,t}$$
$$+\gamma_4 R_{i,\,t} DR_{i,\,t} Lev_{i,\,t} +\varepsilon_{i,\,t} \tag{6-4}$$

$$C\_Score_{i,\,t} =\alpha +\beta_1 OCI_{i,\,t} +\beta_2 Size_{i,\,t} +\beta_3 Lev_{i,\,t} +\beta_4 MB_{i,\,t}$$
$$+\beta_5 RD\&AD_{i,\,t} +\beta_6 CF_{i,\,t} +\beta_7 REV_{i,\,t} +\varepsilon_{i,\,t}$$
$$\tag{6-5}$$

$$CAR_{i,\,t} =\alpha +\beta_1 OCI_{i,\,t} +\beta_2 C\_Score_{i,\,t} +\beta_3 Size_{i,\,t} +\beta_4 Lev_{i,\,t}$$
$$+\beta_5 MB_{i,\,t} +\beta_6 SOE_{i,\,t} +\beta_7 Big4_{i,\,t} +\beta_8 First_{i,\,t}$$
$$+\beta_9 ROE_{i,\,t} +\beta_{10} Suspect_{i,\,t} +\varepsilon_{i,\,t} \tag{6-6}$$

为进一步检验会计稳健性的中介效应,我们根据 Baron 和 Kenny (1986) 的检验方法,通过分析式 (6-1)、式 (6-5) 与式 (6-6) 所得的系数检验 H_3。其中,式 (6-1) 中的 β_1 表示 OCI 对累计超额报酬影响的总效应,式 (6-5) 中的系数 β_1 表示 OCI 的列报对会计稳健性的影响,式 (6-6) 中的 β_1 表示在控制了中介变量 C_Score 后 OCI 对累计超额报酬的影响,β_2 表示会计稳健性对累计超额报酬的影响。具体而言,如果式 (6-1) 中的 β_1 显著为正,就说明 OCI 具有信息含量,式 (6-5) 中的 β_1 显著为负,就说明 OCI 的列报会削弱会计稳健性,式 (6-6) 中 β_2 显著就说明中介效应显著。在此基础上,如果式 (6-6) 中的 β_1 显著,则表明存在部分中介效应;如果式 (6-6) 中的 β_1 不显著,则表明存在完全中介效应。公式中所涉及的变量及说明见表 6-3。

五、实证结果与分析

(一) 描述性统计和相关性分析

表 6-3 为本研究的描述性统计和相关性分析结果,如 Panel A 所示,OCI 的均值 (中位数) 为 0.005 (0.000),CAR 的均值 (中位数) 为 0.044 (0.010),C_Score 的均值 (中位数) 为 -0.024 (0.008)。整体而言,我国上市公司披露的 OCI 金额为正,累计超额报酬为正,综合收益较为稳健。如 Panel B 所示,OCI 与 CAR 在 1% 的水平上显著正相关,初步说明 OCI 具有显著的信息含量;OCI 与 C_Score 在 1% 的水平上显著负相关,初步说明 OCI 的列报可以降低会计稳健性;C_Score 与 CAR 在 1% 的水平上显著负相关,初步说明会计稳健性并不有助于投资者获取超额报酬。相关性分析支持 OCI 具有信息含量以及会计稳健性对 OCI 信息含量的中介效应。

表 6-3　描述性统计与相关性分析结果

Panel A：描述性统计						
变量	观测值个数	均值	标准差	最小值	中位数	最大值
OCI	7 459	0.005	0.073	−0.270	0.000	0.488
CAR	7 459	0.044	0.415	−0.802	0.010	1.360
C_Score	7 459	−0.024	0.093	−0.350	0.008	0.094
Size	7 459	15.780	0.908	13.918	15.679	18.556
Lev	7 459	0.454	0.206	0.069	0.447	0.923
MB	7 459	0.584	0.878	0.091	0.361	7.060
Big4	7 459	0.067	0.250	0.000	0.000	1.000
SOE	7 459	0.439	0.496	0.000	0.000	1.000
First	7 459	0.353	0.150	0.009	0.334	0.755
ROE	7 459	0.051	1.020	−50.100	0.062	43.600
Suspect	7 459	0.184	0.387	0.000	0.000	1.000
RD&AD	7 459	0.040	0.055	0.000	0.022	0.302
CF	7 459	0.001	0.080	−0.242	0.006	0.299
REV	7 459	0.172	0.408	0.001	0.045	3.010

Panel B：关键变量相关性分析			
变量	CAR	OCI	C_Score
CAR	1.000	0.072***	−0.106***
OCI	0.057***	1.000	−0.030***
C_Score	−0.128***	−0.073***	1.000

注：Panel B 上三角区为 Spearman 的秩相关系数，下三角区为 Pearson 的线性相关系数，*、**、***分别表示在 10%、5%、1%水平上显著。

(二) 回归结果

表 6-4 第 Ⅰ 列是式 (6-1) 的回归结果，在控制年度和行业的固定效应后，OCI 与 CAR 的回归系数在 1% 的水平上显著为正，H_1 得到验证。表 6-4 第 Ⅱ 列是式 (6-5) 的回归结果，在控制年度和行业的固定效应后，OCI 与会计稳健性的回归系数在 5% 的水平上显著为负，H_2 得到验证。表 6-4 第 Ⅲ 列是式 (6-6) 的回归结果，C_Score 与 CAR 的回归系数在 5% 的水平上显著为负，在控制中介变量后，OCI 与 CAR 的回归系数在 5% 的水平上显著为正。以上结果表明会计稳健性对于 OCI 的信息含

量具有部分中介效应，实证结果支持 H_3。

表 6 - 4　会计稳健性对 OCI 信息含量的中介效应

变量	I CAR	II C_Score	III CAR
OCI	0.131*** (2.63)	−0.021** (−2.22)	0.126** (2.56)
C_Score			−0.177** (−2.46)
控制变量	控制	控制	控制
截距项	−1.373*** (−18.70)	0.285*** (19.43)	−1.310*** (−16.50)
年度	控制	控制	控制
行业	控制	控制	控制
样本公司量	7 459	7 459	7 459
调整 R^2	0.361	0.572	0.362

注：括号内的数值为 t 值，*、**、***分别表示在 10%、5%、1%水平上显著，回归中对股票代码进行了 Cluster 处理。

（三）进一步分析

如前所述，我们将 OCI 视为超额盈余，OCI 的正负在某种程度上意味着与 OCI 相关资产或负债的"好（坏）消息"。基于 Basu（1997）关于条件稳健性的界定，OCI 是否为正势必会对会计稳健性及其中介效应产生不同的影响。为此，我们按 OCI 是否大于 0 将样本分为两组。一方面，OCI 为正意味着与 OCI 相关资产或负债的"好消息"，该组样本更易体现出非对称的及时性，进而突显 OCI 的列报对会计信息稳健性的影响；OCI 为负意味着与 OCI 相关资产或负债的"坏消息"，OCI 非正样本并不能充分体现出 OCI 的列报对会计稳健性的影响。另一方面，在我国会计准则中，OCI 的概念相对新颖，会计人员对相关准则的理解与执行需要一定的过程。OCI 的理论支撑与列报现实尚存重大差别（杨有红和闫珍丽，2018），有些企业会选择性地不披露 OCI，即以 0 列示，这些以 0 列示的OCI 难以得到经济实质的支持。受到上述因素的干扰，对于 OCI 非正的样本而言，OCI 的信息含量并不明显。综上，我们预期在 OCI 为正的样本中，OCI 具有显著的信息含量，OCI 的列报会削弱会计稳健性；在 OCI 非正的样本中，OCI 的信息含量并不明显，OCI 的列报不会对会计稳健性产生显著影响；相比于 OCI 非正的样本，OCI 为正的样本中，会计稳健性对 OCI 信息含量的中介效应较强，回归结果如表 6-5 所示。

表 6-5 按 OCI 是否为正将样本分组

变量	OCI 为正组			OCI 为非正组		
	Ⅰ	Ⅱ	Ⅲ	Ⅳ	Ⅴ	Ⅵ
	CAR	C_Score	CAR	CAR	C_Score	CAR
OCI	0.240***	−0.025**	0.222***	0.020	0.020	0.021
	(3.88)	(−2.23)	(3.63)	(0.19)	(1.03)	(0.21)
C_Score			−0.532***			−0.032
			(−3.95)			(−0.39)
控制变量	控制	控制	控制	控制	控制	控制
截距项	−1.161***	0.271***	−0.977***	−1.474***	0.284***	−1.462***
	(−8.40)	(9.86)	(−6.47)	(−15.33)	(15.37)	(−14.18)
年度	控制	控制	控制	控制	控制	控制
行业	控制	控制	控制	控制	控制	控制
样本公司量	2 383	2 383	2 383	5 076	5 076	5 076
调整 R^2	0.359	0.639	0.364	0.363	0.541	0.363

注：括号内的数值为 t 值，*、**、***分别表示在 10%、5%、1%水平上显著，回归中对股票代码进行了 Cluster 处理。

如表 6-5 第Ⅱ列与第Ⅴ列所示，OCI 为正样本中 OCI 与 C_Socre 的回归系数在 5%的水平上显著为负，OCI 为非正样本中 OCI 与 C_Socre 并无显著关系；如第Ⅰ列与第Ⅲ列所示，在 OCI 为正样本中，OCI 与 CAR 的回归系数在 1%的水平上显著为正，C_Score 与 CAR 的回归系数在 1%的水平上显著为负，在控制中介变量后，OCI 与 CAR 的回归系数在 1%的水平上显著为正；如第Ⅳ列与第Ⅵ列所示，OCI 与 CAR、C_Socre 与 CAR 并无显著关系，在 OCI 为非正样本中会计稳健性对 OCI 信息含量的中介效应并不明显。以上结果表明，当企业面临好消息时，会计稳健性对 OCI 信息含量的中介效应更明显。

六、结论与启示

我们的研究结论包括：（1）OCI 作为净利润的补充信息可视为超额盈余并具有显著的信息含量；（2）OCI 的列报会降低会计稳健性并使得会计信息更加中立；（3）会计稳健性对于 OCI 的信息含量起到部分中介效应，当企业面临好消息时，这种中介效应更为明显。

我们在新概念框架（2018）强调中立性的背景下，为会计稳健性是否有助于 OCI 信息含量的表达提供了理论与经验支持，具体贡献如下：第一，以往的文献将 OCI 视为次要来源信息以补充核心收益（净利润）信息，并未从财务概念本质的角度分析 OCI 的内涵及其与会计信息质量之间的关系。我们创新性地将 OCI 视为超额盈余，并以稳健性、如实反映、中立性等会计信息质量特征为切入点，进一步分析了 OCI 的信息质量与含量。第二，OCI 的短暂性和波动性等特点能否为投资者提供有用的决策信息、更好地反映企业管理层的受托责任一直存在争议，我们通过中介效应模型，分析了 OCI 对累计超额报酬的影响路径，有助于学者进一步认识综合收益观及其经济后果。第三，近年来，IASB 和 FASB 为达到信息中立而取消会计稳健性，在会计准则国际趋同的背景下，我们为我国会计准则制定者在推行综合收益观的同时是否要推行中立会计信息提供了一定的支持。

第七章　会计准则与金融稳定

次贷危机发生后，加强系统性风险防范和金融稳定治理成为大多数经济体的政策共识。在这一主基调下，会计准则积极提供有助于分析、监控金融稳定的重要信息。在本章，我们首先回顾次贷危机的历史，分析其形成与爆发的主要驱动因素和传导机制，并以此为基础，阐述后金融危机时期的审慎监管。尽管会计准则与金融监管规则是基于不同实践目标的制度安排，但在后金融危机时期，会计准则的修订仍然广泛兼顾了管控系统性风险、维护金融审慎的现实需求，是评价金融稳定的重要信息来源。然后，我们详细介绍了与审慎监管相关的会计准则修订，具体包括：降低顺周期效应、监管风险的转移与分配、约束管理层的主观性与协调企业的风险管理活动等问题。落实到我国金融稳定治理实践，间接融资为主、债务融资为主是我国金融结构的突出特征，银行部门风险对国家金融系统的稳定至关重要。对此，我们实证分析了综合收益披露对银行风险承担的影响，进一步阐明会计准则与金融稳定之间的内在关联。

第一节　后金融危机时期的审慎监管

一、次贷危机

自 20 世纪 50 年代开始，经济全球化和金融一体化程度逐步加深，世界各国间经济、政治与文化交往日益密切。伴随着各国的合作往来，不同经济体间的关联日益紧密，某一地区所发生的经济金融动荡很容易传导至其他国家或地区。2007 年，由美国房地产市场引起的全球次贷危机就是很好的例证。在这场金融危机中，美国房地产市场泡沫破裂迅速波及了美国的信贷市场、资本市场和实体经济，在经济全球化的助推下，其影响又进一步蔓延至欧洲发达经济体和新兴市场国家，世界各国均难以置身事外、独善其身。

（一）传导机制

20 世纪 80 年代以来，美国政府推行"居屋计划"（home ownership scheme），鼓励百姓购房，并期望通过房地产行业带动美国经济增长。但对于美国的上层和中产阶级而言，居住性用房的基本需求已得到满足，相应的购房需求近乎饱和。因此，美国政府推行的"居屋计划"主要锚定市场中那些收入水平低，甚至没有稳定工资收入的工人阶层和底层百姓。为解决这些信用级别较低的购房需求者的融资问题，市场上涌现出大量的次级贷款。2000 年，互联网泡沫破灭对股市造成重创，大量投资者损失惨重，2001 年，发生了"9·11"恐怖袭击事件。面对这些情况，美联储实施宽松的货币政策，期望通过降息恢复公众对美国经济的信心，走出金融困境。2000—2003 年，美联储连续进行 13 次降息，在这种政策的刺激下，储蓄大量转为投资，并流入房地产市场。在政府的政策扶持下，房地产市场中的次级抵押贷款数量呈井喷式增长（Tarullo，2009；Bernanke，2010）。面对无担保、零首付等购房优惠政策，越来越多的居民涌入了房地产交易及其投机活动中。这虽然有力推动了美国经济的复苏，但也哄抬了房地产价格，催生了房地产市场泡沫。

鉴于次级抵押贷款的制度缺陷，信用评级较差的人很容易获得购房贷款资格。当房价大幅下跌时，贷款违约率大幅攀升，贷款价值迅速降低，房地产市场的风险传导至信贷市场。受此影响，以次级贷款为标的的金融衍生产品纷纷贬值，投资者持有的资产净值普遍缩水。大幅计提的资产减值和财务亏空使得证券价格暴跌、货币市场规模开始萎缩，相关风险传导到资本货币市场；金融机构的去杠杆化过程反过来又限制了银行的信贷创造能力，风险再次传回信贷市场；最后，金融市场风险传向美国实体经济，投资、消费和进出口同时下降，从而引发了经济衰退。由于美国进口需求的衰退以及对其他国家投资者产生的心理影响，经济下行的风险开始在全球蔓延。综上所述，在经济自由化和金融一体化的背景下，房地产市场的风险依次传导到信贷市场和资本货币市场，而资本市场的巨大损失又反过来进一步增强了金融危机对信贷市场的冲击，加速了实体经济的衰落。这一过程详见图 7-1。

由图 7-1 看来，最初，美国次贷危机主要发生在房地产市场和信贷市场，但由于信用衍生品的存在，这种风险波及了资本和货币市场，最终扩散到整个金融体系，在金融一体化发展的助推下，演变成全球金融危机。2007 年次贷危机全面爆发后，国际金融秩序遭受重创，金融市场产生了强烈的信贷紧缩效应，长期积累的系统性金融风险迅速释放。由此，次贷危机被视为 20 世纪 30 年代"大萧条"以来美国最严重的金融危机。

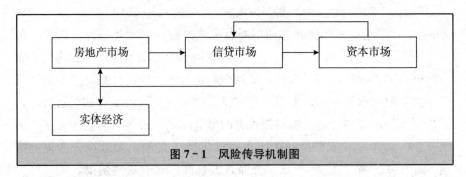

图 7-1　风险传导机制图

（二）驱动因素

1. 房地产泡沫积聚

基于金融机构视角，次贷危机爆发前，金融机构在宽松的货币政策下过度追求利润，为大量信用水平较低的资金需求者提供贷款，积聚了金融风险。首先，金融机构的经营操作超出了自身的风险管控能力。由于银行的经营重心已从传统的经纪和投行业务转移至自营交易，高杠杆盈利模式和市场中的非理性行为在银行业愈发严重。基于这些问题所造成的不良影响，大量公司（如贝尔斯登、雷曼兄弟和美林证券等）在此次危机中相继破产。其次，金融机构过度发行次级贷款，销售次级衍生品。在没有有效监管和制度约束的情况下，银行为追求利润过度发行次级抵押贷款，甚至存在误导投资者购买相应产品的可能，进一步积聚了系统性风险。

基于监管者视角，美国房地产市场中，信用级别较差的购房者可获取贷款，相关风险由美国政府担保。尽管"居屋计划"有助于解决工薪阶层和底层百姓的住房问题，但大量的次级贷款在一定程度上影响了金融市场的规律和秩序。在宽松货币政策的刺激下，很多收入不稳定、收入水平较低的客户提出贷款申请，一般都会通过审批。这样一来，由于借款人信用风险升高，贷款机构的利息水平也处于较高水平。另外，市场参与者普遍对房地产市场存在较高的心理预期，认为房地产价格会不断上涨，因此，即便借款人发生违约，贷款机构也可通过变卖资产弥补借款人无法偿还的本金和利息。在这种"乐观"的市场氛围下，信用水平较低的客户可以不断地获得贷款，进行房产交易，并通过新获得的贷款偿还旧贷款的本金和利息。与此同时，金融机构还试图进一步扩张信贷规模，大量的抵押贷款被证券化处理，加工为新的金融衍生产品，打包销售给其他投资者。对于这些过程，政府、监管者均未发挥应有的风险审查和防范职能。

2. 资产证券化

基于利润最大化假说，金融机构近乎疯狂地扩张次级抵押贷款的供给量。为对冲这一不合理行为所带来的风险，进一步满足自身发放贷款的经营需要，银行不断设计、创造了大量金融衍生品，有些产品的复杂程度甚至连金融从业者都难以把握。这一时期比较常见的金融衍生工具包括：资产支持商业票据（ABCP）、担保债务凭证（CDO）、抵押支持证券（MBS）、资产支持证券（ABS）、担保贷款凭证（CLO）等。

值得一提的是，金融衍生品的设计初衷是分散风险、降低交易费用，有时还会产生降低监管成本、提高获利水平的积极效应，这些优势都使得金融衍生品的规模快速扩张。由于新自由主义的广泛盛行，整个华尔街似乎一致地奉行金融体系无须过度干预的信条，对金融监管的重视程度日趋松散，而金融衍生品的监管也严重滞后于其业务规模的发展。不仅如此，一些传统金融业务的监管也出现了较严重的缺位，这些因素为次贷危机的爆发埋下了隐患。

3. 国际货币体系缺陷

第二次世界大战过后，牙买加体系取代布雷顿森林体系成为新的国际货币体系。在新体系下，浮动汇率制与固定汇率制并存，各国汇率和利率波动均显著变大。由于宏观层面利率管制的放松和经济全球化发展的深入，汇率、利率变化更为频繁，一国的金融风险也更容易传导至其他国家。在贸易和资本跨境流动的过程中，发达国家可以凭借自身优势获得较多收益，但与此同时，也将自身的风险与其他国家紧紧绑定在了一起，次贷危机的发生便很好地显示了这一特征。为了提振经济，美国实施量化宽松政策，美联储大幅扩张资产负债表，美元快速贬值。由于大多数跨国交易基于美元结算，其他国家的美元储备缩水，出口成本增加，实体经济面临较大的下行风险。在这一过程中，美国通过"印钞"将本国风险转嫁给其他国家，却无须为此承担责任（李扬和胡滨，2010）。具体而言，转嫁的风险主要有如下几方面：第一，美元贬值，有助于缓解美国的债务压力，不利于债权国；第二，提高了本国货币的升值压力；第三，以美元为主的外汇储备缩水，进出口贸易成本增加，国际收支出现逆差，有碍实体经济发展；第四，美元汇率的波动使得投资者将大量投资转向新兴市场经济体，这些热钱、游资的涌入不仅增加了新兴市场经济体的风险，还推动了物价上涨，导致通货膨胀的发生（刘轶，2008）。

二、审慎监管

次贷危机的发生暴露了现行金融监管体系的不足，如何完善金融监管成为后金融危机时期金融制度改革的主要问题。次贷危机发生之前，对新自由主义的奉行强化了自由市场的理念，这使得金融监管更关注微观审慎和金融效率，在一定程度上忽视了宏观审慎和整个金融系统的安全和稳定。虽然次贷危机的发生有很多诱因，但不得不承认，监管理念引发的监管缺位是系统性风险积聚、爆发的关键因素。次贷危机发生后，为了保证金融市场的稳定，审慎监管越来越受到金融监管机构的重视。《巴塞尔协议》也积极地分析已有制度的不足和缺陷，自 2007 年以来持续修订并出台一系列新的指导文件和资本协议，以期完善监管规则。在与巴塞尔委员会上级机构中央银行行长和监管机构负责人小组就改革核心要素达成共识的基础上，巴塞尔委员会于 2010 年颁布了《巴塞尔协议Ⅲ：更稳健的银行与银行系统的全球监管框架》和《巴塞尔协议Ⅲ：流动性风险计量、标准和监测的全球框架》（简称《巴塞尔协议Ⅲ》），并以此作为新的银行监管规则。相比于先前的监管规则，新规则作出了如下改进。

1. 完善微观审慎

一直以来，微观审慎（microprudential）是金融资本监管（特别是银行资本监管）遵循的传统理念，以某一金融个体能否合理防范风险和平稳经营为重点。微观审慎的主要目标是防止银行资金链断裂，从而引发危机，其内在逻辑是，若所有的银行机构都能健康、稳定地运转，那么整个金融系统都将保持安全和平稳的状态（成家军，2009）。从某种意义上讲，传统金融的微观审慎在维护银行机构稳健运营的同时，保护了存款人、投资者以及其他金融消费者的利益。在秉承微观审慎思想的监管规则中，监管者主要通过银行的资本充足率、流动性、拨备覆盖率、不良贷款率等指标动态监测银行机构的财务资本状况、经营成果和风险变化。在微观审慎监管的实践中，监管者多以现场和非现场稽查的监督手段，考察和评估银行的资本风险管理程序（巴曙松，2010）。

相比于以往遵循微观审慎理念的国际银行资本监管规则（《巴塞尔资本协议》（1988）、《新巴塞尔资本协议》（2004）），新修订的《巴塞尔协议Ⅲ》呈现出如下特点：第一，丰富资本范围，增加普通股提高资本质量，尽可能地包含损失；第二，扩大风险覆盖范围，着重关注资本市场相关风险；第三，提升资本水平，要求以更高的资本储备（资本充足率）抵御风险；第四，关注国际风险，在资本监管的过程中增加了国际流动性要求；第五，提高监管、风险管理与信息披露的标准，增强相关信息的透明度（Clement，2010）。

2. 引入宏观审慎

宏观审慎（macroprudential）以资本、金融市场的整体风险为出发点，聚焦于金融系统性风险的防范。反思次贷危机的爆发，即便所有银行都能达到微观审慎监管要求也难以确保整个金融系统平稳运行。某一金融机构的倒闭或某一国家系统性风险的爆发会引发一系列恶性的连锁反应，多米诺效应会对全球金融体系产生严重影响。因此，国际金融市场中的风险传导和系统性风险爆发对传统的微观审慎监管提出了更高的要求。有鉴于此，相比于微观审慎，宏观审慎监管包含了更多的宏观经济政策和金融市场风险规制，其内容更系统、全面（Schwarcz，2008；韩龙等，2009）。更为具体地，不同于微观审慎监管以某一银行个体的审慎经营为重点，宏观审慎监管考虑了一国乃至全球金融市场的整体风险状况，侧重于系统风险的监测和管理。

在银行风险管理中，银行为降低自己所面临的监管成本，当有较高的风险承担水平时，更倾向于从事表外业务（如资产证券化打包销售等金融衍生品交易），以将个体风险转移到宏观系统上。若大多数银行都采取这种行为，虽然在微观审慎层面，银行的信用风险、市场风险和流动性风险在表面上呈现出合理可控的状态，但这些风险并未消失，而是在宏观层面逐渐积聚。当风险无法得到合理管控，累积至某一临界值时，这些风险便会以金融危机的极端形式释放出来，从而引发资产价格大幅下跌，造成严重的不良后果（Brunnermeier et al.，2009）。次贷危机发生后，无论是美欧，还是巴塞尔委员会和金融稳定委员会（Clement，2010），各国金融监管机构均表示要在微观审慎监管的基础上，进一步强化宏观审慎监管。《巴塞尔协议Ⅲ》也通过引入杠杆率、调整逆周期资本和要求系统重要性银行持有额外资本等方式响应了对宏观审慎监管的考量。

三、会计准则与金融监管规则之间的协调

会计准则的目标是在反映经济现实的基础上向报表使用者提供决策有用的信息，而金融监管规则追求在银行体系稳健的基础上实现银行业的公

平竞争和金融系统的稳定（沈明，2011）。二者之间虽然存在一定的目标差异，但最终都是为提升资源配置效率和实现公共利益最大化服务的。作为财务报表的重要使用者之一，监管者的利益诉求是会计准则制定过程中需予以考虑的。因此，会计准则与金融监管规则的协调，不仅有助于金融机构的同一信息源满足不同监管目标，进而提升会计信息的决策有用性，还有助于金融机构提升风险管控能力，监管机构降低信息收集成本，进而推动受托责任观会计目标的实现。图7-2简要地呈现了这一逻辑。

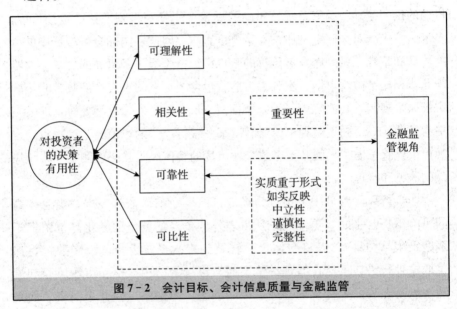

图7-2　会计目标、会计信息质量与金融监管

1. 会计信息有助于金融稳定

一方面，会计信息是分析、评估个体和系统性风险的重要信息来源。财务会计是基于会计主体交易和事项，如实反映经营状况和经营成果的信息系统。很多金融监管工具（监管指标）都需要以财务会计信息为基础进行计算（Amel-Zadeh et al.，2017）。举例说明，杠杆比率、资本利润率、流动比率是财务报表分析常见的指标；一级资本（二级资本）、最低资本充足率、留存超额资本充足率等指标的计算需要基于资产负债表中的资产和权益科目；拨备覆盖率、贷款拨备率等指标依赖于资产减值准则的有效执行。由此可见，会计信息和金融市场相统合及其质量的高低，不仅关乎会计目标的实现，还深刻影响着金融机构进行风险管理和金融监管工作的有效执行。另一方面，会计信息是监控金融系统是否稳定的核心考量因素。相比于资本市场中复杂、丰富的信息来源，财务会计信息是基于一套历史悠久、相对完善的信息系统产生的，公信力较强。当这些公允、可靠的信息及时传递给市场参与者（投资者、监管者）时，会产生如下市场反应。在微观层面，能促进投资者调整投资和风险策略，用脚投票，筛选风险和经营状况良好的主体；能促进监管者了解个体风险，及时采取合理的约束措施以促进金融机构稳健经营。在宏观层面，通过基本面信息，对整个金融系统的稳定性有一个基本的掌握和判断，从而进一步约束市场无序、防范系统性风险。总之，会计准则不仅是投融资决策的信息基础，而且是微观和宏观审慎监管的重要保障。金融市场越繁荣发展，就越需要高质量的会计准则提供服务。

2. 会计准则与金融监管的互动有助于优化会计准则

在会计准则和金融监管规则的发展过程中，会计准则的修订吸纳了金融学、经济学的理论和思想，进一步推动了会计目标的实现和会计理论的发展。具体而言，（1）提升了对监管部门的决策有用性。次贷危机发生后，会计准则的改革更加迎合监管者的利益诉求，提供了更多与金融监管直接相关的信息，从而可以协助金融监管，促进金融市场繁荣稳定。（2）有助于加强对银行管理层受托责任的评价。会计准则与金融监管规则相互渗透，有助于了解会计主体的风险承担水平，更好地评价管理层对受托资产的履行情况（司振强，2017）。（3）丰富会计理论，加强会计创新。IASB 在新金融工具准则中引入"预期信用损失模型"，计提会计减值。相比于传统"已发生损失模型"，新模型打破了传统会计核算基于客观、可靠记账依据（减值迹象）的束缚，赋予管理层更大的主观裁量（减值预期）空间。

第二节　审慎监管视角下的会计准则修订

一直以来，会计信息披露对于评估和管控金融风险具有重要意义，监管部门也十分重视会计制度所产生的经济后果。特别是次贷危机过后，监管层更为积极地参与会计准则的制定。值得注意的是，金融监管部门在参与会计准则制定的同时，也推动了会计准则的革新，次贷危机发生后，会计准则的修订、政治程序的改变都与金融监管有着密不可分的关系，详见图 7-3。

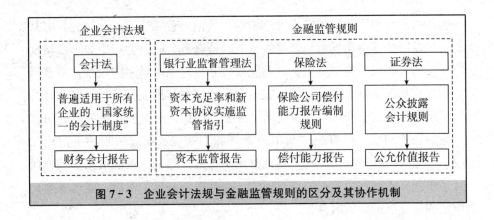

图 7-3 企业会计法规与金融监管规则的区分及其协作机制

一、降低顺周期效应

1. 已发生损失模型的弊端

基于传统的资产减值逻辑，已发生损失模型需要依据减值迹象的发生计提减值，相应的会计处理需要以确凿、客观的信息和证据为基础。当市场中弥漫着经济下行的预期和恐慌时，资产价格会下跌。根据这些来源于市场的"确凿证据"，金融机构大规模计提减值，并大量抛售资产头寸以应对账面的巨额亏空和资本充足率的快速下滑。这样一来，这种顺周期效应将使得交易价格进一步下跌，市场定价功能逐步丧失，市场陷入恶性循环。在金融危机期间，已发生损失模型在一定程度上促进了顺周期效应的产生，遭到了业界和监管机构的普遍指责（Dugan，2009）。

由此看来，已发生损失模型与风险管理需要存在一定偏差，其不足主要体现在：（1）减值计提滞后。根据已发生损失模型的核算规则，减值测试需要以减值迹象的发生为触发条件，会计处理一般滞后于经济价值的变化。当资产价格大幅波动时，包含前期积蓄的减值会对会计主体的财务状况和经营成果造成断崖式的负面影响。（2）实际利率高估。由于预期信用损失风险并不是已发生信用损失模型考虑的要素，在计提减值之前，金融工具的实际利率和后续期间的利息收入被高估。（3）可比性较低。会计减值依赖于管理层的主观裁量，同一交易或事项能否引发资产减值的确认存在差异，从而在一定程度上降低了会计信息的可比性。

2. 预期信用损失模型

金融危机之后，IASB 基于《巴塞尔协议》审慎监管的理念，提出了融入更多未来预期的减值模型——预期损失模型。新模型的引入使得减值计提不再依赖于确凿证据（减值迹象），而是根据管理层对信用损失的预期，判断金融工具预期信用风险的变化情况。如表 7－1 所示，一般情况下，金融工具的信用风险变化可分为三种情况。

表 7－1　金融工具信用风险变化及对应损失准备和利息收入计量

金融工具信用风险变化及对应损失准备和利息收入计量
第一类 初始确认后信用风险无显著增加或在资产负债表日信用风险较低的金融工具，按照未来 12 个月内预期信用损失确认损失准备，并根据资产账面余额乘以实际利率计算利息收入
第二类 初始确认后信用风险显著增加但尚无客观减值证据的金融工具，按照整个存续期预期信用损失确认损失准备，但仍根据资产账面余额乘以实际利率计算利息收入
第三类 初始确认后信用风险显著增加且在资产负债表日存在客观减值证据的金融资产，按照整个存续期预期信用损失确认损失准备，按其摊余成本（账面余额减已计提减值准备）乘以实际利率计算利息收入

在每个资产负债表日，管理层通过比较金融工具的当期信用风险变化情况，结合客观减值证据，划分信用风险的变化情况。对于信用风险增加的金融工具，可由第一类转为第二或第三类进行核算；对于信用风险降低的金融工具，可由第二或第三类转为第一类进行核算。值得注意的是，新修订的金融工具准则为简化会计程序、降低执行成本，对一些例外情况进行了补充说明。比如，对于信用风险较低的金融资产，可根据未来 12 个月内预期信用损失计提损失准备，不用评估其信用风险是否显著增加；对于不包含重大融资成分的应收账款或合同资产，可根据整个存续期内预期信用损失计提损失准备。

相比于已发生损失模型，新模型具有如下特点：（1）能更加敏感地捕捉到金融工具的价值变化，减值损失的确认更及时；（2）当经济上行时，考虑预期信用损失可降低资产和资本被高估的概率，从而增强逆周期性，提供宏观经济系统的稳定性；（3）与金融监管相协调，降低会计准则与其他制度的匹配标准；（4）随着管理层主观裁量权的增加，如实反映信息质量特征需要得到格外关注，特别是对于复杂的金融工具和实务操作，其信息质量更容易受到影响；（5）由于新准则并未对信用风险显著增加的阈值予以明确说明，管理层对风险类别的转换存在一定的选择空间，可能蓄意推迟并等到违约时才确认减值，从而引发"悬崖效应"（邱月华和曲晓辉，2016）。

二、监管风险的转移与分配

基于《巴塞尔协议》，很多与金融风险监管相关的指标都需要以会计信息为基础。为使财务报告如实反映企业面临的风险及其转移、分配，进而协调会计与金融监管，会计准则的修订十分关注金融资产和表外资产的确认。近年来，财务报告概念框架的修订、特殊目的主体合并范围的修订等都有助于监管风险的转移与分配。

1. 修订会计要素定义及其确认条件

在要素定义方面，IASB 在最新的财务报告概念框架（2018）中将未来经济利益流动的概念置于支持性定义中，并在资产和负债定义中引入经济资源的概念，认为经济资源是一系列权利而非物理实物本身。与旧定义关注资产（负债）中经济利益流入（流出）的现象不同，新定义通过计量单元的应用[①]，更契合"资产是一项经济资源"的本质。在新准则下，只要权利确定存在，符合经济资源的概念，就应当确认为一项资产，而其产生经济利益的不确定性将置于计量环节中予以考虑。这样一来，一些表外业务，如保险权利、期权[②]，便更可能纳入会计的核算范围。

在确认条件方面，财务报告概念框架（2018）以引用会计信息的基本质量特征取代了之前的确认条件。这种做法突破了有关结果不确定性的约束，从概念上将进货选择权、书面期权等纳入会计核算范围；突破了有关计量不确定性的约束，从理论上考虑了一些高度不确定的估计，并辅以适当的描述提供有用的信息。整体来看，新准则的逻辑是先确认"有无"再计量"多少"，对于结果不确定性和计量不确定性的接受水平也有所提高。值得注意的是，接受较高的不确定性意味着更大程度的会计估计，这会对受托责任观所推崇的可验证性产生较大冲击，甚至增加误导性陈述的风险。

---

① 举例说明，物理实物的法律所有权可能包含多种权利，如出售权、担保权和使用权，会计可将这些权利单独或组合作为单项资产的单项计量单元进行处理。收入准则中"识别单项履约义务"就体现了会计计量单元的思想。

② 举例说明，一项买入期权，是通过在未来某一时点行使该期权而产生经济利益的潜力，从而获得价值。经济资源是在未来某一时点行使该期权的权利，而非持有者行使该期权将收取的未来经济利益。换言之，主体控制的是经济资源而非经济利益。

2. 扩宽合并范围

次贷危机中，房地产行业的资产证券化成就了大量特殊目的主体（SPE）①，而传统的会计核算系统难以对这些主体予以恰当、充分的核算。2011 年 5 月以前，国际财务报告准则关于 SPE 会计处理的规范是 SIC 12，该规范主要以"风险和报酬"的转移为标准判断是否为会计主体所控制，从而界定合并范围。一般意义上的合并范围问题由 IAS 27 规范，该规范认为控制是主导财务和经营决策，并可以此获取利益的权力。相比较而言，IAS 27 与 SIC 12 在评价控制时的侧重点不同，IAS 27 专注于涉及多数表决权的控制，而 SIC 12 看重暴露于风险和报酬的程度，由于角度不同，选择可能不同。首先，国际财务报告准则并未明确哪些主体属于 IAS 27 或 SIC 12 的范畴，会计规范的使用过程中存在交叉；其次，SIC 12 中关于风险和报酬转移的标准不够清晰；最后，SIC 12 偏向以股权比例的数量形式来判断风险和报酬的转移。为解决以上问题，IASB 于 2011 年发布 IFRS 10，取代之前的 IAS 27 和 SIC 12，在考虑报告主体是否应将被投资公司纳入合并范围时以"控制"为原则。相比之下，IFRS 10 不以绝对界限为标准，更注重主体之间的关联性。

三、约束管理层的主观性

1. 金融资产分类标准的改变

根据 IAS 39，主体应按照持有目的和意图划分金融资产②，但由于持有目的和意图难以可靠验证，管理层有机会通过操纵金融资产的分类方式来达到特定目的。比如，管理层可通过改变金融资产分类实现盈余平滑（孙蔓莉等，2010）；同一类型、同一风险特征的金融工具也会在不同的管理层判断下被划分为不同的资产类别，从而影响可比性。针对这些问题，IASB 于 2014 年发布 IFRS 9 取代了原先的 IAS 39，并以管理金融资

---

　①　20 世纪 70 年代，特殊目的主体是伴随着资产证券化发展和承租人对融资租赁非资本化处理而产生的。此次金融危机中，以商业银行住房贷款为标的的资产的证券化业务最具代表性。具体说明：商业银行（甲）将持有的住房贷款打包出售给信托公司（乙）。信托公司（乙）的自有资金极少，只是以这些贷款为担保发行债券，并将所获得的款项交给商业银行（甲）。这样一来，商业银行（甲）将贷款转为现金，财务状况变好，可继续对外提供贷款，还可以向信托公司（乙）收取服务费，获取利润。由于甲和乙不存在明确的权益关系，无法判别"权益性控制"，乙无须纳入甲的合并报表之中。在此过程中，乙就扮演了特殊目的主体的角色，甲可通过乙实现风险隔离和表外融资两大目的。

　②　IAS 39 下，金融资产可分为四类：以公允价值计量且其变动计入当期损益的金融资产、持有至到期投资、贷款和应收款项、可供出售金融资产。

产的业务模式和金融资产合同现金流量特征作为金融资产分类的新标准①。

基于 IFRS 9 的结论，相比于基于管理层持有目的和意图的划分标准，基于业务模式和合同现金流量特征的分类标准降低了金融资产分类的主观性，金融资产重分类的标准也更为严格，只有当业务模式和现金流特征的变化显著影响会计主体经营时才被准许，金融负债不允许重分类；相比于四分类模式，三分类模式的操作更为简单、更易于理解，在一定程度上增强了会计信息的决策有用性。此外，新准则允许将主合同是金融资产的混合合同视为整体进行金融资产分类和计量，无须拆分并分别识别主合同和嵌入衍生工具。

2. 准则修订的评述

（1）新分类标准与如实反映。一方面，尽管 IASB 声称新金融资产分类标准可有效抑制管理层的主观性，但对金融资产管理业务模式和现金流特征的判断仍然离不开管理层的主观裁量，这一问题有待进一步探讨；另一方面，新金融工具准则扩大了公允价值计量的使用范围，对于不存在活跃交易市场的金融工具而言，公允价值难以精确估计，会计准则的执行成本随之提高。（2）新分类标准与可比性。金融资产分类由四分类变为三分类后，分类标准更为明晰，具有相似特征的金融工具在财务报告上基于相同的计量基础和方法，企业间会计信息的可比性得到了提高。

值得一提的是，以公允价值计量且其变动计入其他综合收益的金融资产分类是美国证券业监管机构和银行业监管机构博弈的结果。SEC 前主席理查德·布雷登在协助布什总统处理美国 20 世纪 80 年代储贷危机的遗留问题时，提倡以公允价值列报其证券投资，并将浮动盈亏计入利润表（以公允价值计量且其变动计入当期损益）。然而，以美联储为代表的银行业金融机构坚决反对这一做法，它们认为这种做法导致的盈余波动会迫使银行关注短期业绩波动，忽略长期业绩表现，进而影响商业银行履行信用中介的职能。为了兼顾证券业与银行业的利益，FASB 推出了以公允价值计量且其变动计入其他综合收益的核算方法。

四、协调企业的风险管理活动

IAS 39 尊崇以规则为基础的准则制定模式，面对金融工具复杂多变

---

① IFRS 9 下，金融资产可以分为三类：以摊余成本计量的金融资产、以公允价值计量且其变动计入当期损益的金融资产、以公允价值计量且其变动计入其他综合收益的金融资产。

的特征，相关会计处理十分繁杂，企业实施的难度和成本较高。特别是由于 IAS 39 缺少套期会计的明确规范，很多企业权衡利弊后，宁可承担较高的盈余波动也不愿意采用适宜的套期会计核算方法（司振强，2011）。因此，该准则难以被恰当、一致地应用，有时甚至无法提供与企业风险管理活动相关的决策信息。针对套期会计问题，IASB 分别于 2010 年和 2012 年发布了相关征求意见稿及其审议草案，并于 2014 年正式颁布了 IFRS 9。新准则替代了 IAS 39，有效完善了套期会计核算的相关问题。这次修订不仅降低了企业风险管理成本，还有助于提升会计信息的质量。

1. 降低企业风险管理成本

基于规则导向的制度特点，IAS 39 中的很多会计规范无法适应金融风险管理活动和金融工具的快速变化，不能提供决策有用的会计信息，这种制度上的不足在很大程度上制约了企业风险管理活动的开展（司振强，2011；杨模荣，2012）。特别是对于套期会计而言，会计规范含糊、复杂，很多企业甚至因此放弃了套期风险管理行为。为此，IFRS 9 坚持以原则为导向，加强了会计核算与企业风险管理活动的联系，并尽可能地简化会计核算（谢志华和曾人杰，2011）。例如，新准则在判断套期的有效性时，更关注套期项目和被套期项目的经济实质，不再通过"套期实际抵销结果需在 80%～125%范围内"的格式化数量进行判断；新准则在指定套期工具时，更关注风险管理实务的客观发生情况，不严格限制是否为金融衍生资产，金融衍生工具和非金融衍生工具（比如，以公允价值计量且其变动计入当期损益的非金融衍生工具）均可作为套期工具①。整体来看，新准则的修订在降低套期会计复杂性的同时，更好地契合了企业的风险管理策略，降低了企业进行风险管理的成本。

2. 提升会计信息的质量

一方面，IAS 39 没有考虑套期关系再平衡（使套期比率重新符合套期有效性要求）的情况，当套期项目和被套期项目发生变化时，便要终止确认已有套期关系，并重新指定新的套期关系。但在企业风险管理实践中，调整套期项目、被套期项目等十分常见，而 IAS 39 下的会计核算会覆盖套期无效的部分，从而使得主体风险管理活动无法得到恰当、合理的反映。针对这一问题，新准则包含了套期关系再平衡机制，规定即使套期

---

① 在风险管理实务中，往往并不区分金融衍生工具和非金融衍生工具，有时甚至更倾向于使用非金融衍生工具（比如，在衍生品市场并不发达的国家）。IAS 39 的上述限制导致这些主体无法在财务报告中反映使用非金融衍生工具进行经济套期的风险管理活动，加剧了套期会计和风险管理之间的不一致，有悖于套期会计的目标。

有效性发生改变，只要风险管理目标不发生变化，会计主体就无须终止确认套期关系。这样一来，主体只需调整套期工具和被套期工具的数量，会计核算更加适配于主体风险管理的需要。

另一方面，IAS 39 和 IFRS 7（《国际财务报告准则第 7 号——金融工具：披露》）要求分别列报公允价值套期和现金流套期，相关信息的披露较为复杂，难以向报表使用者传递有助于其掌握主体所面临的风险及采用的管理策略、评价风险管理有效性的有用信息。针对这一问题，IFRS 7 打破了现金流套期和公允价值套期披露割裂的状态，要求在报表附注中单独、统一报告。这样一来，财务报告能更完整地反映企业风险管理策略及其对未来现金流量和财务报表的影响。基于受托责任观，这样的修订也有助于考评管理层的风险管理行为。

值得注意的是，新准则基于原则导向，有效简化了会计处理，在降低套期会计核算成本的同时，加强了对企业风险管理活动的反映。但较之于以规则为导向的准则，套期会计核算更依附于管理层的主观裁量，会计信息的可比性、盈余管理操纵等问题也需要在执行和应用过程中予以关注（王守海等，2015）。

第三节　综合收益信息披露的金融稳定效应：基于中国上市银行风险承担的经验证据

一、引言

综合收益（CI）是一种广义的业绩衡量指标，它包括一段时期内来自非所有者来源的所有股权变化。随着金融脱媒的发展，资本市场在资源高效配置方面发挥着越来越重要的作用，会计准则也越来越多地考量金融资产和负债的公允价值，并以此传递价值相关信息，支持经济决策。与之相一致的是，CI 披露也应反映公允价值变动。一些公允价值调整被认为是非持续性的，应该与净收入（NI）区分，这些价值调整被确认在其他综合收益（OCI）中（FASB 1997；Linsmeier et al.，1997；Chambers et al.，2007；Bamber et al.，2010；IASB 2013；Black 2015）。但 OCI 披露并不受到金融机构的欢迎，特别是对于银行。究其原因不难发现，一方面，许多商业和工业贷款价值和贷款条件是独一无二的，同时缺乏活跃的市场，其公允价值很难精确测量，这种公允价值调整受制于计量误差和管理操纵，可能会降低会计可靠性（Eccher et al.，1996）。另一方面，公允价值调整引起的波动导致收益和监管资本更加波动，这往往被视为财务的不良信号，在评估银行业绩和状况时会引发投资者和监管机构的负面看法（Dean，2000；Yen et al.，2007）。尽管银行提出了强烈的反对意见，但公允价值和 CI 披露仍在现行会计准则中大幅推广。美国财务会计准则委员会（FASB）和国际会计准则理事会（IASB）的多个现行项目已经积极地将 OCI 作为确认会计收益和损失的可能路径，其体量在过去几十年里快速增加。这一扩张不可避免地带来一个问题：它会给那些被迫遵守 OCI 披露的银行带来什么影响呢？

银行是资本的重要提供者，特别是在中国这样的新兴市场，银行承担风险是确保宏观金融稳定的关键（Pan and Tian，2015），因此，有关银行风险承担的研究一直是银行和金融领域的一个关键问题。针对这一研究问题，已有理论和实证研究大多集中于银行承担风险的措施和决定因素（Roy 1952；Boyd and Graham 1986；Saunders et al.，1990；Esty 1998；Agrawal and Melker，1987；Demirguc-Kunt and Detragiache，2002）。自 2008 年金融危机以来，宏观经济政策对银行风险承担的影响成为一个新兴且蓬勃发展的研究方向，这些研究为危机后监管改革的决策者和监管者提供了有力指导（Delis and Kouretas，2011；Borio and Zhu，2012）。然而，已有文献尚未以决定银行净资产计量的会计政策为视角展开分析，目前还没有研究评估 CI 披露对单个银行冒险行为的影响。鉴于银行系统风险对金融稳定的重要作用（Kroszner et al.，2007；Cihák et al.，2013），CI 披露和银行风险是否存在关系不仅对优化政策设计，而且对长期金融稳定和经济增长具有至关重要的意义。为此，我们基于金融稳定视角，探讨了综合收益信息披露下，其他综合收益波动对银行风险承担行为的影响。

二、文献和假设

OCI 能否提供决策有用的信息一直是一个有争议的话题，已有研究大多围绕 OCI 的波动性展开。与 NI 不同，OCI 的波动性可从三个识别特征予以分析。（1）未实现性。公允价值会计考虑了经济状况的动态变化，可及时捕捉最新的价值波动，计入 OCI 的公允价值调整比历史或摊销成本收益更不稳定（Barth，2014）。虽然这种波动能更好地反映潜在的经济表现（Jones and Smith 2011），但 OCI 及其组成部分可能是由管理者无法控制的市场因素驱动的，这与评估管理层的受托责任相悖（Chambers et al. 2007）。鉴于公允价值计量固有的不确定性，OCI 受制于更大的测量误差和管理偏差，也会引发对如实反映信息质量的担忧（Landsman，

2007）。（2）暂时性。与 NI 相比，OCI 对价值波动更敏感。OCI 中包含许多由短期市场波动驱动的、通常被视为短暂的、非经常性的成分。因此，OCI 有时不能代表核心收益，对于预测未来盈利能力和现金流可能没有帮助（Ohlson 1999；Makar et al.，2013）。（3）不稳健性。与未实现性和暂时性特征相比，不稳健性特征是基于会计处理的角度而不是基于触发事件的角度进行 OCI 识别。

基于 OCI 的波动性及其对外部报表使用者的决策有用性，增量 OCI 波动性将被视为公司波动性的一部分，是投资者、储户、债权人和监管机构评价公司风险的主要考量因素。随着增量 OCI 波动性的加剧，报表使用者会将其视为判断和确定企业风险增加的标志。由于这一点被外部报表使用者广泛认同，资本配置成本、债务定价和监管干预将随 OCI 波动的增加而上升。因此，管理人员倾向于在未来的操作中采取风险较低的经营策略，以便规避增量 OCI 波动性所带来的高昂成本。值得注意的是，由于会计准则与银行监管的密切联系，尤其是在全球金融危机之后，OCI 所嵌入的公允价值调整受到外生资本监管的严格约束。如果银行因 OCI 大幅波动而增加违规资本的风险敞口，银行将受到严格限制。在这种情况下，银行会控制其冒险的动机和意愿。有鉴于此，我们预计银行在经历了增量 OCI 波动后，将会付出更多努力来降低风险承担水平。为此，我们提出如下假设：

H：银行的风险承担水平会随增量 OCI 波动性的加剧而降低。

三、研究设计

（一）变量

1. OCI 的增量波动

参考 Bao 等（2020）的研究，我们使用公司 CI 的标准差和 NI 的标准差之间的差值来衡量 OCI 相对公司 NI 波动性的增量贡献，如式（7-1）所示。

$$INC\_OCI\_VOL_{i,\,t} = \sigma\Big(\frac{NI_{i,\,t-1} + OCI_{i,\,t-1}}{TA_{i,\,t-1}}, \frac{NI_{i,\,t-2} + OCI_{i,\,t-2}}{TA_{i,\,t-2}},$$

$$\frac{NI_{i,\,t-3} + OCI_{i,\,t-3}}{TA_{i,\,t-3}}\Big) - \sigma\Big(\frac{NI_{i,\,t-1}}{TA_{i,\,t-1}}, \frac{NI_{i,\,t-2}}{TA_{i,\,t-2}},$$

$$\frac{NI_{i,\,t-3}}{TA_{i,\,t-3}}\Big) \tag{7-1}$$

2. 银行的风险承担

参考 Gianni 等（2010）和 Delis 等（2011），我们使用风险资产与总资产的比率来代表银行的风险承担水平。银行风险资产包括除现金、政府证券和其他银行到期余额外的所有银行资产，也就是说，银行因市场条件变化或信贷质量变化而发生价值变化的资产都包括在风险资产之内。自然地，风险资产的增加表明银行的地位和承担风险的水平更高。

3. 控制变量

在银行层面，基于现有文献，我们控制了一组可能影响银行冒险的常见特征，包括银行规模（$Size$ 和 $Big5$）、银行流动性（$Deposit$ 和 $Cash$）以及银行健康状况（Lev，ROA 和 σROA）（Richardson 2002；Kim et al.，2019）。要特别注意的是，我们关注各家银行的账面市值情况（MTB，即权益的市值除以权益的账面价值），以便更好地分析 OCI 增量波动和银行风险承担的关系（Houston et al.，2010）。在宏观层面，我们试图控制与商业周期条件相关的经济和市场发展因素，具体而言，我们以 GDP 的自然对数（GDP）来捕捉经济的规模，以 GDP 增长率（GDP_Growth）来捕捉经济的发展，以消费者价格指数 CPI 及其变化率（CPI_Change）来控制经济的通货膨胀（Laeven and Levine 2009；Houston et al.，2010）。

（二）模型

假设检验的回归模型如下：

$$Risk_{i,t} = \alpha + \beta_1 INC\_OCI\_VOL_{i,t} + \gamma X_{i,t} + \varphi M_{i,t}$$
$$+ \sum \delta_t FirmFixedEffects + \sum \lambda_i YearFixedEffects$$
$$+ \varepsilon_{i,t} \tag{7-2}$$

式中，X 和 M 分别为银行和宏观层面的控制变量，包括：$Size$，$Big5$，$Deposit$，$Cash$，Lev，ROA，σROA，MTB，GDP，GDP_Growth，CPI 和 CPI_Change。

值得注意的是，我们在所有回归中都包含了公司和年度固定效应，以控制不随时间和银行特征变化的不可观测因素。同时，我们利用银行层面的聚类标准误差来控制截面相关性。所有变量均在 1% 和 99% 处进行了缩尾处理。

（三）样本和数据

根据本研究对于财务和股票交易的数据需要，我们选取中国上市银行为样本；根据《企业会计准则解释第 3 号》，OCI 于 2009 年起要在财务报表中予以披露，我们以 2009—2020 年为样本期间，相关数据来源于 CSMAR 和 Wind 数据库。变量的描述性统计如表 7-2 所示。

表 7 - 2　描述性统计

变量	观测值个数	均值	25 分位数	中位数	75 分位数	标准差
$OCI_{i,t}$	222	−0.005	−0.092	−0.008	0.065	0.131
$Risk_{i,t}$	222	0.757	0.669	0.731	0.820	0.135
$INC\_OCI\_VOL_{i,t}$	222	0.009	0.002	0.007	0.013	0.010
$Size_{i,t}$	222	28.400	27.200	28.600	29.500	1.570
$Lev_{i,t}$	222	0.929	0.920	0.929	0.937	0.011
$MTB_{i,t}$	222	6.010	3.570	6.040	8.450	3.480
$\sigma ROA_{i,t}$	222	0.062	0.029	0.050	0.076	0.048
$ROA_{i,t}$	222	0.009	0.008	0.009	0.010	0.002
$Big5_{i,t}$	222	0.167	0.000	0.000	0.000	0.374
$GDP_{i,t}$	222	10.600	10.100	10.500	11.200	0.590
$CPI_{i,t}$	222	102.000	102.000	102.000	103.000	0.786
$GDP\_Growth_{i,t}$	222	0.062	0.063	0.065	0.073	0.021
$CPI\_Change_{i,t}$	222	0.023	0.020	0.023	0.027	0.007

四、实证结果

表 7 - 3 呈现了式（7 - 2）的估计结果。如果增量 OCI 波动性可以减少银行的风险承担，我们预计 INC_OCI_VOL 的系数为负。第（1）列显示了没有控制变量的回归结果，第（2）列显示了控制企业特征的回归结果，第（3）列显示了同时控制企业特征和宏观条件的回归结果。我们发现，在以上所有回归模型中，INC_OCI_VOL 的系数均显著为负（系数为−2.155、−4.643 和−4.514；t 统计量为−1.73、−3.38 和−3.25）。估计结果与假设预期一致，表明 OCI 披露将抑制银行的风险承担行为。

表 7 - 3　回归结果

	Dep. Var.：Risk		
	(1)	(2)	(3)
INC_OCI_VOL	−2.155*	−4.643***	−4.514***
	(−1.73)	(−3.38)	(−3.25)
$Size$		0.001	0.001
		−0.03	−0.05
Lev		−0.462	−0.389
		(−0.26)	(−0.21)

续表

	Dep. Var.：Risk		
	(1)	(2)	(3)
MTB		0.007*	0.007*
		−1.78	−1.84
σROA		0.048	0.04
		−0.24	−0.21
ROA		0.468***	0.467***
		−3.43	−3.52
Big5		−0.008	−0.008
		(−0.55)	(−0.54)
GDP			0.305
			−0.62
CPI			−0.003
			(−0.10)
GDP_Growth			−0.199
			(−0.84)
CPI_Change			0.001
			−0.04
公司固定效应	控制	控制	控制
年度固定效应	控制	控制	控制
调整 R^2	0.462	0.510	0.513
样本量	222	222	222

注：括号内的数值为 t 值，*、**、***分别表示在 10%、5%、1%水平上显著，回归中对股票代码进行了 Cluster 处理。

五、研究结论

对于综合收益观，先前的研究已广泛证实外部财务报表使用者对 OCI 披露的反应，但 OCI 披露对企业内部业务的影响仍未知。考虑到债权风险的不对称偿付结构，OCI 所包含的公允价值及其变动调整并不为金融机构所接受，因此，银行对 OCI 披露的反应尤其值得研究。有鉴于此，本研究结合 OCI 波动性特征，研究 OCI 增量波动对银行经营的影响，发现增量 OCI 波动性与银行风险承担负相关。由此看来，CI 披露有利于控制银行风险，有助于金融稳定发展。

第八章　会计准则与第四次工业革命

会计悠久的发展历史表明，会计与社会环境存在着动态的联动关系，根据唯物史观的方法论，技术革命引发的环境变化必然会引起会计准则的变革。在本章，我们首先梳理了第四次工业革命的内涵与特征，分析其对会计准则产生的影响。在此基础上，我们聚焦于财务报告的价值，特别是财务报告对于资本市场中投资者的决策价值，分析现行财务报告价值迷失的现象和原因。值得一提的是，尽管财务报告的价值相关性不如往日，但会计信息仍旧是资本市场不可或缺的信息来源，这使得会计准则的修订变得尤为重要和迫切。当前，数字化、智能化已成为第四次工业革命的核心力量，由数字技术衍生的数字要素、数据资产随之成为驱动企业价值创造的关键因素。基于决策有用会计目标，数据资产的会计核算和信息披露愈发重要，但相关领域仍有很大的理论空白待填补。为此，在我国数字经济发展的战略指导下，我们着重探讨了数据资源的会计处理（第三节）和数据资产的信息列报（第四节），以期助力我国应对第四次工业革命的机遇和挑战。

第一节　第四次工业革命

每一次工业革命都使人类文明得以提升，都引发了国家实力和竞争地位的变化。自 2013 年汉诺威工业博览会上正式提出工业 4.0 的概念以来，第四次工业革命引起了高度关注。在新一轮工业革命中，产业、技术的加速迭代为我国社会经济发展带来了新的历史性机遇。面对全方位的革新，我们有必要探析第四次工业革命的内涵与特征。

一、第四次工业革命的内涵与特征

（一）第四次工业革命的内涵

1. 概念界定

在人类社会发展过程中，每一次工业革命都伴随着技术和生产组织方式的革新，而新技术的发明和应用也成为界定各次工业革命的标志性特征。18 世纪 60 年代，随着机器的发明和使用，机器生产取代了手工劳动，以蒸汽机被广泛使用为标志，是第一次工业革命。19 世纪 60 年代后期开始第二次工业革命，人类进入了"电气时代"。20 世纪四五十年代，以原子能技术、电子计算机技术、航天技术的应用为代表的技术变革开始出现，社会经济和政治文化领域深受影响，人类社会开始第三次工业革命。到 21 世纪初，企业组织管理和商品生产销售逐渐实现数据化、智慧化，以"大智移云物"为主导的技术变革促使智能制造和智慧工厂大量产生，标志着第四次工业革命的到来。

工业 4.0 的概念首次出现在 2013 年，在《确保德国未来的工业基地地位——未来计划"工业 4.0"实施建议》报告草案（2013）中得到了进一步阐释。自此开始，以数据化、智能化与个性化为特征的制造业发展日益得到重视，推动智能制造、智慧工厂建设成为各国战略发展的核心愿景。时至今日，这一概念已十分普遍地出现在各类学术论文、政府文件与企业战略规划之中。基于已有文献，第四次工业革命是前三次工业革命的延伸，主张将现代信息技术与传统工业相结合，通过智能化、数字化与个性化的生产内在地提升生产效率（Sendler，2014）。相比于此前的工业革命，新一轮工业革命依靠庞大的数据分析和系统的物联结构，实现智能、环保的组织生产。

2. 技术要素——"大智移云物"

每一次工业革命都离不开标志性技术的推动，而支撑第四次工业革命发展的核心技术要素主要包括：大（大数据）、智（人工智能）、移（移动互联网）、云（云计算）与物（物联网），如图 8-1 所示。

图 8-1　第四次工业革命技术要素图

具体而言，大数据是指由大量结构复杂、类型丰富的数据组成的数据集（孟小峰和慈祥，2013）。一般情况下，大数据具有"4V"特征，即数量大（volume），通常以 TB、PB 甚至 EB 为单位；多样化（variety），数据来源丰富、类型众多；变化快（velocity），数据量会在短时间内大量增加；价值密度低（value），大数据的价值依赖于大量数据的整合而非单一观测值。人工智能是指通过研究和开发，使没有灵魂和思维的机械模拟、延伸和扩展出一定的智能个体的功能（李乐平，2016；周志敏，2017），其应用不仅取代了大量人力劳动，还表现出比人类更强的信息收集、组织、处理和分析能力。移动互联网是指互联网技术、平台、商业模式和应用与移动通信技术结合的活动总称，具有去核心化、个体化和扁平化的特征①。相比于传统商务模式，移动互联网有效加强了消费者之间、生产者之间、消费者和生产者之间的互联共通（如：拼单、个性化定制、智能物流等），极大推动了企业生产效率的提高（孙贝贝，2015）。云计算是一种以互联网计算方法为基础的分布式计算，指的是通过网络"云"将巨大的数据计算处理程序分解成无数个小程序，再通过多部服务器组成的系统处理和分析这些小程序得到结果并返回给用户。在数据收集、分析、使用过程中，云计算借助网络，支持资源动态扩展和高速流通，支持庞杂信息处理和复杂业务体系整合等（李江华，2013；蒲在毅和罗宇，2018）。值得注意的是，大数据的价值离不开云计算的分析处理，云计算和大数据的耦合对智能制造而言尤为关键。物联网本质上是互联网衍生的，是指通过智能感知、技术识别与普适计算等技术，实现物物相连的互联网。在实际应用过程中，物联网通过信息交换、资源通信能更好地捕捉用户体验，有力支持工业 4.0 发展。

（二）第四次工业革命的特征

每一次工业革命都具有鲜明的发展特征，较之于以往的技术变革，第四次工业革命突出了深度网络化、绿色化、智能化和生产组织方式分散化的特征。

1. 深度网络化

进入 21 世纪以来，以低功耗、广覆盖为代表的蜂窝网络日益普及，这种以智能物联网为代表的信息通信技术深刻改变着传统产业形态和社会生活，并催生出大量新技术、新产品、新模式。在第四次工业革命中，物联网技术得到了全面发展，在这一过程中产生的海量数据成为生产力突破的支配性力量（莫里斯，2014）。相比于以前的工业革命，移动终端的使

---

① 具体是指平台的去核心化、商业的个体化、共享链和信息的扁平化。

用和移动网络的连接更为便利，人机交互更为顺畅、频繁，算力和数据分析能力大幅提升。这种地点和时间的灵活性使得通信技术的应用场景不断扩展，商业模式随之朝着网络化的方向进一步发展。使用者通过物联网终端即可实现自动驾驶、工业精准控制、智慧安防、智慧水务、城市管网监测等。

2. 绿色化

当前我国经济处于快速发展的阶段，人民的物质生活水平显著提高，但是我们赖以生存的环境正在面临严重的挑战，如何平衡生产经营活动和环境生态成为社会经济发展中不可忽视的问题。传统工业革命时期，工业生产大量使用化石燃料，表面上看这是对自然的征服，实则是对生活环境的严重破坏。尽管可持续发展逐渐得到重视，但制造企业仍难以摆脱对不可再生资源的高度依赖。与以往不用，在第四次工业革命中，大数据分析、人工智能等技术的应用改变了资源利用方式，能源结构不断优化，能源效率大幅提升。特别是随着 3D 打印技术的推广，企业通过数字技术实现了生产模式由"减材制造"向"增材制造"转变，在实现个性化定制的同时，也在环境保护中扮演着重要的角色。

3. 智能化

在第四次工业革命中，智能机器人将第一、二、三产业的劳动人口从低级劳动中大比例释放和替代，这种劳动工具和劳动对象的智能化改变是区别于前三次工业革命的标志性特征。在人类与智能机器人共存的过程中，计算机依赖自身强大的算力，可与人脑相匹敌，甚至在某些方面能力更强。有专家甚至预言，随着人工智能技术的不断迭代，智能机器人会实现自我演化，届时，人类会失去对智能技术的控制，智能机器人将取代人类成为更聪明的生命形式，这将给人类文明带来巨大的挑战（Del Monte，2012）。可以确信的是，智能化已成为第四次工业革命的重要特征。值得注意的是，智能化进程依赖计算机的算力，而每一次算力的提升都要消耗更多的能源。考虑到算力的发展受制于能源，在未来，随着人工智能的大规模普及，能源使用量级、高效清洁能源的使用比例将进一步提高。

4. 生产组织方式分散化

每一次工业革命都催生了生产组织方式的变革。如图 8-2 所示，人类迄今为止的工厂生产模式主要有四种：机器生产、大批量生产、大规模定制生产与分散化个性生产，这四次生产模式的产生和发展都与历次工业革命的出现时间相近，而且息息相关。

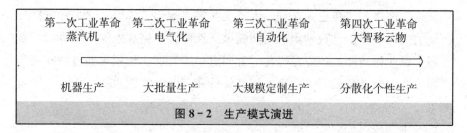

图 8 - 2　生产模式演进

　　第一次工业革命时期，蒸汽机和纺织机在工人操作下进行生产，人类历史上第一次利用机械装置进行半自动化或全自动化的简单生产；到第二次工业革命时期，固定生产线投放使用，通过大批量生产实现规模效益；到第三次工业革命，计算机的应用实现了大规模的柔性化定制，程序和工艺更为复杂；到第四次工业革命，企业为了在激烈的竞争中胜出，更加关注消费者的个性化诉求，分散化个性生产成为新的主要生产模式（塞勒，2013）。与前三次工业革命不同，第四次工业革命的生产组织方式可以实现以较低成本生产一个零部件或一件产品，这在很大程度上弱化了规模生产及规模效益。依托物联网和移动互联网，厂商个性化定制能力大幅提升，在分散化组织生产的过程中增加了产品效用①。

　　二、第四次工业革命对会计准则的影响

　　会计理论和核算规则的演变有着深刻的社会经济背景。面对波澜壮阔的新技术革命，人类社会的生产、生活、意识以及思维方式等不断改变，社会经济环境也与往日不同，这些变化同样会对会计准则产生影响。

　　1. 核算范围

　　会计核算针对价值和资金活动，依不同的经济关系和管理需要生成有用的会计信息，这些信息将在新一轮科技革命的作用下进一步延伸和扩展。举例说明，对于人力资源而言，以往工业革命时期，企业关注雇用劳动者的成本，但随着数字经济和人工智能的发展，企业价值创造需要大量具有极强创新能力的高科技人才，具有价值的人才是价值驱动的核心。相应地，会计核算也需要更加关注人力资源所能带来的未来利益流入。对于生态资源而言，以往企业生产大多依赖化石燃料等不可再生资源，并不重视其生产经营对环境造成的污染，因而这一时期的会计核算局限在会计主

---

　　① 以 3D 打印为例，3D 打印具有制造复杂物品而不增加成本、产品多样化而不增加成本、无须组装、零时间交付、设计空间无限、零技能制造、不占空间便携制造、减少废弃物品、材料无限组合、精确的实体复制等特点。这些特点使得当 3D 打印成为普遍的生产方式时，低成本的个性化定制就能实现，人类差异化的需求也将得到更大满足。

体的内部化收益，不核算企业对环境造成的外部性影响。但随着新一轮科技革命对环境问题的重视，生态资源的列示和披露成为会计准则发展的新问题。总之，在第四次工业革命中，很多新出现或逐渐被重视的经济资源必然要进入财务报告的考虑范围。

2. 核算程序

当前，企业会计核算大多依靠会计人员来填制、整理、传递会计凭证，并登记账簿，编制财务报表。但在第四次工业革命下，AI 系统可以通过部署在服务器或计算机上的应用程序对常规交易和事项进行智能化的逻辑判断和相应核算，从而替代财务流程中大部分的手工操作，实现自动化的财务流程管理（Kokina and Davenport，2017）。这样一来，大量重复性的手工操作被智能系统取代，大量人力资源从中解放，并且智能核算系统比手工操作具有更高的准确性。可一旦智能化的财务系统被广泛应用，许多从事简单重复工作的会计人员将失去工作，只从事记账和对账等单一业务的会计岗位将会消失，这将对会计人才培养和社会就业等问题带来挑战（Corea，2019）。

值得一提的是，由于区块链的去中心化思想和分布式记账特征与财务核算的记账模式十分契合，区块链技术在智能财务领域具有极佳的应用前景。以往，会计人员需要花费大量时间和精力，严格按照会计制度的要求审核票据真实性，并据此确认企业所控制的经济资源和承担的现时义务。在这一过程中，企业不仅面临较高的运作成本，信息不对称、会计人员误差等问题也会降低会计信息质量。但依托区块链技术，大量记账和对账业务被自动替代，会计人员不再需要对交易进行对账和核实。取而代之的是，这些交易和事项可以被实时地记录在会计系统中，相关人员将有更多的时间和精力进行审阅和分析，从而提高了财务管理和审计的水平。

第二节　第四次工业革命与会计准则发展：基于财务报告价值的思考

近年来，传统工业模式不断发展，财务报告的价值受到了极大的冲击与挑战，会计信息对投资者的价值有所减退。随着第四次工业革命的到来，很多新兴交易或事项产生，这给会计准则发展带来了新的机遇。在本节，我们将向大家阐述财务报告价值有所衰减的事实，并分析其形成因素，借以为第四次工业革命下会计准则的发展指引方向。

　　如图 8-3 所示，伴随着第四次工业革命的到来，新经济所带来的交易或事项的变化给会计准则的价值带来了冲击。那么我们该如何考察财务报告的价值呢？究其实质，这与我们评价其他任何物品的方法一样，评判其质量，只要观察消费者的反应即可，比如，过期的面包不会得到消费者的青睐。信息产品也是如此，没有价值的信息往往难以帮助投资者做出决策。对于股票投资者而言，股票价格变动是投资者集体对所获信息的综合反应。自然，考察股票价格与财务信息的关系便可以直接地反映出财务报告的信息价值。因此，本节我们关注财务信息的价值相关性①。

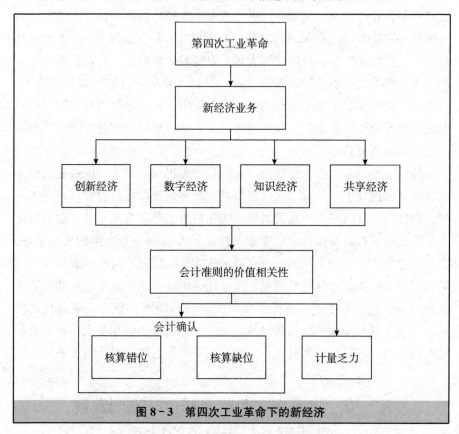

图 8-3　第四次工业革命下的新经济

一、价值相关性的减退

　　由于资本市场的快速发展，财务报告的主要使用者发生了根本变化。

---

　　① 对于价值相关性研究可以度量财务报告价值还有另外一种解释。收益模型、资产负债表模型、Ohlson 估值模型以及 Zhang（2000）的非线性模型都建立在 EMH 的假设基础之上，因为倘若市场是有效的，我们就可以用股价来替代公司价值，从而可以通过对具体模型的回归分析，得到会计数据与公司价值间的客观关系。

为评价会计准则是否有助于投资者做出合理的投资决策，分析会计数据与股价或其变化的关系一直都是会计学术研究的重要问题（Holthausen and Watts，2001）。近几十年来，国内外学者针对这一问题展开了大量研究，得到了很多有价值的研究成果。结合事件研究法，这部分研究主要可分为：（1）短期视窗，关注准则修订或发布是否提高了价值相关性；（2）长期视窗，财务报告项目的价值性是否随着时间流逝而提高。

1. 短期视窗

基于短期视窗，已有研究大多关注会计准则的修订及相关信息的披露是否提升了财务报告的价值相关性，其中，关注推行公允价值后会计信息价值相关性的研究较多。一般情况下，这些研究结合估值模型（如Ohlson模型等），分析相比于历史成本，公允价值信息披露是否更有助于投资者评估证券价值，从而评价公允价值相关准则的应用效果。支持公允价值的研究者普遍认为，公允价值比历史成本包含了更多的经济信息，这种计量层面的价值（决策有用性计量观）比披露层面的价值（决策有用性信息观）高，能够增进投资者对未来主体现金流时间、金额与不确定性的估计能力，会计信息的价值相关性由此提高。特别是对金融工具的相关核算而言，公允价值的应用更契合金融市场投资者决策的利益诉求。

在公允价值准则正式落地之前，FASB曾推行储备确认会计（RRA），并试图通过分析其应用效果，寻找未来推广公允价值会计的支持性证据。然而，当时的研究结论大多表明，公允价值并未比历史成本提供更多的增量信息，两者对股票价格的解释力并不存在显著差异（Beaver and Landsman，1983；Landsman and Ohlson，1990）。尽管研究结论并不支持公允价值的推广，但准则制定机构并没有以此来指导实践，公允价值应用范围不断扩大（于永生和汪祥耀，2007）。到20世纪90年代，金融工具的核算引入了大量公允价值会计，而评价公允价值的应用效果也随之兴起。大量实证结果表明，公允价值会计具有更高的价值相关性，但同时仍有部分文献坚持历史成本对股票价格的解释能力更强的观点（Eccher and Healy，2000；Barth et al.，1996）。由于公允价值计量有时需要依赖外部参数进行估计，当不存在活跃交易市场时，公允价值信息的可靠性会受会计估计的影响，这也为公允价值的价值相关性研究提供了新的视角。研究发现，公允价值的价值相关性与估计所使用的参数紧密相关，当公允价值以客观市场的活跃价格为依据时，公允价值的价值相关性更强（Khurana and Kim，2003）；当企业依赖于外部机构估值而非基于内部参数进行估值时，公允价值对股价信息的解释力更强（Dietrich et al.，2000）；第三层级的公允价值相关性最弱，并与公司治理结构显著相关，当公司治理水平较高时，第三层级公允价值的价值相关性会有所提高（Kang，2010）。

整体而言，这些研究早期集中在比较公允价值和历史成本的价值相关性上，后期进一步扩大研究视角，分析公允价值相关性的影响因素，为会计准则的制定与执行提供了有力支持。然而，当前研究大多基于理性市场参与者假说，结合估值模型分析和比较不同会计信息的价值相关性，很少考虑行为金融在投资者决策过程中发挥的作用，这方面的研究有待进一步扩展。

2. 长期视窗

价值相关性的变迁问题一直颇受会计界学者关注，但很少有学者站在长期视窗角度，分析会计信息价值相关性随时代变迁和准则变迁的变化。其中比较有代表性的是巴鲁克·列夫（Baruch Lev）和谷丰（Feng Gu）2016 年合著的《会计的终结以及投资者和管理者的前进道路》（*The End of Accounting and the Path Forwards for Investors and Managers*）。这本著作以过去的半个世纪为时间跨度（视窗），发现会计信息的价值相关性持续恶化，财务报表的决策有用性逐年下降。值得一提的是，研究不仅度量了信息披露与股票价格波动的关联，还将信息披露及时性、投资者的理性程度和会计信息的复杂性等因素考虑在内。此外，类似的研究也基于价值相关性分析得出了相似结论（Lev and Zarowin，1999；Brown et al.，1999；Francis and Schipper，1999）。

还有一些研究基于会计准则趋同背景，分析了不同国家在执行新会计准则体系后价值相关性的变化。部分学者关注国际会计准则和美国会计准则的比较。研究发现，相比于 IAS 生成的会计盈余，美国 GAAP 盈余与股价的关联度更低，与股票报酬率的关联度更高（Harris and Muller，1999）。如果投资者更关注股票报酬，那么美国 GAAP 的会计信息更具价值相关性，这也在一定程度上支持了赴美上市的外国企业要按照美国 GAAP 调整会计盈余的做法（Christie，1987；Barth and Clinch，1996；Rees and Elgers，1997）。还有学者比较了中国会计准则（CAS）和国际财务报告准则（IFRS），发现 CAS 净利润与 B 股公司股票回报率以及未来现金流显著相关，而 IFRS 调整净利润与股票报酬率的关系并不显著，这表明中国企业推行国际会计准则可能是无效的（Haw et al.，1998；Eccher and Healy，2000）。

二、价值相关性减退的原因

（一）会计确认

1. 会计事项核算错位

过去 40 多年间，世界发达经济体在实物资产（如土地、厂房、设备、存货等）上的投资总额有一定缩减，而在无形资产（如专利、专有知识、品牌、信息系统和人力资源等）上的投资却大幅增加，微观主体在无形资产上的投资现在也大大超过在实物资产上的投资，两者的差距还在不断扩大。近几年来，企业的竞争优势和价值创造越来越依赖无形资产，传统的实物资产逐渐丧失了创造公司价值和构建公司竞争优势的地位。放眼现实的商业世界，是苹果公司和辉瑞制药公司的高价值专利、可口可乐和亚马逊的高声誉品牌、沃尔玛和西南航空的高效经营流程驱动了各自的成功，而不是它们拥有的机器、存货或其他实物资产。在传统资本密集型行业向服务、技术密集型行业过渡的过程中，会计有必要客观反映行业转型的实质。然而，当前财务报告并不令人满意，财务报告难以反映企业价值的驱动因素，从而导致会计信息的价值相关性存在递减的趋势。

一方面，那些自身无力创造大量价值的实务投资和金融投资，以资产的名义堂而皇之地列于资产负债表上，而公司内部各种对无形资产的投资却经常被费用化，进入当期利润表中。另一方面，企业内部自创的无形资产一般难以按照会计准则予以合理确认，而外购的无形资产却可以列在资产负债表中。这种会计事项核算的错位使得管理层对外购资产趋之若鹜，而对企业自主研发创新避之不及。受制于会计的确认和计量规则，会计的账面信息难以对企业的无形资产予以充分反映。因此，基于剩余收益模型，投资者在估值过程中需要依赖其他信息对企业资产的内在价值进行分析，会计信息在投资者的估值过程中的利用率逐渐降低，从而其价值相关性日趋减弱。

2. 非会计事项核算缺位

传统财务会计大多反映与第三方发生的交易，如采购、生产、销售、薪资、利息支出、股票发行或回购等，会计系统会记录这些交易并反映在财务报告中。然而，在现代企业经营中，非交易经营事项越来越多地影响公司价值。比如，药物研发或软件开发在可行性测试阶段的成败、竞争对手新产品研发的影响、外部环境灾难、新签下的大额订单、公司实施的战略转型以及影响公司的新法规等，这些非交易经营事项及其他重大经营事项会大幅影响公司价值与公司未来成长。当这些事项出现时，会计系统却沉默不语、不予记录，或者即使记录下来，偏差也极大。例如，当发生重组事项时，重组成本被完整地记录下来，而重组预期产生的未来收益却没有被记录。这些非会计事项在发生时通常会对股价产生显著影响，但是会计系统对它们的反应有一定的时滞，即到对公司销售收入和利润产生影响时才予以记录，这自然使得财务报告与股票价格之间的联系越来越远。

（二）会计计量

会计并不是纯粹地估计资产和负债的价值，而是以货币（交易价格）间接地反映商品价值，以分录描述市场交易（如商品交换），这也正是会计基本假设——货币计量假设的基本逻辑。但是，商品的价格并不单单由商品的内在价值决定，还受流动性、供求关系等左右，交易价格往往会与内在价值有一定的偏离。不仅如此，会计假定币值稳定，但通货膨胀（或通货紧缩）的存在使得会计信息的理论假设与经济现实相悖，会计的货币计量假设使得会计在理论上难以承担精准反映企业价值的重任。

不仅如此，财务报告在计量的过程中融入了一些管理层的主观判断、估计和预测。利润表上几乎每一个项目及资产负债表上的大部分项目是基于估计：资产以剔除估计的折旧、减值后的净值列报；应收账款以剔除坏账准备后的净值列示；员工养老金和股票期权费用是基于多重估计的会计事项；非交易性资产和负债的公允价值也离不开估计。尽管这些项目是基于已发生的事实做出的合理估计，但只要是估计就有出错的可能，当各种错误最终累计到净利润、净资产等会计指标中时，财务报告的价值相关性就会有所减弱。除此之外，会计估计有时还会被高管人为操纵，用以制造其想要的数字，如超出分析师的预测或实现特定会计指标而提高薪酬。由于管理层的这类行为缺乏事后的验证监管机制，管理层可以轻易地为自己找到开脱的借口——我们在做出估计时是利用当时拥有的最佳信息，只是运气不够好罢了（Lev and Gu，2016）。总而言之，因为会计估计变得越来越普遍，对可靠性的侵害严重损害了财务报告的价值相关性。

三、财务报告存在的意义

基于上文论述，近半个世纪以来，财务报告的价值呈现下降趋势，但市场能否离开会计准则而发展呢？资本市场中是否存在财务报告的完美替代品呢？答案是否定的。

1. 信息全面动态

财务报告是资本市场中唯一可以提供企业经济资源、要求权及其变动信息的报告。一方面，微观企业仍然是社会经济活动最基本的组织单位，微观主体的经营决策离不开资产、资本、成本、利润分配等问题。对于这些问题来说，会计是唯一能予以清楚反映的管理活动。另一方面，依据复式记账原理，资产、负债的变动对应着收入、费用和利润的确认，这种勾稽关系使得不同财务报告项目之间的联系十分紧密，这种完整的信息系统使得财务报告在刻画企业经济活动时十分生动。

2. 披露程序规范

尽管财务报告存在造假、操纵等问题，但相对于其他经济信息，财务报告的披露程序依旧更为完善，健全财务报告的披露有十分严格的程序规定，这些规定在很大程度上保证了财务报告的价值，这也是财务报告区别于市场其他经济信息的重要特点。根据《中华人民共和国证券法》（2019 修订），（1）年度财务报告需要在会计年度结束之日起四个月内报送并公布（时效规范）；（2）年度财务会计报告需董事、高级管理人员签署书面确认意见，经监事会审核并提出书面审核意见，并由会计师事务所审计（程序规范）；（3）任何单位和个人不得非法要求信息披露义务人提供依法需要披露但尚未披露的信息，任何单位和个人提前获知的前述信息，在依法披露前应当保密（内容规范）；（4）财务报告的披露受国务院证券监督管理机构和证券交易场所的监督（监管规范）；（5）发行人的控股股东、实际控制人、董事、监事、高级管理人员和其他直接责任人员以及保荐人、承销的证券公司及其直接责任人员，应当与发行人承担连带赔偿责任（责任规范）。有鉴于此，相比于资本市场中的其他信息，财务报告的价值更加值得信赖。

基于以上两个方面，财务报告依旧是十分重要且无可替代的经济信息，正因如此，会计学者更应承担起适应经济环境变化研究会计准则发展的重任。

第三节 数字经济下的会计准则发展
——数据资源的会计处理

随着第四次工业革命的到来，数据资源成为企业主要生产要素，很多互联网企业依托移动终端平台（如淘宝、京东、抖音等）在服务客户的同时收集相关数据，并以此为基础分析消费者偏好，提供精准广告，创造收入。这些大数据资源逐渐成为企业价值创造的驱动要素，亟须会计予以反映。

一、数据资源的资产确认

很多大数据领域的专家和学者认为，数据资产应当纳入财务报告的列报范围，并以此分析企业财务状况和经营成果（Mayer-Schönberger and Cukier，2013）。从会计角度看，中国财政部于 2023 年颁布了《企业数据资源相关会计处理暂行规定》（以下简称《暂行规定》），并从 2024 年开始实施；目前国际上尚未出现类似的会计准则规范，故有关数据资产的会计确认、计量与报告仍值得深入探索。

（一）确认数据资产的现实诉求

随着我国数字经济发展战略的深入推进，数据资源的重要性日益凸显，与数据资源有关的会计业务数量激增，并逐渐主导着微观主体的价值创造。特别是对于互联网企业而言，大数据平台、数据资源共享等蓬勃发展，数据资源发挥着重要的作用，会计准则有必要对企业重要的经济资源予以列示和披露。以往，企业的价值创造依赖于机器、厂房等，会计准则也相应地注重实物资产的核算。但随着第四次工业革命的到来，这套发源于传统工业革命时期的会计制度难以充分提供有用的会计信息，很多数据资源被排除在财务报告之外。为实现决策有用的会计目标，企业应及时确认数据资产，并对相关业务予以相关、可靠的反映。这不仅有助于报表使用者掌握更多的有用信息，还有助于保障各类交易公平进行，推动数字经济稳步发展。

（二）确认数据资产的理论依据

1. 符合资产要素的概念界定

一方面，资产是企业由过去的事项形成的、企业可以控制的经济资源（IASB，2018），而数据资产符合资产的概念界定。首先，企业的数据基本上来源于对内的数据采集和对外的数据交易，企业的数据资源是由过去的交易或事项形成的①；其次，大数据已经能够在市场上进行交易，数据资源也成为企业经营管理（如风险控制、发展规划等）的重要信息，因此，数据资源具有为企业带来未来经济利益流入的潜力；最后，数据资源具有一定的排他性，可以被企业控制。因此，数据资源已然跨越会计确认的第一道门槛——符合要素定义。另一方面，数据资源具有产生经济利益流入的潜力，并且由于排他性的存在，与该资源有关的经济利益很可能流

---

① 在数据交易活动中，数据资源无疑通过企业的交易事项获得，且交易的主要目的是获取相关数据。在企业内部数据采集活动中，企业采集的主要是企业以往运营过程中存储的零散数据。

入企业。在价值计量层面，对于外部交易而来的数据资源可以通过交易信息被可靠核算，而对于内部自创的数据资源而言，其价值有时难以被直接计量。然而，随着数字经济的深入发展，数据资产的估值技术日益完善，越来越多的第三方机构开始介入数据资源的估值活动，估值模型的设计、应用逐渐完善。我们有理由相信数据资产可以被可靠计量。因此，数据资源也跨越了会计确认的第二道门槛——符合资产确认条件。基于此，企业应将符合资产定义和资产确认条件的数据资源确认为数据资产（张俊瑞等，2020，财政部，2023）。

2. 数据资产的类别归属

基于已有文献，关于数据资产分类的讨论大多与无形资产交织在一起。基于会计准则的定义，无形资产具有非实物形态和非货币性两大特征，区别于商誉，无形资产还具备可辨认性的重要特征（杨鹃，2007）。有学者认为，会计准则中规范的无形资产概念略显狭隘，无形资产的界定应该更加宽泛（于玉林，2016），很多经济资源（如员工满意度、消费者行为数据、R&D 投入或广告成本等）可以被扩充进无形资产进行核算（Barron et al.，2002；Gupta and Lehmann，2003；Edmans，2011）。很多学者认为数据资源符合无形资产的主要特征，可以作为无形资产的一部分予以核算（Brown et al.，2011；Warren et al.，2015；于玉林，2016；翟丽丽和王佳妮，2016；张俊瑞等，2020）。

（三）数据资产会计核算的意义

在理论层面，一方面，规范数据资产的核算可以提高会计信息的相关性，有助于报表使用者完整、全面地掌握企业的财务状况和经营成果，评估未来现金流入。这一点在发展数字经济、数据资产及其交易日益普遍、重要的现实环境下格外重要。另一方面，规范数据资产核算有助于会计理论发展。随着第四次工业革命的到来，崇尚可验证、可靠会计信息的传统会计理论亟须突破，而数据资产核算背后的理论问题正是当前会计理论发展所要重视的。对于这些问题的回答对挖掘会计准则的价值具有十分重要的意义。

在实践层面，无论是政府工作报告还是企业财务年报中，"数据""数据资源""数据资产"等词的出现频率激增。基于 WinGo 财经文本数据库①，2011—2018 年上市公司年度报告中提及"数据资产"的上市公司数量从 3 家上升至 54 家。这说明数据资源被越来越多的企业关注和重视。

———————

① 数据来源：www.wingodata.com。

从 2024 年开始，首批 18 家上市公司按照财政部的《暂行规定》在其一季报中披露了分别计入"存货"和"无形资产"的数据资源金额；到半年报时，又有 55 家上市公司共披露了约 41.93 亿元的数据资产，其中 41 家在表内披露，14 家在附注披露（张俊瑞等，2024）。但应该看到，从一季报、半年报到三季报，5 000 多家上市公司中披露数据资源信息的仅占 1%，仍有大量公司处于观望之中。这足以说明，数据资产会计是一个新的会计领域，其理论研究和实践探索仍具有很大的空间。

二、数据资产的会计处理

（一）数据资产的概念界定

数据（data）是指客观事物未经加工的原始素材，是信息的表现形式和载体，通常表现为影音、数字、符号等。随着信息技术的发展，数据量、数据种类大幅增长，大数据的概念随之产生。通常意义上，大数据是指无法在一定时间范围内用常规软件工具进行捕捉、管理和处理的数据集合，是能够反映物质世界和精神世界运动状态和状态变化的信息资源（杨善林和周开乐，2015）。从上述定义不难看出，数据和信息是相互耦合的，信息依赖数据来表达，而数据生动具体地表达出信息。近年来，学界对于数据资产（data asset）概念的讨论十分广泛，其中比较有代表性的当属中国信息通信研究院云计算与大数据研究所发布的定义，其基本符合会计对资产要素界定的基本逻辑。该研究所认为，数据资产是指由企业拥有或者控制的，能够为企业带来未来经济利益的，以物理或电子方式记录①的数据资源。相比于其他资产，数据资产可以提高流程效率、激发创新商业模式甚至赋予产品新功能（Bughin et al.，2010；Perrons and Jensen，2015）。数据资产的主要特征包括：（1）数据资产不同于其他资产，具有非货币性和数据化形态。其中，非货币性特征主要用来与法定数字货币（如正在积极推动的数字人民币等）进行区分。（2）数据资产具有可辨认性。多数情况下，企业采集的数据经加工分析后可用于服务企业内部经营管理，这些数据通常也可部分或全部出售或转让，这种可辨认性使得数据资产具有了交易价值。综上，我们认为，数据资产是由企业拥有或控制的具有数据化形态的可辨认的非货币性资产。

---

① 如文件资料、电子数据等。

（二）数据资产的科目设置

1. 一级科目

由于数据资产和无形资产具有高度的相似性，很多学者建议将数据资产置于无形资产下的二级科目予以核算，并在财务报表附注中补充予以解释和说明（游静等，2018）。但数据资产与无形资产又有不同，数据资产在企业经营管理过程中扮演着越来越重要的角色，扩充无形资产科目并将数据资产置于其中予以核算的做法不提供有用的信息，数据资产应在专属的一级科目中列示①（吕玉芹等，2003）。基于已有研究，我们更倾向于第二种做法，具体原因如下：（1）数据资产具有更强的流动性。很多超过一年的数据仍可为企业带来经济利益，具有非流动性资产的特征。随着第四次工业革命的到来，数据体量和流动速度激增，数据更新、迭代的速度进一步加快，数据资产的流动性与无形资产有很大的不同。（2）数据资产具有数据性，其获取方式依赖于专门的算法或技术，其获取成本是可计量的，这种通过网络存储、传输或交易共享的资源具有信息产品的特征，在很大程度上区别于无形资产（干春晖和钮继新，2003）。（3）数据资产不符合知识产权的条件，并且难以归入物权、债权与知识产权等，这一点区别于无形资产，如专利权等（王玉林和高富平，2016）。综上，虽然数据资产可纳入无形资产的分类范畴，但在会计核算过程中应与无形资产区别列示，会计准则应单独设置"数据资产"一级科目。

2. 二级科目

根据数据资产的不用用途，可在"数据资产"一级科目下设二级科目。一般情况下，数据资产主要有两方面用途，即企业自用和市场交易（包括共享）（张俊瑞等，2020）。对于企业自用的数据资产，会计核算应当关注会计主体获取资产所付出的代价，采用成本法核算，并采取适当的摊销方法对其进行后续计量，必要时可进行减值测试；对于市场交易的数据资产，会计核算应关注市场脱手价格的变化，采用公允价值核算，并配合减值法进行后续计量，具体科目设置框架如表 8-1 所示。值得注意的是，数据资产可能被重复开采，这使得数据资产通常兼具内部自用和交易共享的用途（杨善林和周开乐，2015）。尽管如此，这两种用途下资产的会计核算仍有不同的侧重，因而数据资产有必要依不同的用途分别核算。

---

① 吕玉芹等（2003）的研究对象为"数字资产"，其所阐释的概念与本书所述数据资产较为类似。

表 8 - 1　数据资产科目设置解析

科目类型	科目设置	科目介绍
一级科目	数据资产	非流动性资产类科目
二级科目	数据资产——自用资产	用于企业自身经营活动的数据资产
	数据资产——交易资产	用于交易共享的数据资产
	数据资产——交易资产公允价值变动	反映资产负债表日交易共享用途下数据资产公允价值与账面价值的差额
备抵科目	数据资产累计摊销	采用合适摊销方法对企业自用用途下的数据资产定期计提的摊销额
	数据资产减值准备	进行减值测试后，根据公允价值与该项自用资产摊余价值孰低的结果判断是否计提减值准备

（三）数据资产的计量

在初始计量方面，对于企业自用的数据资产，报表使用者基于成本效益原则关注自用数据资产的成本及其带来的回报；对于企业用于交易的数据资产，报表使用者更关注其在市场脱手时所带来的经济利益。基于这一思路，应以数据采集、整理阶段所耗费的成本对自用数据资产予以初始计量，以公允价值对交易数据资产予以初始计量。当数据资产从单一用途转变为两种用途时，应基于管理层的主观裁量，估计两种用途对应的资产占比，并以此为基础分别计量两种用途各自对应的资产价值。具体而言，对于以企业自用为新增用途的数据资产，应按照账面价值入账，而对于以市场交易为新增用途的数据资产，应以公允价值与出售用途估计比例的乘积作为入账价值，与账面价值的差额则计入"其他综合收益"。

在后续计量方面，对于自用的数据资产，应采用适当的摊销模型计提摊销额（记入"数据资产累计摊销"科目），并适当结合减值测试予以核算（减值记入"数据资产减值准备"科目）；对于交易的数据资产，应当采用公允价值予以动态计量，反映资产价值波动的利得和损失（记入"数据资产——交易资产公允价值变动"科目），并适当结合减值测试予以核算（减值记入"数据资产减值准备"科目）。对于兼具两种用途的数据资产，"交易资产"二级科目下的公允价值取决于数据资产整体的公允价值与"交易资产"估计占比的乘积。数据资产后续维护、存储等成本，应在年末予以费用化。综上，这些会计处理体现在表 8 - 2 中。

表 8-2　数据资产计量构想

	企业自用	市场交易	二者兼具	
会计科目	数据资产——自用资产	数据资产——交易资产	数据资产——自用资产	数据资产——交易资产
入账价值	取得成本	公允价值	取得成本	公允价值
具体方法	数据资产采集整理阶段的人力、技术、设备等成本的总和	数据资产的市价	采集整理数据资产的总成本和自用资产估计比例的乘积	数据资产市价与总成本间的差额，和交易资产估计比例的乘积计入"其他综合收益"
后续计量	摊销	公允价值变动	摊销	公允价值变动
具体方法	在预计使用期限内摊销，摊销额记入"数据资产累计摊销"科目，必要时进行减值测试并计提减值准备，记入"数据资产减值准备"科目	期末按公允价值计量，公允价值与账面价值的差额计入"其他综合收益"，必要时进行减值测试并及时将相应公允价值变动记入"资产减值损失"科目	在预计使用期限内摊销，摊销额记入"数据资产累计摊销"科目，必要时进行减值测试并计提减值准备，记入"数据资产减值准备"科目	期末按公允价值计量，公允价值与账面价值的差额计入"其他综合收益"，必要时进行减值测试并及时将相应公允价值变动记入"资产减值损失"科目

三、数据资产的信息披露

(一) 基本信息

报表附注是对财务报表内容的补充和说明，在资产负债表中列示"数据资产"(非流动资产)时，应在财务报表附注中详细说明自用数据资产和交易数据资产占比的估计、计量自用数据资产所采用的摊销模型、交易数据资产的公允价值说明以及减值测试的方法和结果等。

(二) 其他文本信息

分析已有企业对数据资产信息的披露后不难发现，数据资产的信息广泛分布在核心竞争力分析、公司充实主要业务、公司未来发展展望等部分。这在一定程度上说明了数据资产在不同的企业中发挥着不同的作用。有鉴于此，在披露数据资产基本信息的基础上，还需进一步从如下几个方面披露数据资产的补充信息。

1. 技术支持情况

数据资产的支持技术（如数据资源获取、挖掘和分析所需的硬件条件与专业人才等）决定了数据资产的挖掘和应用效率，这正是企业通过数据资产获取经济利益的关键所在（Manyika et al.，2011）。因此，在报表附注中披露数据资产的技术支持信息可以为报表使用者提供有用的信息。

2. 数据资源规模

在大数据时代，数据体量大且种类丰富，管理层通过整理、分析这些数据，得到有助于企业经营管理的客观依据（McAfee and Brynjolfsson，2012）。在此过程中，数据资源的规模是发挥数据资产价值的重要决定因素。因此，数据资源规模应在报表附注中予以披露。

3. 相关经济利益

数据资源可被确认为一项资产，主要原因之一是可为主体带来经济利益流入。这正是企业持有、交易数据资产的原因，也是报表使用者最关注的内容。因此，应在财务报告中说明数据资产所能带来的经济利益。

四、结论

在大数据时代，国家大力推进数字经济发展，数据资产成为企业价值创造的关键因素。随着数据资产规模的迅速扩大，数据资产愈发重要，而会计准则却缺少相关会计处理的规范。为此，本书分析了数据资产概念和特征，梳理、分析了数据资产确认、计量和报告的理论基础和实践意义。我们认为，数据资产不宜纳入无形资产，应单独设立"数据资产"一级科目，并根据数据资产的用途下设"自用资产"和"交易资产"二级科目。对于自用数据资产，应基于成本入账，并采用摊销法予以核算；对于交易数据资产，应基于公允价值入账，确认公允价值变动，并采用减值法予以核算。在信息披露方面，应在财务报表附注中说明摊销、减值和公允价值的具体情况，并在此基础上阐释数据资产的技术情况、规模和相关经济利益等信息。在数字技术和数字经济不断发展的今天，数据资产的经济价值凸显，数据资产会计核算愈发重要。本研究对于向报表使用者传递数据资产信息，改善市场信息不对称程度，提高数据资产应用价值具有重要的理论和现实意义。

第四节　数字经济下的会计准则发展
——数据资产的信息列报

党的十八大以来，党中央高度重视发展数字经济，将其上升为国家战略。在国家政策的推动下，数字经济快速发展，辐射范围广、影响程度深。在很多企业中，数字技术正悄然地改变企业的生产、经营和管理方式，数据资源成为企业竞争和创造价值的关键力量。在这一背景下，财务报告应如何反映这一重要的经济资源？如何向报表使用者提供有用的会计信息？这些问题有待回答。

一、引言

在第四次工业革命的浪潮下，新技术快速发展，全要素数字化转型，企业经营理念和商业模式发生着改变。在这一过程中，企业的资产结构发生了显著改变，无形资产扮演着越来越重要的角色，无形资产包含的种类已不再局限于传统会计准则所主要规范的专利权和商标权，正快速向人力资源、企业文化、数字资源等延伸（Lev，2004；Edmans，2011；Warren et al.，2015；肖兰华和马晓青，2015；张俊瑞等，2021）。会计准则所规范的无形资产也亟须建立更广义的核算体系（Nielson，1996；于玉林，2016）。在数字经济下，"大智移云物"等新技术发展迅速，数据资源成为推动企业商业业态和经营模式创新的新引擎。依托算法、平台，大数据应运而生，不仅以往常见的消费者数据、物流数据、产品数据等数据体量快速增加，而且医疗健康数据、交通信息数据、金融数据等新数据种类也开始涌现。这些海量数据资源正成为企业价值创造、提升竞争水平的关键要素，并成为投资者、监管者和企业管理者重点关注的经济资源。

提供有用的决策信息是会计准则追求的目标，但数据资产难以在会计核算层面得到充分的反映。为此，如何核算和列报数据资产成为近年来会计实务界和学界的重要问题。我们认为数据资产的确认、计量和报告方面有别于传统意义上的无形资产，在确认和计量层面，数据资产不宜在"无形资产"科目中核算，应增设"数据资产"科目，并采用新的计量模式；在报告层面，数据资产的地位不断上升，甚至有学者提出了"第四张报表"的构想。基于重要性原则，有必要分析和比较不同的财务报告模式，并以此为基础提升财务报告的决策有用性。有鉴于此，我们梳理了"无形资产""软资产""数据资产"的概念，在加深数据概念认知的同时，寻找其会计确认的理论依据。进一步地，我们根据数据资产的概念和特征，探索其财务报表列示方式和信息披露内容。

二、数据要素已成为资产

在数字经济下，大数据迅速融入人类生活、企业经营与政府管理决策等诸多领域，对微观层面和宏观层面的影响不容小觑。在微观层面，数字化转型成为市场发展新趋势，相应地，数据要素也成为微观主体创造价值和监管主体执行权力的重要要素；在宏观层面，数据要素（数据资本）是宏观经济增长的重要驱动因素，其存量水平超 9 万亿元，约占社会总资本的 5%（徐翔和赵墨非，2020）。有鉴于此，在实践层面，数据资源已成为会计核算不容忽视的资源，会计制度有必要对其予以确认、计量与报告（余应敏，2020；谭明军，2020）。

在会计制度层面，数据资源符合资产的确认条件。具体而言，（1）数据资源是由过去的交易和事项形成的。一般情况下，企业获取数据资源是受法律法规和规章制度保护的，其途径主要有内部开发和外部交易。前者是指企业通过数据资源挖掘、采集、整理等获得，而后者是指通过购入和共享等交易行为获得。（2）数据资源可以为企业带来经济利益流入。企业的数据资源通常用于服务企业经营管理决策或者作为产品和服务对外出售，这些都会预期为企业带来经济利益流入。因此，在理论层面，数据资源可以被确认为一项资产。

三、数据资产是软资产的构成部分

1. 软资产的概念

软资产是指企业拥有的具有非实物形态的资产（雷珉，2006），其概念通常与"硬资产"（hard assets）或"实物资产"（physics assets）相区分。具体而言，硬资产强调相对具体和有形的经济资源，如固定资产；软资产则强调相对无形的要素，如人力等（Nielson，1996）。随着数字时代的到来，软资产的概念逐渐引申到智能制造、智慧城市、知识技术等领域（Wataya et al.，2019）。特别是在互联网领域，零边际成本的资源复制和信息传递、时效性等特征十分符合软资产的概念特点。

有文献认为，软资产和无形资产有很多相同点，软资产可以归入广义的无形资产。比如，无形资产包含客户、供应商资源和人力资本，这些概念都属于软资产的范畴。但也有文献认为，无形资产和软资产的概念类似，但软资产的范围更加广泛，比如，商誉等不可辨认的资产不可计入无形资产科目核算（在会计核算角度，商誉曾经是无形资产的组成部分），但可算作软资产（Munter，1996）。

2. 数据资产的分类

在流动性方面，软资产的形成和变现周期较长，通常可在较长经济周期内为企业带来经济利益，因此，软资产更倾向于一种非流动资产①；在货币性方面，数据资产不具有可确定的货币金额属性，属于非货币资产。基于此，软资产的资产类别划分如图 8-4 所示。

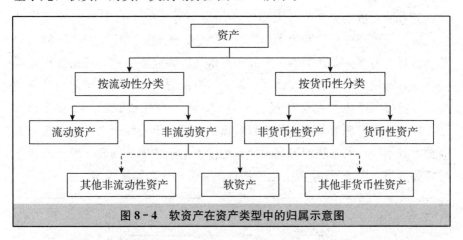

图 8-4　软资产在资产类型中的归属示意图

基于数据资产的概念，数据资产是以物理或电子的方式记录的数据资源，具有非实物形态（数据化形态）、可辨认和非货币性的资产特征（中国信息通信研究院，2019；危雁麟等，2021）。这些特征符合软资产的概念界定。尽管数据资产符合广义概念的无形资产，但当前会计准则中已形成较为狭窄且被广泛接受的无形资产概念。考虑到数据资产对数字经济战略部署的重要意义，数据资产更适宜与无形资产相区分，单独进行确认，从而建立更为系统的数据资产核算规则。

四、数据资产目前是可辨认的表外软资产

1. 软资产的分类

一方面，基于可辨认性划分。会计准则中的商誉和无形资产的主要判别标准就是可辨认性，为保持会计核算内在理论的自洽，我们基于会计准则对非实物形态、非货币性资产的分类原则，将软资产分为可辨认软资产和不可

---

① 流动资产是指变现期在一年或长于一年的一个营业周期内的资产，不符合流动资产概念的皆为非流动资产。

辨认软资产。其中，可辨认软资产包括"无形资产"会计科目下所包含的核算内容，而不可辨认软资产包含商誉等。另一方面，基于表内和表外划分。会计准则中很多非实物形态、非货币性的资产并没有在财务报表中予以列示，比如，行业权威认证、客户资产、数据资产、人力资源等。基于这一思路，按照是否被纳入财务报告，软资产可分为表内软资产和表外软资产。值得注意的是，当前很多会计准则中无法确认的表外资产①属于软资产范畴，其中不乏一些对企业创造价值具有重要意义的经济资源。

2. 数据资产在软资产中的归属类型

一方面，数据资产要与无形资产加以区分。由于数据资产的独有特征，数据资产难以直接套用无形资产的概念，并归入"无形资产"科目中予以核算。另一方面，数据资产属于可辨认、表外软资产。根据数据资产的特点，数据资产具有可辨认性，属于可辨认软资产；根据当前会计准则要求，数据资产无法在会计报表中列示，属于表外软资产。在数字经济下，随着数据资源的规模和价值日益增加，基于重要性原则，财务报表也需要对其予以反映，从而提高决策有用性。基于数据资产和软资产的概念界定和分类，图8-5呈现了相应的资产分类构成和所属类型。

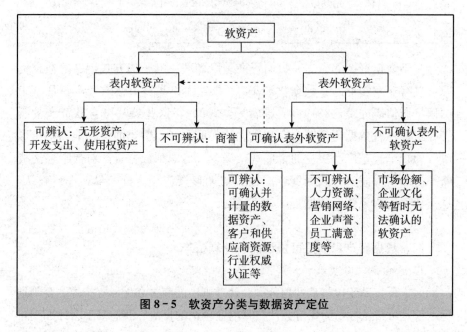

图8-5　软资产分类与数据资产定位

---

① 诸如人力资源、客户和供应商资源、营销网络、市场份额、企业声誉、行业权威认证、员工满意度、企业文化和数据资产等暂时未能纳入财务报表列报的资产。

五、数据资产是数字经济下的关键软资产

随着我国对数字经济的高度重视，"大智移云物"技术快速发展，数据资源成为经济高质量发展的重要驱动力，数据资产也成为政府发挥职能、企业打造核心竞争力的关键经济资源。

1. 政府层面

首先，据相关统计，绝大多数的可利用数据资产为各国政府所通用，政府数据资产预计可以带来超过亿万元的经济产值，并且很多政府数据具有可循环和价值可持续的特点，这些都使得政府成为数字经济发展的重要部门。其次，政府具有对外公布相关信息，并服务人民群众生产、生活和经济社会活动的责任。这使得政府在收集、整合和分享政府信息的同时，能打破社会经济发展中的信息壁垒，引领激发数据资产所蕴含的经济价值，从而为企业数字化转型、推动数字产业发展提供有力保障。最后，政府具有和企业沟通互联的先天优势，这种便利性不仅有助于政府收集、整合数据，还能提升政府监管效率和公共服务水平。

2. 企业层面

参考张俊瑞等（2021）的研究，数据资产主要用于内部赋能（数字化转型）和对外交易，这也是数据资产发挥自身经济价值的主要方式。特别是近年来，数字经济的发展使得数据开发、交易的体量不断增加。具体而言，在内部赋能方面，企业通过对供应链上游和下游数据的采集和整合，产生了大量数据资源。基于数据分析，企业内部管理、物流和运输、产品制造和销售等决策效率大幅提升。还有很多行业基于大数据平台分析进行数字化转型，通过车辆、路况与交通信息提高了为用户提供服务的能力。此外，很多企业通过与"企业微信"深度合作，采集、整合商务大数据，将其转化为有价值的信息，提升了企业经营效率。在对外交易方面，企业通过销售、共享自身拥有的数据资产实现了丰厚的收益，与此同时，购买方也能利用购置的数据资产，获取巨大的经济利益，从而推动市场整体发展。在这种交易模式下，我国培育、建立了多个数据资产交易所，如上海数据交易所、广州数据交易所等。随着数据交易所的建立，数据资产交易机制逐步完善。2021年，"数据可用不可见、用途可控可计量"的新型交易范式数据交易所成立，数据交易机制得以进一步完善。总之，数据资产交易市场的健全在很大程度上提升了数据资产的流动性，为数字经济发展奠定了坚实基础。

六、数据资产在财务报表中的列报

（一）数据资产由表外进入表内列报的设想

为反映重要经济资源、向报表使用者提供决策有用的会计信息，数据资产有必要在财务报表中予以列示，并在报表附注中予以充分披露。结合已有文献和数据资产的特征，我们提出了如下列报设想。

1. 在资产负债表中单独列报数据资产

基于现行会计准则，数据资产不能纳入财务报表，属于表外项目。对于其入表核算问题，已有文献主要探讨了数据资产的资产分类，比较了将其纳入无形资产科目下核算或单独设置数据资产科目核算的合理性，但探讨具体列报模式和计量方法的文献较为有限。在列报方面，一些文献从数据资产的非流动性特征入手，认为在财务报表附注中应详细披露数据资产摊销的模型信息（摊销方法、摊销年份等）；在计量层面，数据资产的估值技术仍处于探索阶段，借助新技术、新模型，数据资产的估值愈发成熟，很多数据资产交易平台为数据资产的市场价值提供了可寻依据。

基于已有文献，我们认为单独设置数据资产科目，将其在资产负债表中列示更为合理。具体而言，数据资产属于软资产，具有非流动资产的特征，其列示位置应处于"无形资产"和"开发支出"之间。值得注意的是，数据资产的计量方法有待完善。数据资产的价值受数据规模、技术水平等多种因素制约，其计量方法有待完善。比如，在技术支持下，数据资产边际成本趋近于零，但规模化的增长会增加数据资产的经济价值，若以传统意义上的成本法计量，就不能反映这一经济实质，会计信息的决策有用性会下降。

2. 编制"第四张报表"列报数据资产

近年来，随着企业数字化转型升级，数据资产的价值和重要性不断提升。对此，一些实务和学术团队基于重要性原则，尝试单独编制数据资产的报表，其中比较有代表性的当属德勤、易观和上海国家会计学院组成的联合课题研究小组。对于"第四张报表"而言，其内容主要反映与数据资产相关的非财务信息，如数据的汇集和输出等。这些信息的披露不仅有助于企业提升数据资产信息的结构化、标准化特征，还能帮助管理层掌握数据资产的基本状况，完善估值和评价体系，提高数据资产的管理效率和审计水平（田五星和戴双双，2018）。

对于"第四张报表"所包含内容的研究主要聚焦于其应当包含的关键指标和应当披露的重要信息。具体而言，"第四张报表"应以用户、产品、渠道与财务为基础框架，不仅要包含用户规模、用户活跃度、渠道层次和密度等关键信息（田五星和戴双双，2018），还应涵盖数据资产管理流程等（德勤，2019）。由此可见，这些成果普遍认同与数据资产有关的用户、产品、渠道等非财务信息的披露，强调这些信息对于全面反映企业数据资源价值的重要意义。

3. 资产负债表与"第四张报表"混合列报数据资产

资产负债表只能列示数据资产的存量信息，这些信息难以满足外部报表使用者的决策需求。因此，在资产负债表的基础上，结合数据资产的内涵、特征，构建相关指标，编制"第四张报表"对提供全面、客观与公允的信息而言十分必要。为此，参考已有研究，本书整理了"第四张报表"所应涵盖的内容并设计了其结构，详见表 8-3。

表 8-3　"第四张报表"的结构示例

关键指标	本期数	上期数	变动数	单位
用户				
用户规模				
业务规模（如客户资产规模等）				
用户质量（人均单日访问次数、人均单日使用时长）				
用户数据规模（交易数据、访问数据、特征数据等）				
用户数据积累年数				
用户数据潜力（数据存储投入、数据运维投入、数据挖掘投入等）				
用户数据规范性（数据安全保障投入、数据资产合规成本）				
渠道				
渠道结构				
渠道层次				
渠道数量				
渠道密度				
渠道质量（交易笔数、交易金额等）				
渠道可用性（月活跃用户数、累计登录次数等）				

续表

关键指标	本期数	上期数	变动数	单位
渠道数据规模（配置数据、流量数据、门店数据等）				
渠道数据积累年数				
渠道数据潜力（数据存储投入、数据运维投入、数据挖掘投入等）				
渠道数据规范性（数据安全保障投入、数据资产合规成本）				
产品				
产品规模（产品覆盖度、关联度等）				
产品深度（收益率、营销程度、品牌管理程度等）				
产品潜力（研发投入、人员投入、技术引入等）				
产品数据规模（质检数据、仓储数据、物流数据等）				
产品数据积累年数				
产品数据潜力（数据存储投入、数据运维投入、数据挖掘投入等）				
产品数据规范性（数据安全保障投入、数据资产合规成本）				
……				

注：括号中的明细项目可根据需要考虑列为关键指标下的子项目。

　　基于前文分析，应在"非流动资产"下增设"数据资产"会计科目，反映数据资产存量及其变动。如表 8-4 所示，作为对资产负债表信息的说明和补充，"第四张报表"还应根据数据资产的实际情况，披露用户、渠道、产品等指标和相关信息。与此同时，还应根据财务报告的具体规范，校对资产负债表和"第四张报表"之间的勾稽关系，从而提升财务报告的准确性。综合比较数据资产信息在资产负债表中单独列报、在"第四张报表"中列报与在资产负债表和"第四张报表"中混合列报这三种列报方案，表 8-4 分析了各自的优缺点。

表 8 - 4 数据资产信息报表列报三种方案对比

	在资产负债表中列报	在"第四张报表"中列报	在资产负债表与"第四张报表"中混合列报
方案说明	在资产负债表"非流动资产"大类下单独设置"数据资产"科目列报数据资产信息,科目应位于"无形资产"科目之后、"开发支出"科目之前	根据"第四张报表"中不同维度下的指标内容,对应填列反映企业数据资产信息的关键数据	资产负债表:"非流动资产"大类下单独设置"数据资产"科目列报;"第四张报表":在不同维度下对应填列反映企业数据资产信息的关键指标数据
优点	能够直观地列示数据资产价值,且会计科目的建立为数据资产会计处理提供了条件	能够全面展示数据资产对企业价值贡献的细节	在综合展示数据资产账面价值的同时,通过数据资产细节信息辅助企业进行价值评估
缺点	企业数据资产的部分价值差异存在于资产特质之中,难以通过资产负债表账面价值得到有效反映	无法直接量化数据资产价值,不同信息使用者据此评估的数据资产价值可能存在差异	需要考虑不同报表间数据资产信息列示的勾稽关系,为企业完成报表列示带来了一定难度

(二) 数据资产表内、表外信息的关联

基于现行财务报告模式,数据资产的文字信息主要体现在年报中的"业务概要""经营情况讨论与分析"等章节,但由于近年来数据资产的体量快速增加,相关的解释和说明十分庞杂,零散的披露方式不利于报表使用者做出决策。为此,表外信息的披露应更为规范和系统,集中体现在"第四张报表"。

首先,纵观已有文献,"第四张报表"应包含的信息包括但不限于有关数据资产摊销、减值等基本信息和数据资产的规模、技术支持状况、管理情况等(张俊瑞等,2021)。其次,还应在年报中(如"研发投入"章节)披露企业在数据资产采集、管理、维护和运营等方面的更多细节,说明数据资产所参与或服务的主要业务,从而加强与企业数据资产价值评估相关的信息披露。最后,出于数据安全、信息合规考虑,年报中还应披露与数据资源安全、合法相关的说明。综上所述,企业数据资产表内、表外信息的关联如图 8 - 6 所示。

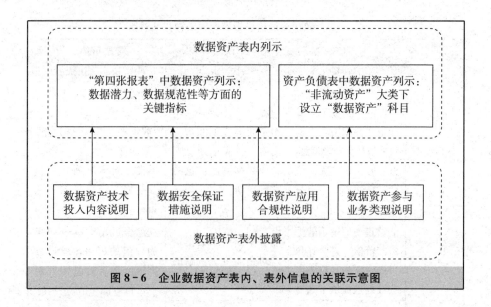

图 8 - 6　企业数据资产表内、表外信息的关联示意图

七、结论

在数字经济下，数据要素对企业价值创造十分重要，数据资源已具备确认为资产的条件，但当前会计准则的相关规范有待加强。虽然具有非实物形态、非货币性的数据资产符合广义无形资产的概念，但由于"无形资产"科目所涵盖的资产类型有限，本书引入"软资产"加以区分。根据软资产的分类标准，数据资产属可辨认的表外软资产。为提供财务报告的决策有用性，本书比较了在资产负债表中列报、在"第四张报表"中列报、在资产负债表和"第四张报表"混合列报数据资产三种方案，在资产负债表中，"数据资产"应位于资产负债表中"非流动资产"大类下，在资产负债表中列示的同时还应在"第四张报表"中附上必要的解释和说明。

第九章　会计准则与全面深化改革

新时代全面深化改革以国家制度和国家治理体系的完善为核心，这一改革实践的落实亟须在微观基础层面，即企业和政府层面，建立良好的治理体系。解决我国当前所面临的诸多问题，需要进一步提高治理水平。作为科学治理的信息基础，会计信息能以其相关性和如实反映的质量特征保证国家治理的有效性。在这种意义上，我们简要介绍了全面深化改革以及会计准则对全面深化改革的重要意义（第一节），解析会计准则的治理效应（第二节），阐明会计准则在全面深化改革中发挥的积极效应（第三节）。值得一提的是，尽管会计信息对国家治理十分必要，但人们往往更愿意以统计信息为依据进行宏观决策，会计信息在国家治理中的作用并未得到充分的重视。为此，我们验证了综合收益信息披露对引导企业脱虚向实发展的积极影响（第四节），探讨了自然资源会计对自然资源产权治理体系的现代化改革的重要意义（第五节），以期进一步加深会计准则对国家治理的重要意义。

第一节　全面深化改革

一、全面深化改革战略

为完善和发展中国特色社会主义制度，实现中华民族伟大复兴，党中央提出全面深化改革重大战略。相比于以往，这一战略的部署不仅着眼于政治、经济和文化等领域的现实问题，还力图解决制度体系等深层次问题，推进国家治理体系和治理能力现代化。

1. 治理效能与制度短板

一个国家的治理水平取决于自身制度，而补齐制度短板、发扬制度优势成为完善国家制度建设、提升国家治理水平的关键。基于这一基本思路，党和国家设计了制度体系优化的整体路线，以期在完善制度建设的同时推动国家治理效率的提升。这不仅意味着我国制度建设进入了系统、整体、协同改革的攻坚阶段，也标志着我国社会经济发展步入了全面深化改革的重要时期。在全面深化改革的战略部署下，改革全面，金融市场、对外经济、财税体制、政府行政和国有资产管理等诸多领域的制度建设得到了重点关注；改革深化，科技创新、生态文明、政治文化体制建设等长期存在的复杂矛盾正在逐步攻克。

2. 治理效能与制度稳定

基于党的十九届四中全会重要精神，为突出国家治理现实中的重点领域和关键环节，制度改革存在一定的战略考量和优先顺序，对于与深化改革过程中亟须解决的问题相关的制度要优先制定。但是，制度的合理优化是以制度稳定延续为前提的，全面深化改革需要在保证制度体系平稳运行的基础上，平稳、有效地化解主要矛盾，消除主要风险，从而提升国家治理体系和治理能力现代化。近年来，随着社会经济的快速发展，一些新问题、新挑战开始显现。例如，在新冠疫情席卷全球的冲击下，重大传染病预警和应急响应不全面、防治防控法律不完善、防疫物资储备不充分等问题有所显现，我国公共卫生安全领域的制度短板急需补齐。受此影响，在全面深化改革的过程中，党和国家将国家安全领域延伸至生物安全领域，在健全国家生物安全法规的同时，完善重大疫情应急响应机制和国家重要物资储备体系，从而提升疫情防控救治的整体效率。总之，随着社会经济全面发展，不仅要厘清轻重缓急，还要稳步推进国家治理体系和治理能力现代化建设。

3. 治理效能与制度实践

国家治理效能的发挥有赖于国家制度体系的构建。国家制度体系是多维度、多层次、多领域的有机整体，不同制度之间的相互制约、相互渗透、相互支持形成了稳固的逻辑框架。在我国，制度体系包含根本制度、基本制度和重要制度三个层次，其中，根本制度是制度体系的纲领，基本制度决定着制度属性和发展方向，而重要制度是由根本制度和基本制度派生而来的，是国家各领域改革的主体性制度。在全面深化改革中，为发挥国家治理效能，基本制度的概念需要进一步厘清，各领域重要制度间的逻辑关联需要朝着更加具体化、系统化的方向强化。

国家治理效能的发挥有赖于国家制度体系的应用执行。制度的价值落实到底在于制度的应用执行，随着全面深化改革的不断推进，制度制定和制度执行的协同配合十分重要。近年来，在党中央的号召下，各级党委、政府和领导干部通过学习强化制度意识，巩固"严格执行、坚决维护"的制度意识，形成了敬畏制度的良好风气。这种氛围的养成有助于提升制度应用执行的效果，从而有益于提升国家治理水平。

二、国家治理现代化与会计准则改革

一直以来，会计制度服务于社会经济发展，在市场改革、政府管理、生态文明等诸多领域发挥着重要的作用。在全面深化改革中，会计准则也需要配合国家战略部署，发挥理论和实践优势，推进国家治理现代化。

1. 会计本质与国家治理现代化理念

基于战略实施角度，国家治理现代化需要会计准则发展的支持。"天下欲治计乃治"，自古以来，会计一直是治国理政的关键。新中国成立后，老一辈革命领导人极力推动我国会计事业的发展，这说明国家治理体系和治理能力现代化发展离不开会计工作的支持（李英，2014）。会计作为一种经济管理活动，服务于国家和社会经济发展，对围绕国家战略部署开展的市场经济建设、市场体制和财税改革等的意义不容小觑（杨时展，1997；朱光耀，2014）。具体而言，会计制度与各种法律法规相互渗透、相互关联，完善会计制度本身就是在完善我国制度体系，有利于推进全面深化改革。此外，针对全面深化改革过程中的新问题，会计制度也面临着新的挑战，在社会经济发展的驱动下，会计方法不断创新，会计理论逐步完善，会计功能进一步扩展，会计服务国家战略实施的能力稳步提升，从而保证了国家治理目标的实现。

基于会计属性角度，管理活动论契合国家治理现代化理念。所谓管理活动论，是指基于我国会计制度和社会经济演化的现实背景，会计不单是提供数据的信息系统，还是一种管理活动。相比于西方的信息系统论，我国对会计属性的认知更为积极主动，在事后反映的基础上，还强调事前和事中的反映与监督。在管理活动论下，会计学逐渐被视为一门职能科学，其经济管理职能不仅体现在企业经营管理、政府财政管理等微观层面，还体现在国民经济、生态文明建设等宏观层面，而会计服务于国家治理体系和治理能力现代化发展也正是会计职能在宏观层面的体现。

基于会计准则目标，受托责任观有助于实现国家治理现代化。受托责任最早出自宗教用语，并在中世纪欧洲的庄园经济下逐渐延伸为受托人有效经营和管理受托资源并以恰当的方式反映受托资源经营和管理状况的责任。在现代经济中，企业是一系列契约的集合，委托人和受托人在契约中有十分清晰的关系。为清晰反映这种受托关系，会计借用了受托责任的概念，以反映和监督管理层受托责任的履行情况。然而，受托责任关系不仅

仅存在于微观主体，通过财务报告监管契约关系的会计模式也并非仅适用于企业经营管理。在国家治理层面，公共资源和公共财产大都有较为清晰的受托责任关系。这种公共受托经济责任可视为一种受托责任，而会计可对这种经济责任关系予以有效的反映和监督。值得注意的是，会计意义上的受托责任包含行为责任和报告责任，前者是指受托人应按特定原则经营管理受托资源，后者是指受托人有如实报告受托资源经营管理状况的责任。在政府管理过程中，政府有义务向公民公开用以评价公共受托经济责任的可靠、准确的信息，公众也可通过相关信息来了解公共资源的使用情况，评价政府的公共服务能力。近年来，政府财政收支规模增加，公众关注政府资源配置效率的意愿增强，会计反映政府受托责任履行情况的作用日益凸显（蔡春等，2012），这些都与国家治理水平和治理能力现代化息息相关。

2. 国家治理现代化对会计准则变革的要求

在会计目标层面，基于管理活动论，会计作为一项管理活动具有突出的治理职能。在全面深化改革的过程中，这种职能需要从微观企业层面向国家层面进一步延伸。值得注意的是，国家和政府关注社会福利最大化，而非企业所关注的利润最大化，会计的反映和监督不应局限于经济效益，而应注重人民福祉。不仅如此，国家治理现代化追求高质高效、公平公正，而会计准则也应与这一目标保持内在一致。在会计核算层面，会计的确认应从反映经济资源和经济利益扩展至反映非经济资源和非经济利益。相应地，会计计量不能只以货币为计量单位，还需辅以实物、时间等计量单位。对此，会计准则在一定程度上要摆脱传统货币计量，引入一些抽象单位，如"当量"等，甚至需要对非经济业务、非经济利益进行计量。

综上所述，会计制度一直围绕着国家战略部署不断演进。在全面深化改革的进程中，会计有能力在社会经济发展的诸多领域发挥治理职能，会计准则也应贯彻、顺应国家治理现代化的理念，推动社会经济发展。

第二节　会计准则的治理效应

一、会计准则的内部治理效应

1. 基于盈余管理视角

在公司治理领域，盈余管理一直是会计研究的重要问题。一般意义上，公司的盈余管理方式主要分为应计盈余管理和真实盈余管理，前者是指通过选择会计政策、使用会计方法调整可操纵盈余的行为，后者是指通过构造交易粉饰盈余的行为，这两种盈余管理行为具有一定的替代关系，但也可同时进行。有研究发现，企业会通过盈余管理行为提升业绩表现，从而抬高公司估值（Badertscher，2011）；很多企业同时从事着应计盈余管理和真实盈余管理（Cohen and Zarowin，2010）；企业会基于盈余管理成本选择不同的盈余管理行为，其中应计盈余管理成本会随盈余管理程度的提高而降低，而真实盈余管理成本会随盈余管理程度的提高而提高（Zang，2012）。

会计政策是盈余管理的直接影响因素，会计准则变更与盈余管理关系密切。有研究发现，公司可通过操纵资产减值进行"洗大澡""平滑利润"等盈余管理行为（Zucca and Campbell，1992）。中国实施新会计准则后，公司从事盈余管理的动机并未改变，但盈余管理的程度有所增加（陆正飞和张会丽，2010）。此外，良好的公司治理可有效抑制公司的盈余管理行为。有研究发现，当公司治理结构有效时，即便会计准则赋予了管理层一定的盈余管理空间，公司的盈余管理行为也会受到抑制（张然，2007）。

2. 基于管理层激励视角

股权激励是约束和激励管理层的重要方式。从会计核算的视角，股权激励可分为以权益结算的股份支付和以现金结算的股份支付，前者是以权益工具作为对价进行结算交易，后者是以确定金额的资产义务进行结算。在股份支付治理中，管理层的薪酬和经营业绩挂钩，管理层为获得高薪会优化工作表现。值得注意的是，股权激励存在道德风险，管理层为了追求自身利益，会通过短视行为哄抬股价，进而削弱公司价值，影响公司治理的效果。

在全面深化改革的背景下，如若将会计准则生成的数据作为约束、激励管理层的指标，那么会计准则的核算不应局限于经济效益。比如，企业创新研发的投入很难在短期内获得回报，只关注短期效益会抑制企业的创新研发投入；一些非营利组织关注社会福利，并不追求利润最大化，过分关注经济效益会降低公共服务能力。为此，会计的确认和计量应与全面深化改革过程中的资源管理、项目评价保持一致。不仅如此，基于会计信息的股权激励要与权责利相统一。特别是在全面深化改革过程中，事权财权认定、行政问责、职务待遇等问题需要清晰的会计反映，这些都需要会计准则对权力、责任与利益予以明确的认定和计量。

3. 基于内部控制视角

企业为保证经营效率，实现既定目标，会采取一系列内部控制活动。

次贷危机发生以后，风险管理成为公司内部控制的主要内容。由于公允价值能及时捕捉市场信息，偏重价格反映（任世驰和陈炳辉，2005；于永生，2005a），根据公允价值信息对金融风险予以识别、评估和管控成为企业内部控制的重要手段（黄世忠，1997；张为国和赵宇龙，2000；葛家澍，2001）。值得注意的是，虽然公允价值具有一定的顺周期效应，但相比于历史成本，基于有效市场公平交易的公允价值更能揭示出企业面临的金融风险（李明辉，2001）。随着全面深化改革的不断推进，财政金融改革日益受到重视，管控金融风险成为这一领域的重要任务之一。对此，会计准则应进一步提升公允价值的信息披露水平，在缓解市场信息不对称的同时加强企业内部控制。

二、会计准则的外部治理效应

1. 基于审计视角

在全面深化改革过程中，审计作为一种监管机制，不再局限于传统意义上的公司审计，而是不断向政府审计和国家审计延伸。借助独立性监督，审计活动可揭示财政、金融、生态等领域的潜在风险。近年来，政府工作报告中多次强调审计在国家治理体系中的重要作用，不断加大耕地保护、土地出让、重大投资项目、离任经济责任等审计力度。这些举措在匹配政府财权事权、建立全口径预算管理、调整国有企业投资结构、化解地方债务风险、反腐倡廉等方面取得了显著成效。

审计活动离不开会计信息，高质量的会计准则有助于提高审计质量。具体而言，会计准则允许的主观裁量空间会增加会计估计过程中的错报风险，从而影响审计质量；会计准则变更会增加会计和审计人员学习会计规则的成本，较高的修订频率会在一定程度上影响审计效率，增加审计的潜在风险。有研究表明，在风险导向审计模式下，新会计准则增加了管理层的机会主义行为，为避免由此带来的重要查错风险，审计人员会搜集更多的证据，增加或执行更严格的审计程序，从而降低诉讼和声誉风险（张天舒和黄俊，2013）。

2. 基于监管视角

国家治理现代化离不开监管部门的有效监督，而高质量的会计信息有助于提升监管水平。次贷危机发生之后，管控金融风险、维持宏观审慎是各国经济发展的主旋律。在金融审慎监管过程中，会计信息不仅是分析、评价金融风险的主要信息来源，还是影响管理层风险承担行为的重要因素。有研究发现，会计信息不仅可以提高市场信息的透明度，提高决策质量，还可以抑制管理层的机会主义行为和风险承担水平（Beatty and Liao，2011；Kanagaretnam et al.，2014；Ellul et al.，2015）。由此看来，会计准则在反映微观主体财务状况的基础上，提高了宏观层面的资源配置效率，有助于管控金融风险，实现金融稳定。值得注意的是，会计核算规则偏重反映经济现实，金融监管规则偏重金融稳定，虽然二者的实践目标不同，但在根本上都是为了保障资源配置的效率（沈明，2011）。特别是在配合金融监管的过程中，会计准则的修订吸收了大量的金融理论，会计理论得到进一步发展，会计准则也能更好地对金融活动予以反映和监督。这种良性的互动循环使得会计在国家治理过程中发挥着更重要的作用，有助于提高监管效率，从而保障金融市场长期稳定发展。

第三节　全面深化改革背景下会计准则的积极效应

一、会计准则与开放型经济体制改革

新冠疫情席卷全球后，全球经济动荡，复苏乏力。面对复杂的经济环境，中国亟须建立高水平的双循环新发展格局，推进经济高质量发展。回顾中国会计制度历史，中国会计准则随着改革开放的推进逐步完善，而会计准则的国际化发展加快了我国改革开放的进程。在当前高水平开放的战略背景下，会计准则将进一步发挥积极效应。

在社会主义现代化建设过程中，中国经济发展始终保持着对外开放的基本思路。在这一过程中，会计是国际通用的商业语言，而建立国际通用的会计标准则是经济对外开放的重要基础。一直以来，国际会计准则理事会（IASB）推动着会计标准趋同发展，力求在世界不同的司法管辖区，对相同的经济交易事项应用统一的会计处理方法。在经济全球化的引导下，我国积极吸纳国际财务报告准则的内容，会计制度体系也由计划经济时期的行业（或部门）会计制度发展为适用于市场经济的企业会计准则。2006 年，我国推出了以原则为导向的全新企业会计准则，基本达成了会计准则的国际化趋同。然而，国际会计标准一直由美国主导，虽然我国经济总量增长迅速，但对国际会计标准的话语权仍然较弱。多数情况下，中国会计准则的修订参照国际财务报告准则（IFRS）的修订，有些准则的内容甚至是国际财务报告准则的简化版。值得注意的是，会计理论和会计实务都基于特定的会计环境，每一个国家或地区或多或少都带有自身会计环境的特色，相应地，会计规则也应具有与会计环境相符的本土化特征。

但受制于中国在国际会计标准制定过程中的话语权，很多会计规则难以与自身经济发展水平相适应，其逻辑也与政府宏观调控的方式、力度和目标有所差异。

中国作为世界第二大经济体在世界经济发展中占据着重要位置，在世界经济发展中扮演着重要角色，中国亟须在高水平对外开放的进程中积极参与全球治理，提升在国际经济组织中的话语权。在会计制度层面，中国的许多专业人士逐步加入了 IASB 的各种项目工作组，为世界了解中国做出了重要的贡献。然而，中国在国际经济组织的影响力仍然有限，仍需进一步巩固和提升在会计准则制定过程中的参与度和影响力，在推动完善全球统一高质量会计准则建设的同时，推动我国实现更高水平的经济开放。

二、会计准则与生态文明建设

20 世纪 70 年代起，环境会计研究开始兴起（朱学义，1999），并得到了发达国家和联合国世界环境与发展委员会的高度重视。此后，人们广泛探讨针对人造资产和自然资源的会计核算，会计准则也由此与生态文明建设建立起了密不可分的联系（Gray，1990）。

首先，环境会计准则立足于自然生态和环境资源的核算，反映自然资源的存量水平和流量变动。在某一特定经济系统中，微观主体的经营行为会对环境生态产生影响，而社会环境也会反作用于企业的经营行为。在这种意义上，环境会计比传统企业会计额外考虑了生态公平，弥补了传统会计体系的潜在局限性（Schaltegger and Sturm，1992；Mathews，1997），是服务于生态系统和社会服务的会计（Gray，1992；Lehman，1999）。在环境会计报告中，报表使用者可掌握自然资源的基本状况，获取与可持续发展相关的环境信息（Maunders and Burritt，1991；Lamberton，2005），这有助于评价企业对环境资源的消耗情况，从而促进企业可持续发展和企业社会责任的发展（ICAEW，2008；Schaltegger and Burritt，2010）。

其次，环境会计准则基于外部性视角，明确了自然生态和环境资源的产权责任。基于科斯定理，界定产权关系可将外部性问题内部化，是解决外部性问题的主要方式（Coase，1960）。在环境问题上，企业生产过程中的排废排污会对环境造成污染，不利于社会经济长期发展。但在传统会计核算中，这种环境成本无法被可靠地确认并予以恰当考虑，市场对外部性成本的漠视降低了市场资源的配置效率。一些学者注意到，通过产权措施实施市场化模式，通过会计规范加强外部性成本的核算，对解决环境污染问题十分重要。在这一领域，关于碳排放权核算的讨论最为广泛，其基本思路是，在环境污染可控制的范围内，在市场上按每单位允许的排放量，公开出售一定数量的污染权（Dales，1969；Montgomery，1972；Woerdman，2002）。特别是在我国"碳中和""碳达峰"的战略背景下，有关排放权分配、交易制度以及排放权定价机制的讨论十分热烈（Mete et al.，2010；Linaquist and Goldberg，2010；Kijima et al.，2010）。总之，环境会计是外部性成本内部化的制度基础，是解决环境问题、推进全面深化改革的重要举措（Lohmann，2009；Davis and Muehlegger，2010）。

最后，环境会计能为管理者提供内部控制和成本管理信息，有助于管理者控制和管理环境成本。基于成本管理视角，核算环境成本并利用环境成本制定决策是环境会计的核心问题。对于环境成本的确认和计量，环境成本模型、贴现率等是环境成本计量的主要问题（Beer and Friend，2006；Herbohn，2005；Sumaila and Walters，2005；Kunsch et al.，2008），利用 Black-Scholes 期权模型是确定折现率、计算环境成本的主流方法（Kunsch et al.，2008）。对于环境成本决策，学界通常基于成本效益分析，探讨环境成本控制，分析实施环境保护措施的经济效益。此类研究一般具有极强的现实问题导向，如基于炼油工业的污染情况（Mobus，1997）、基于《京都议定书》的实施（Lohmann，2009）等。值得注意的是，这些研究尽管有助于企业降低环境成本，但根本上还是关注企业的利润，而非环境的改善（Mylonakis and Tahinakis，2006）。不过，我们有理由相信，随着全面深化改革，环境治理意识不断加强，环境成本管理的研究将更多地回归到生态治理问题本身。

三、会计准则与研发创新

研发支出的核算决定着企业绩效、税收、管理层薪酬，企业会综合考量这些因素，做出最优的研发决策。以往，我国会计核算要求对研发支出予以费用化处理，这不仅有损企业的业绩表现（或发生亏损，或营业利润没有达到预期目标），还低估了企业无形资产的价值。特别是很多中小企业，无法承受研发支出费用化处理对企业报表的影响。这样一来，会计核算无法体现企业研发支出的长期价值，在一定程度上抑制了企业研发的积极性。在全面深化改革背景下，深化科技体制改革、提升创新体系效能、激发创新活力是科技工作改革的着力点，而会计政策亟须对研发创新予以必要的制度支持。

在微观层面，会计准则会影响微观主体的研发创新行为（张先治和于悦，2013）。研发支出费用化的会计处理会降低创新要素的投入效率，转为投入厂房和设备等固定资产，反之，研发支出资本化的会计处理会增加创新要素的投入（Nix and Peters，1988；Cooper and Selto，1991；Linsmeier，1992）。在宏观层面，会计制度通过对企业财务行为的规范，间接影响着经济。具体而言，宽松的研发支出资本化条件契合国家促进科技进步和产业升级的政策导向，可促进具有长期核心竞争力的企业加大研发投入。在这种背景下，一些拟增加研发投入的企业会进一步加大对研发的配套设施和人力资本的投入（姚王信和周宇，2019），从而降低创新的融资成本，推动 GDP 增长（Rajan and Zingales，1998；Carlin and Mayer，2000）。总之，会计准则不仅对微观企业的研发活动产生影响，还对创新驱动发展战略具有十分重要的意义。

四、会计准则与人才培养

会计准则的发展需要有充足的高质量会计人才，会计准则的迭代也在一定程度上倒逼会计人才队伍升级。一方面，国际化发展需要国际化人才，会计界无疑发挥着重要作用。近二十年来，会计学术国际化发展取得了长足进步，中国学者在国际顶级期刊的发文数量显著增加，大量具有留洋经历的学者回国工作，中国在世界会计学界的影响力显著提升。此外，中国在国际会计准则理事会的影响力不断增强，很多优秀的业内人士积极参与该理事会的各种工作项目。另一方面，当今，单一学科、单一群体或个人难以轻易取得成功，特别是随着"大智移云物"的发展，革命性技术或核心技术的突破和创新越来越依赖于交叉学科。相应地，会计专业也面临着新的挑战，会计学术研究与实务工作和其他学科、领域的交叉合作不断加深。对此，会计准则的发展需要更多的复合型人才，会计人才也更加注重多学科交叉融合，这些都在一定程度上提升了我国人才培养水平。

第四节　综合收益观是否有助于经济"脱虚向实"发展
——基于债权人定价决策视角

会计制度如何影响实体经济部门从金融体系融资是社会经济"脱虚向实"发展的重要问题。本书以我国沪深两市上市公司为样本，研究"脱虚向实"背景下其他综合收益列报对债权人定价决策的影响。实证检验发现，其他综合收益披露可降低会计稳健性，从而提高债务融资溢价，对于金融化程度较高的企业，这一正向影响更强，而对于金融化程度较低的企业，这一效应并不显著。研究表明，其他综合收益可缓解间接融资中的信息不对称，从而抑制企业"脱实向虚"，服务金融改革。研究结论对会计准则建设和引导企业回归主业发展具有参考意义。

一、引言

近年来我国经济出现了一些"脱实向虚"的现象，非金融企业越来越多地参与到金融活动中，大量资金聚集金融市场和虚拟经济（宋军等，2015；张成思等，2016）。这会导致实体经济投资受到挤压，影响实业发展与创新（Akkemik et al.，2014），导致经济结构性失衡，从而对我国经济行稳致远造成负面影响（黎伟等，2021）。为此，国务院金融稳定发展委员会指出"金融机构必须从大局出发，坚定支持实体经济发展"，推动经济"脱虚向实"。基于财务视角，实体经济"脱虚向实"发展实质上是引导资金向非金融部门流动，解决非金融企业融资难、融资贵等问题。如图 9 - 1 所示，债务融资是我国微观企业筹集资金和国家调控资金流向的重要途径，近十年债务融资规模占外部融资规模的比重基本都在 70% 左右，因此，在"脱虚向实"背景下，分析非金融企业债务融资约束问题具有充足的必要性。

图 9 - 1　中国债务融资规模占外部融资规模的比重（2012—2021 年）

我国会计制度始终服务于资本市场发展的现实需要（李晓慧等，2019），在债务融资过程中，会计信息是债权人定价决策的重要依据（胡宁等，2020）。为满足债权人对债务人下行风险的关注，会计信息会尽量体现出稳健的特征，从而更好地降低债务契约代理成本和债务违约风险（Zhang，2008；姜国华等，2011）。然而，随着证券市场的蓬勃发展，会计信息开始倾向于满足股权投资者的决策需要。为更及时地捕捉证券价格增减变化所引起的盈余波动，综合收益观逐渐成为会计收益确认的主流观念，强调审慎中立的"如实反映"也在不断削弱"稳健性"的传统地位。其他综合收益是公司资产和负债公允价值变动的结果，具有未实现、非经营、不谨慎、可持续性差等特征（曹越等，2015），在"脱虚向实"背景下，综合收益观是否有助于债权人定价决策？不被综合收益观提倡的会计稳健性在解决企业债务契约定价问题中是否发挥作用？这些问题有待深入研究。

二、制度背景、文献回顾与研究假设

（一）制度背景

随着人口红利下降和经济结构调整，中国经济发展进入新常态，实体经济发展逐渐步入转型升级期，产能过剩、外部需求不足等问题导致实体经济持续疲软，投资回报率逐渐下降。与此同时，我国金融业持续膨胀，其利润率高、流动性强等特点吸引着越来越多的非金融企业参与到金融活动中，最终导致非金融企业"金融化"（顾海峰和张欢欢，2020）。在宏观层面上，大量资金聚集于金融市场和虚拟经济的状况导致我国实体经济出现"脱实向虚"的现象，资产泡沫越来越大，部分货币资金在银行金融体系内部空转，客观上增加了实体经济的融资成本。为此，党和政府多次强调"增强服务实体经济能力，防止脱实向虚""深化金融体制改革，增强金融服务实体经济能力"。尽管我国各部门出台了一系列政策举措，如央行通过提高货币市场利率和加强宏观审慎评估体系等途径防止资金在银行金融体系内部空转等，非金融企业融资难、融资贵的结构性问题仍亟待解决。因此，结合我国债务融资为主的现实背景，如何降低债权人对非金融企业要求的债务融资溢价以确保金融资源真正流向实体经济值得深思。

（二）文献回顾

基于决策有用性会计目标，其他综合收益能否提供有助于决策的信息是重要的研究问题。

在权益融资方面，当前研究对于其他综合收益对权益投资者的影响存在相对立的两种观点：一种观点认为其他综合收益的列报作为对净利润的补充，全面翔实地披露了企业在经营期内发生的各种净资产的变动以及结构来源，有助于权益投资者更全面地了解企业收益的构成（Eaton et al.，2013），预测企业绩效以及评估企业价值（徐经长和曾雪云，2013），具有增量信息含量（Banker and Datar，1989；Naor，2006；Jones and Smith，2011；王鑫，2013），与上市公司股价及回报率有显著相关性，可以显示股票报酬的波动风险（Kanagaretnam et al.，2009；赵自强和刘珊汕，2009；赵艳和刘玉冰，2017）。然而，另一种观点认为其他综合收益具有临时性和波动性，受市场公允价值变动影响，管理层与权益投资者都很难对其进行预测（Larcker and Rusticus，2010；顾水彬和陈露，2017），在一定程度上提高了权益投资者的估值成本（Duarte et al.，2008；曹越等，2015）。

在债务融资方面，当前研究大多围绕着其他综合收益与银行信贷决策之间的关系展开。研究发现，会计信息可以降低银行债务契约的信息不对称性（Li et al.，2020；徐玉德和陈骏，2011），银行等债权人在签订借贷契约时会基于其他综合收益对企业的偿债能力和盈利能力进行分析（Li，2010；孙铮等，2006；操颖卓，2013；欧阳爱平和郑超，2014），其披露与企业债券利率（Shuto et al.，2009）、贷款金额（顾瑞鹏，2011）具有显著相关性。然而，已有研究缺少对包括银行信贷在内的整体债务融资工具市场的研究。基于整体债务融资工具市场对于非金融企业融资的重要性，本研究以债权人定价决策为视角，系统性地实证分析综合收益观的作用，对现有研究起到了补充作用。

（三）研究假设

其他综合收益所具有的增量信息是债权人和投资人决策的重要依据（石岩和卢相君，2014）。与投资人不同的是，相比于企业收益确认的灵敏度，债权人更重视收益确认的精确度。投资人关注企业价值的变化空间，债权人关注企业经营的下行风险，要求企业到期还本付息，对于企业的偿债能力和违约风险更为敏感（Zhang，2008）。对于其他综合收益而言，其当期发生额大多是未完成的损失和利得，受当期相关资产和负债公允价值变化的影响。因此，即使在企业风险没有变化的情况下，其他综合收益的列报也会增大综合损益的不稳定性，降低对经营现金流预测的有效性（顾水彬和陈露，2017）。其他综合收益的这一特征使得债权人从盈余持续性的视角考虑其他综合收益所具有的增量信息，通过其在综合收益总额中的比重所表明的风险预测能力（Maines and McDaniel，2000），对企业违约风险和偿债能力进行判断。面对企业当期大量其他综合收益的列报，债权人一方面会对企业未来产生现金流的金额、时间、可能性做出保守估计，降低对企业未来盈余及其持续性的判断预期（曹越等，2015）；另一方面，债权人有理由相信当期未预期盈余可能源于前期大量其他综合收益的转入（王清刚和吴志秀，2021），而随着其他综合收益在综合收益中比重的加大，企业来自经营性和经常性业务的收益比重降低，综合收益的不稳定性增大（王艳和谢获宝，2018），债权人会产生企业主业盈利不佳的主观印象。债权人对企业持续盈利能力以及现金流的保守估计会使得债权人低估企业偿债能力，高估企业违约风险，从而缩短借款期限或提高利率，提高债务融资溢价。由此，本书提出以下假设：

H_1：控制其他因素不变的情况下，其他综合收益占综合收益的比重与企业债务融资溢价呈正相关关系。

实体经济"脱实向虚"现象反映到微观层面，就是非金融企业盈利方式逐渐依赖于金融市场而不是商品市场，企业金融化程度严重，在财务报告上呈现出金融资产投资比重过大的现象（马思超和彭俞超，2019）。金融资产投资的确认与计量和其他综合收益有着紧密的联系，可供出售金融资产公允价值变动、现金流量套期工具利得或损失以及投资性房地产转换为公允价值计量属性的差额处理等是实务中其他综合收益涉及的主要项目（刘永泽等，2011）。因此，企业金融化程度可以作为债权人解读其他综合收益所蕴含风险的参考。企业金融化程度过高，可能会导致高盈利性的金融资产挤压企业研发投入和固定资产投资（杜勇等，2017），实体投资效率下降，管理层追求短期套利，继续减少企业可用的内部资金，最终会导致企业主业发展受到抑制，企业长期价值降低（Orhangazi，2008）。对于其他综合收益占比较大的企业，当金融化程度较高时，债权人对企业盈余持续性的担心增强，对企业现金流预测更为保守，违约风险评估增大，风险溢价提升；当金融化程度较低时，企业实体经营发展相对更完善，抵御金融风险能力更强，金融资产暂时性波动不会对企业主业发展产生负面效应，其他综合收益占比不会影响债权人对企业偿债能力和盈利能力的总体判断。由此，本书提出以下假设：

H_2：金融化程度较高的企业，其他综合收益披露对债务融资溢价的正向影响更强。

三、研究设计

（一）数据来源和样本筛选

我国财政部于 2014 年修订了《企业会计准则第 30 号——财务报表列报》，要求在利润表中增设"其他综合收益"和"综合收益总额"两个科目。因此，本研究以 2014—2020 年我国沪深两市 A 股上市公司作为初始

研究样本，并进行如下筛选：（1）剔除金融行业上市公司；（2）剔除 ST
公司样本；（3）剔除相关数据不全的样本；（4）剔除综合收益总额为负的
样本。经处理，最终得到 9 818 个研究样本。本书所用数据均取自
CSMAR 数据库。为减少极端值对研究结论可能造成的影响，本研究对所
有连续型变量在 1% 和 99% 处进行了缩尾处理。

（二）检验模型和变量选取

为检验研究假设 H_1，本研究借鉴 Biddle 等（1995）、苏洋等（2020）
的研究，构建了式（9-1）：

$$
\begin{aligned}
Premium_{i,t} = {} & \alpha + \beta_1 OCI_{i,t} + \beta_2 Size_{i,t} + \beta_3 LEV_{i,t} + \beta_4 First_{i,t} \\
& + \beta_5 Big\,4_{i,t} + \beta_6 ROE_{i,t} + \beta_7 MB_{i,t} + \beta_8 SOE_{i,t} \\
& + \beta_9 CF_{i,t} + \beta_{10} OPEU_{i,t} + \beta_{11} Suspect_{i,t} + Year \\
& + Industry + \varepsilon_{i,t} \tag{9-1}
\end{aligned}
$$

式中，$Premium_{i,t}$ 为被解释变量，表示债权人定价决策。本书参考蔡晓
慧和姚洋（2017）的研究，将可以直接反映企业融资难易程度的债务融
资溢价指标（陈忠阳和刘吕科，2009）作为因变量的度量指标。$OCI_{i,t}$
为解释变量，表示其他综合收益。本书参考王艳和谢获宝（2018）的研
究，将企业当年利润表中其他综合收益与综合收益的比值作为自变量的
度量指标。

为检验研究假设 H_2，本研究借鉴马思超和彭俞超（2019）的做法，
构建"企业金融化程度"变量（FIN），用以考察非金融企业内部资金
"脱实向虚"程度，并按是否高于中位数进行分组回归。计算方法是用企
业交易性金融资产、金融衍生资产、买入返售金融资产、发放贷款及垫
款、可供出售金融资产、持有至到期金融资产、投资性房地产和其他流动
资产等八个科目之和除以总资产。

在式（9-1）中，借鉴 Lang 等（1996）、苏洋等（2020）的研究，本
研究还选取了一系列控制变量，具体包括：企业规模（$Size_{i,t}$）、资产负
债率（$LEV_{i,t}$）、第一大股东持股比例（$First_{i,t}$）、审计质量（$Big\,4_{i,t}$）、
净资产收益率（$ROE_{i,t}$）、市净率（$MB_{i,t}$）、企业性质（$SOE_{i,t}$）、现金
流（$CF_{i,t}$）、经营不确定性（$OPEU_{i,t}$）、盈余管理迹象（$Suspect_{i,t}$）。同
时本研究控制了年度（$Year$）和行业（$Industry$）固定效应。相关变量说
明如表 9-1 所示。

表 9 - 1　变量说明

变量符号	变量名称	变量说明
$Premium_{i,t}$	债权人定价决策	参考蔡晓慧和姚洋（2017）的研究所采用的债务融资溢价指标
$OCI_{i,t}$	其他综合收益	公司当年其他综合收益占综合收益的比重
$Size_{i,t}$	企业规模	公司当年股票市值的自然对数
$LEV_{i,t}$	资产负债率	公司当期年报中总负债与总资产的比值
$SOE_{i,t}$	企业性质	哑变量，国有企业取 1，否则取 0
$Big4_{i,t}$	审计质量	哑变量，公司当年审计单位为"四大"取 1，否则取 0
$First_{i,t}$	第一大股东持股比例	公司第一大股东的持股比例
$Suspect_{i,t}$	盈余管理迹象	哑变量，公司当年净资产收益率小于 0.05 取 1，否则取 0
$RD\&AD_{i,t}$	研发支出与广告费用	公司当年研发支出和广告费用的合计与期末总资产的相对值
$MB_{i,t}$	市净率	公司股票收盘价格与每股所有者权益的相对值
$CF_{i,t}$	现金流	公司当年年报中总现金流金额与期末总资产的相对值
$ROE_{i,t}$	净资产收益率	公司当年净利润与所有者权益的相对值
$OPEU_{i,t}$	经营不确定性	公司前五年年报中营业总收入的标准差
$C\_Score_{i,t}$	会计稳健性	参考 Khan 等（2009）的研究计算的公司会计稳健性水平得分
$FIN_{i,t}$	企业金融化程度	交易性金融资产、金融衍生资产、买入返售金融资产、发放贷款及垫款、可供出售金融资产、持有至到期金融资产、投资性房地产和其他流动资产八个科目之和除以总资产

（三）描述性统计

表 9 - 2 显示了本研究主要变量的描述性统计结果。从中可见，债权人定价决策的债务融资溢价变量（$Premium$）的均值为 -0.020，中位数为 -0.038，标准差为 0.964，最小值为 -63.050，最大值为 52.300，这表明上市公司债务融资问题存在差异性并且呈现一定的左偏特征，普遍面

临融资难、融资贵等问题。其他综合收益占综合收益比重的变量（OCI）的均值为 0.012，中位数为 0.000，标准差为 0.217，最小值为 −0.865，最大值为 1.055，这表明上市公司其他综合收益占比情况存在差异性，综合收益构成存在极端情况。企业金融化程度（FIN）的均值为 0.081，中位数为 0.040，标准差为 0.102，最小值为 0.000，最大值为 0.542，这表明上市公司金融化程度存在极端情况并且呈现一定的左偏特征，我国非金融企业"脱实向虚"情况明显。其他变量描述性统计结果与现有文献基本一致。

表 9 - 2　描述性统计结果

变量	样本数	均值	中位数	标准差	最小值	最大值
Premium	9 818	−0.020	−0.038	0.964	−63.050	52.300
Big4	9 818	0.073	0.000	0.260	0.000	1.000
CF	9 818	−0.076	−0.047	0.248	−1.055	0.683
First	9 818	0.345	0.323	0.148	0.086	0.749
SOE	9 818	0.409	0.000	0.492	0.000	1.000
LEV	9 818	0.447	0.440	0.197	0.057	0.916
C_Score	9 818	0.040	0.031	0.530	−2.559	2.344
Size	9 818	23.120	22.930	1.136	20.890	26.340
OCI	9 818	0.012	0.000	0.217	−0.865	1.055
RD&AD	9 818	0.012	0.003	0.018	0.000	0.106
ROE	9 818	0.052	0.066	0.147	−0.931	0.334
Suspect	9 818	0.396	0.000	0.489	0.000	1.000
MB	9 818	3.087	2.327	2.721	0.570	21.81
OPEU	9 818	0.192	0.047	0.442	0.001	2.707
FIN	9 818	0.081	0.040	0.102	0.000	0.542

四、实证结果与分析

（一）其他综合收益对债权人定价决策的影响

表 9 - 3 列示了其他综合收益对债务融资溢价的回归检验结果。第（1）列展示了不加入控制变量时的回归结果。此时，其他综合收益的

回归系数为 0.006，t 值为 2.456，在 10% 的水平上显著为正。第（2）列在第（1）列的基础上加入了控制变量。此时，其他综合收益变量的回归系数为 0.456，t 值为 2.707，在 5% 的水平上显著为正，与预期回归符号相符。回归结果表明，在控制其他因素不变的情况下，企业其他综合收益占比越大，债权人对债务契约的定价就越高，企业面临的债务融资约束程度越大，验证了假设 H_1。多数控制变量的系数与已有文献相比具有较高的一致性。H_1 的验证说明了其他综合收益具有债务契约有用性。其他综合收益占比越大，债权人对企业的盈余持续性和现金流预测就越保守，越高估违约风险，提高债务融资溢价。

表 9 - 3　回归结果

	(1) *Premium*	(2) *Premium*
OCI	0.006* (2.456)	0.456** (2.707)
Size		0.290*** (6.123)
LEV		−3.515*** (−7.912)
First		−1.366*** (−4.102)
Big 4		−0.208 (−1.082)
ROE		−7.840*** (−57.511)
MB		0.215** (2.992)
SOE		0.290*** (8.639)
CF		−1.381** (−2.669)
OPEU		0.656*** (7.875)
Suspect		−0.631*** (−50.894)

续表

	(1) *Premium*	(2) *Premium*
截距项	−0.035*** (−14.262)	−4.531*** (−5.501)
年度	控制	控制
行业	控制	控制
公司样本量	9 818	9 818
R^2	0.058	0.726

注：括号内为公司层面上聚类（Cluster）调整后的 t 检验值，$*$、$**$、$***$分别表示在10%、5%、1%的水平上显著。

（二）企业金融化程度对其他综合收益与债权人定价决策关系的影响

表9−4列示了不同金融化程度的分组回归结果。第（1）列是对低金融化程度企业进行回归，回归系数为正，但结果不显著，这表明非金融企业"脱虚向实"表现较好时，其他综合收益占比对债务融资溢价可能不造成影响。第（2）列列示存在"脱实向虚"问题的公司的回归检验结果，OCI 变量的回归系数为 0.005，t 值为 2.737，在 5%的水平上显著为正，与全样本回归检验结果相同。经由 Bootstrap 法得到的 OCI 系数的经验 p 值为 0.048，在 5%水平上显著，证实了不同分组回归系数差异在统计上的显著性。两组回归结果支持假设 H_2，验证了对于金融化程度较高的企业，其他综合收益披露对债务融资溢价的正向影响更强。分组检验结果表明非金融企业"脱虚向实"发展，可以降低企业金融化程度，专注主业发展有助于降低债权人对企业风险溢价的评估，降低企业面临的债务融资约束程度。据此，在综合收益观会计披露要求下，企业有动机趋利避害，主动"脱虚向实"，降低对金融市场套利的依赖程度，从而降低债务融资成本。

表9−4　分组回归结果

	(1) *Premium*	(2) *Premium*
OCI	0.001 (0.314)	0.005** (2.737)
Size	−0.000 (−0.425)	0.002** (2.886)

续表

	(1) *Premium*	(2) *Premium*
LEV	0.001 (0.314)	−0.003 (−0.873)
First	−0.016*** (−5.311)	−0.018*** (−4.984)
*Big*4	−0.001 (−0.625)	0.002 (0.995)
ROE	−0.014*** (−3.416)	−0.022*** (−4.383)
MB	0.001** (3.033)	0.001* (2.211)
SOE	−0.003** (−2.666)	−0.001 (−1.229)
CF	0.025*** (12.733)	0.024*** (8.171)
OPEU	0.001 (0.847)	−0.002* (−2.241)
Suspect	0.004*** (3.537)	0.005*** (3.973)
截距项	−0.022 (−1.843)	−0.074*** (−4.976)
年度	控制	控制
行业	控制	控制
公司样本量	4857	4961
R^2	0.069	0.050
经验 p 值	0.048**	

注：括号内为公司层面上聚类（Cluster）调整后的 t 检验值，*、**、***分别表示在 10%、5%、1%的水平上显著。"经验 p 值"用于检验组间 OCI 系数差异的显著性，通过自助抽样（Bootstrap）1 000 次得到。

五、进一步检验

（一）会计稳健性的中介效应检验

债务契约是会计稳健性存在的主要原因（Watts，2003），债权人具有对会计稳健性的信息质量需求（朱松，2013）。由于两权分离，公司管理层与债权人之间存在利益上的冲突与协调（杨华军，2007）。基于代理理论，债权人处于信息弱势地位，无法完全了解企业的风险类型以及违约倾向。会计稳健性"严格确认好消息，及时确认坏消息"的非对称确认方式不仅降低了管理层盈余操控的可能性，还提高了"坏消息"披露的及时性（LaFond and Watts，2008），能够帮助企业向债权人传递信号（Watts，2003）。稳健性通过提供可靠的会计信息，帮助债权人评估企业财务亏损情况（Ball，2001；Wittenberg-Moerman，2008），准确判断企业的偿债能力和盈利能力，降低债权人的信息获取成本和债务违约风险（Ahmed et al.，2000；钟宇翔和李婉丽，2016）。因此，企业会计稳健性水平越高，债权人越愿意向其提供融资，债务融资溢价越低。

然而，由于证券市场的发展，财务报告倾向于尽可能全面地反映企业的经营成果（Eaton et al.，2013），会计信息质量也日益排斥有偏、不对称的稳健会计处理。对于其他综合收益披露而言，这些转变体现得尤为明显。其他综合收益的确认和计量大都以金融资产的公允价值变动为基础（张荣武和伍中信，2010；姜国华和饶品贵，2011），相关利得和损失被同等对待（刘玉廷，2007），这一属性使得其他综合收益具有较低的稳健性。因此，结合前文所验证的其他综合收益与债务融资溢价的关系可知，其他综合收益占综合收益比重越大，会计稳健性越低，债务融资溢价越高，存在中介效应。

为验证这一问题，本书借鉴 Baron 等（1986）、苏洋等（2020）的研究，构建以下模型，检验会计稳健性的中介效应：

$$\begin{aligned}
Premium_{i,t} =\ & \alpha + \beta_1 OCI_{i,t} + \beta_2 Size_{i,t} + \beta_3 LEV_{i,t} + \beta_4 First_{i,t} \\
& + \beta_5 Big4_{i,t} + \beta_6 ROE_{i,t} + \beta_7 MB_{i,t} + \beta_8 SOE_{i,t} \\
& + \beta_9 CF_{i,t} + \beta_{10} OPEU_{i,t} + \beta_{11} Suspect_{i,t} + Year \\
& + Industry + \varepsilon_{i,t} \quad\quad\quad (9-2)
\end{aligned}$$

$$\begin{aligned}
C\_Score_{i,t} =\ & \alpha + \beta_1 OCI_{i,t} + \beta_2 Size_{i,t} + \beta_3 LEV_{i,t} + \beta_4 MB_{i,t} \\
& + \beta_5 RD\&AD_{i,t} + \beta_6 CF_{i,t} + \beta_7 OPEU_{i,t} + Year \\
& + Industry + \varepsilon_{i,t} \quad\quad\quad (9-3)
\end{aligned}$$

$$\begin{aligned}
Premium_{i,t} =\ & \alpha + \beta_1 OCI_{i,t} + \beta_2 C\_Score_{i,t} + \beta_3 Size_{i,t} + \beta_4 LEV_{i,t} \\
& + \beta_5 MB_{i,t} + \beta_6 SOE_{i,t} + \beta_7 Big4_{i,t} + \beta_8 First_{i,t} \\
& + \beta_9 ROE_{i,t} + \beta_{10} Suspect_{i,t} + Year + Industry \\
& + \varepsilon_{i,t} \quad\quad\quad (9-4)
\end{aligned}$$

　　式（9-2）和式（9-1）一致，会计稳健性水平得分（C_Score）根据 Khan 模型计算得出。式（9-2）中的 β_1 表示其他综合收益对债务融资溢价影响的总效应；式（9-3）中的系数 β_1 表示其他综合收益的列报对会计稳健性的影响；式（9-4）中的 β_1 表示在控制中介变量 C_Score 后其他综合收益对债务融资溢价的影响，β_2 表示会计稳健性对债务融资溢价的影响。式（9-2）中的 β_1 显著为正，说明其他综合收益与债务融资溢价正相关。式（9-3）中的 β_1 显著为负，说明其他综合收益的列报会削弱会计稳健性。式（9-4）中的 β_2 显著，说明中介效应显著。在此基础上，如果式（9-4）中的 β_1 显著，则表明存在部分中介效应；如果式（9-4）中的 β_1 不显著，则表明存在完全中介效应。检验结果列示见表9-5。

表 9-5　机制检验结果

	(1) Premium	(2) C_Score	(3) Premium
OCI	0.456** (2.707)	−0.123* (−2.518)	0.178*** (6.332)
C_Score			−0.010*** (−3.320)
控制变量	控制	控制	控制
截距项	−4.531*** (−5.501)	7.337* (2.185)	−0.292* (−2.490)
年度	控制	控制	控制
行业	控制	控制	控制
公司样本量	9 818	9 818	9 818
R^2	0.726	0.369	0.081

　　注：括号内为公司层面上聚类（Cluster）调整后的 t 检验值，*、**、***分别表示在10%、5%、1%的水平上显著。

　　从表9-5可见，在控制年度和行业固定效应后，第（2）列结果显示 OCI 与 C_Score 的回归系数在10%水平上显著为负，第（3）列结果显示 C_Score 与 Premium 的回归系数在1%水平上显著为负；控制中介变量后，OCI 与 Premium 的回归系数在1%的水平上显著为正。这表明会计稳健性对其他综合收益、对债务融资溢价的影响具有部分中介效应。检验结果说明，"会计稳健性"作为信息质量特征仍有其特有的作用，有助于债权人的定价决策。

（二）不同金融化程度下会计稳健性的中介效应检验

假设 H_1 的验证已经表明，其他综合收益占比越高，债务融资溢价就越高。会计稳健性的中介效应检验结果表明，其他综合收益不仅可以直接导致债权人对企业债务契约定价提高，还可以通过降低企业会计稳健性进而提高债权人的风险溢价。接下来，本书将考察在不同金融化程度下，其他综合收益对债务融资溢价的作用机制是否会发生改变。检验结果列示见表 9-6，第（1）列是对低金融化程度企业进行回归，回归系数不显著，中介效应模型不成立。第（2）～（4）列表示存在"脱实向虚"问题的公司的中介效应检验结果，与机制检验结果相同。检验结果表明，在不同金融化程度下，其他综合收益对债务融资溢价的作用机制不发生改变，会计稳健性起到部分中介效应，可以降低违约风险和信息获取成本。

表 9-6　分组机制检验结果

	(1) Premium	(2) Premium	(3) C_Score	(4) Premium
OCI	0.001 (0.314)	0.005** (2.737)	−0.147** (−2.887)	2.770* (2.126)
C_Score				−0.171** (−2.958)
控制变量	控制	控制	控制	控制
截距项	−0.022 (−1.843)	−0.074*** (−4.976)	1.924 (0.722)	0.008 (0.592)
年度	控制	控制	控制	控制
行业	控制	控制	控制	控制
公司样本量	4 857	4 961	4 961	4 814
R^2	0.069	0.050	0.558	0.844

注：括号内为公司层面上聚类（Cluster）调整后的 t 检验值，*、**、***分别表示在 10%、5%、1%的水平上显著。

六、结论

本研究在实体经济"脱虚向实"政策背景下检验了综合收益观对债权人定价决策的影响。研究发现：（1）其他综合收益具有债务契约有用性，可以向债权人传递企业持续盈利能力和债务违约风险等信息，其他综合收益占综合收益的比重越大，债务融资溢价越高。（2）债权人对其他综合收益所要求的风险溢价本质上是对以公允价值方式确认与计量的收益的担心。企业金融化程度与这类收益关系密切，在其他综合收益和债权人定价决策关系中可以起到调节作用。"脱实向虚"情况严重的非金融企业，债权人会放大对其他综合收益风险的感知；"脱虚向实"表现较好的非金融企业，债权人对其他综合收益所带来的风险并不敏感。（3）会计稳健性具有中介效应，可以降低债务契约的代理成本。其他综合收益占综合收益的比重越大，会计稳健性越低，进而债务融资溢价越高。

第五节　基于国家治理视角的中国政府
自然资源会计准则制定问题研究

自然资源监管是全面深化改革的重要内容，这一体系的建立健全离不开政府管理的自然资源的会计核算。2013 年，《中共中央关于全面深化改革若干重大问题的决定》明确指出，"探索建立编制自然资源资产负债表，对领导干部实行自然资源资产离任审计。建立生态环境损害责任终身追究制"。为落实该决定的精神，国务院成立了国家自然资源部，并要求其主管部门定期报送国有自然资源资产报告。然而，政府自然资源会计准则所涉及的范围、自然资源的概念、分类及其确认等问题尚未厘清，相关资产的计量也缺乏完善的理论依据。为此，本节探索了全面深化改革背景下制定自然资源会计准则的相关问题，以期完善自然资源产权制度和国家现代化治理体系。

一、关于自然资源与自然资源资产的概念与分类

自然资源并不是一个新的概念，世界上很多机构都对此有独到的见解，但概念的界定各有侧重，尚未形成统一的认识。比如，联合国环境规划署（UNEP）强调自然资源有带来经济价值的特点；我国政府机构则关注自然资源所包含的具体内容；美国联邦会计准则咨询委员会（FASAB）更加偏重会计核算，对拥有或控制、提供公共服务的潜力等问题较为重视。尽管如此，这些概念仍有鲜明的共性，都明确指出了自然资源是天然产生于自然环境的、具有带来经济利益或提供公共服务的能力。其中，具有稀缺、有价值且产权明确特征的自然资源可称为自然资源资产（国家统计局，2016）。

在制定政府自然资源会计准则的过程中，首要任务是在基本准则中明确自然资源资产的概念，并保证这一概念与已有政策、文件的相关概念内在一致。基于已有研究，我们认为自然资源是指在自然界发生的、产权可清晰界定的、具有经济价值①的稀缺资源；自然资源资产是指由过去业务或事项所形成的，由微观主体（政府等）所控制的，预期能带来经济利益流入或具有服务能力的自然资源，如矿产、能源、土地、林木等。

二、关于政府自然资源的范围与相关会计准则涉及的范围

世界各国对自然资源统计的侧重点各不相同，统计口径也有些许差异。比如，英国聚焦于与生活质量紧密相关的自然资源，包括土地资源、探明可采石油天然气资源、木材资源等；加拿大和澳大利亚更关注能带来经济价值的自然资源，如渔业资源、能源、土地等。相比之下，基于我国相关文件②，自然资源统计所囊括的范围更宽、内容更细，既包含具有经济价值的要素资源，如森林、土地、草原、矿藏等，又包含与生态系统稳定相关的环境资源，如湿地、空气和水体、海域海岛等。然而，自然资源的统计口径和会计的核算范围并不等同，自然资源的会计核算范围也在不断变化。

基于FASAB自然资源工作组的研究成果，自然资源的核算范围经历了由大到小的变化。最初，自然资源的核算范围以与联邦土地有关的传统自然资源为重点，随后，自然资源的核算范围缩小至"由联邦政府拥有或管理的、具有商业价值"的自然资源，如石油、矿产、天然气、砂砾、木材、水、蘑菇、野果等。后来，随着工作组的不断讨论，自然资源的核算视角由经济价值转为公共资源管理和公共受托责任，相应地，基于《美国联邦石油天然气会计准则》（SFFAS 38）和《石油天然气资源以外的自然资源技术公告》（BT 2011-1），非常规资源、水资源和土地等被排除在核算范围之外③。再后来，项目组限定了非再生资源的标准④，进一步缩小

---

① 所谓经济价值，是指可通过收获、开采或提取直接用于经济体系的生产、消费或积累，或者为开展经济活动提供空间的环境因素和条件。

② 这些文件包括但不限于：《中共中央关于全面深化改革若干重大问题的决定》《中国国民经济核算体系（2016）》等。

③ 这是因为土地已有其他准则涉及，水资源由各州管理，不归联邦政府管理，而非常规资源的价值和收入不大且信息难以获得。

④ 这些标准包括：（1）在租赁、合同或其他长期协议下的；（2）在报告日可以合理估计的。对于不在租赁、合同或其他长期协议下的可再生自然资源、电磁波谱或其他非再生资源，可以不报告。

了非再生资源的核算范围。现在，自然资源会计准则的核算只涉及联邦石油天然气资源，其他自然资源则以 TB2011-1 的形式对外报告。总之，自然资源的会计核算并不意味着要涵盖所有的自然资源，而是基于特定时期的特定管理目的，反映符合资产定义的自然资源。

借鉴美国联邦政府自然资源会计准则的演变历程，我国自然资源会计准则的核算范围应从如下几方面限定：（1）包含可再生资源（非常规资源除外）和非可再生资源，如矿产、林木、土地、草原、水等资源；（2）必须是国有资源；（3）需在租赁、合同或其他长期协议下的资源；（4）计量金额可以合理估计。值得一提的是，自然资源会计准则的核算范围不仅要与政府会计基本准则的一致，还应与《中国国民经济核算体系（2016）》等政策保持内在一致。

三、关于政府自然资源会计准则与企业自然资源会计准则涉及活动的范围

（一）准则涉及的管理活动或生产活动

纵观世界大多数政府自然资源会计准则（如美国的 SFFAS 38、BT 2011-1 和澳大利亚水会计准则等），自然资源资产的会计核算基本上是基于公共资源受托责任视角，反映政府对自然资源资产的管理活动（如勘察、出租、授予许可等），对外报告管理过程中的财务收支变化（如特许收入、租金、税收）。对于企业自然资源会计准则（如《国际财务报告准则第 6 号——矿产资源的探勘与评价》）而言，自然资源的会计核算更多是基于决策有用视角，反映企业控制的自然资源资产，对外报告开发、取得、处置等环节发生的资产存量变动及对应产生的盈余。整体来看，政府自然资源会计准则与企业自然资源会计准则涉及的活动范围不同，表 9-7 结合矿产资源会计准则呈现了二者的主要差异。

表 9-7　政府矿产资源会计准则与企业矿产资源会计准则的适用范围

	政府矿产资源管理部门 （会计主体）	私营部门（矿产资源企业） （会计主体）
资源管理活动	矿权招标、租赁、出让，同时收取租金、定金、矿权出让金、矿权占用费（交换交易产生的收入）	矿权取得成本、勘探与评价成本、开发成本、生产成本、恢复成本（弃置费用、环境治理恢复基金）
适用准则	政府会计准则；自然资源类	企业会计准则；特殊行业会计准则

续表

	政府矿产资源管理部门 （会计主体）	私营部门（矿产资源企业） （会计主体）
准则涉及 的内容	（1）政府拥有的矿产资源储量资产的确认、计量与报告 （2）与矿产资源相关的收入、负债的确认、计量与报告 （3）管理资源所消耗成本的确认、计量与报告 （4）政府矿产资源资产信息披露问题	（1）取得、勘探与评价、开发、生产环节发生成本的资本化或费用化问题，即确认、计量问题 （2）资产减值、折旧折耗与摊销、资产转让收益确定、资产处置、预计负债等的确认、计量 （3）探明储量资产的确认、计量问题 （4）上述各类成本和探明储量数量及价值信息披露问题

资料来源：吴杰，祁芳梅，张俊瑞. 基于国家治理视角的我国政府自然资源会计准则制定问题研究. 会计研究，2020（9）.

（二）政府自然资源会计准则涉及的自然资源资产管理的具体阶段

不同阶段的自然资源具有不同的交易特点、价值信息和特征属性。一般意义上，自然资源根据自身管理所处的不同阶段可分为未发现资源、不可出让资源、可出让资源和已出让资源。为更好地反映自然资源资产的基本状况，有必要对自然资源的管理阶段予以细致了解。

政府自然资源有不同管理阶段，在不同阶段自然资源的存量、流量特征不同。具体而言：（1）未发现阶段。未发现资源是指自然界存在但尚未发现的矿藏。由于这一阶段的自然资源未被发现、应用，不存在管理问题，也无须确认与计量。（2）不可出让阶段。不可出让资源是指在法律上或在行政管理上不允许"招拍挂"（招标、拍卖、挂牌）的自然资源。（3）可出让阶段。可出让资源可分为计划出让资源、已签订合同但尚未出让矿权的资源与其他可得的资源。（4）已出让阶段。已出让资源是指已经通过"招拍挂"或协议方式出让自然资源，政府主管部门可以让渡使用权，并收取占用费，如探矿权和采矿权的占用费。基于资源的存量和流量特点，上述四个阶段的自然资源是可以相互转化的，每一阶段资源的增加都会引起其他阶段资源的减少。由于不同自然资源管理流程存在差异，特定环境下的特定资源可能不定期地停留于某一特定阶段。在计量层面，每一阶段的自然资源都可从实务和财务视角分别计量。对于处在管理早期阶段的自然资源，由于缺少充分的市场信息，财务计量的不确定性较高，但对于已经开采和销售的自然资源，财务和实务计量的依据更充足，计量结果更可靠。

四、关于各阶段自然资源资产的确认与计量

由于未发现资源不存在管理和会计核算问题，因而下面主要对不可出让资源、可出让资源与已出让资源的确认和计量展开论述。在我国，政府一般通过出售等方式将可出让自然资源转让给企业，从而获取经济利益流入。由于符合资产的定义，这类资源应在政府资产负债表中确认，并可予以货币计量。值得注意的是，对于不同类别的可出让资源，其经济利益流入的状态不同，因而会计确认和会计计量有所不同，具体而言：

（1）对于不可出让资源，其价值通常体现在生态方面，并不会直接带来经济利益流入。因此，不可出让资源通常只以实物计量，无法在政府资产负债表中确认。

（2）对于可出让资源，发现时应在资产负债表中确认，但在计量的过程中，资源体量和经济价值的估计难度较大，这在一定程度上会影响政府财务报告的质量。可出让资源在销售前（计划出让状态或已签约未出让状态）应在资产负债表中确认，在计量过程中，出让数量基本确定，出让金额取决于可能的售价。但出让金额可能会随市场环境波动，例如，很多木材销售合约的签订和实际砍伐间隔数月或数年，这期间存在价格变动的风险，在一定程度上影响了资产或成本的可靠性。对此，财务报表应及时反映出让金额变动所引发的利得和损失。可出让资源在销售时，价格基本确定，但这类信息及时性较低，通常不具有相关性，不必予以披露。综上，与 FASAB 目前的研究进展一致，可出让资源不在资产负债表中确认，而是在附注中予以必要披露。

（3）对于已出让资源，会计核算应分别确认和计量资源存量的变化以及相应产生的收入。对于前者，虽然政府已将自然资源的实际管理权（如探矿权、采矿权）让渡给企业，但政府主管部门仍然对自然资源的勘察、开采等具有监管权力。根据我国《矿产资源法》，矿产资源属于国家所有，由国务院行使国家对矿产资源的所有权。从这种意义上讲，自然资源主管部门需编制矿产资源储量报告和包含自然资源资产的资产负债表。自然资源的主管部门应当履行矿产资源所有者的职责，编制矿产资源储量报告和资产负债表，反映自然资源资产的储量。然而，由于储量的估计较为主观，可靠性较差，因而不能在表内反映，而是在附注中披露。对于后者，以矿产资源为例，当自然资源出让时，受让人需缴纳探矿权和采矿权出让金，政府主管部门应发放探矿权证书和采矿权证书，并登记相关事项。基

于这一交易，政府应在收入支出表和收入费用表中确认相关收入①。

综上所述，会计核算不予考虑未发现资源和不可出让资源，而应着重考虑可出让资源和已出让资源的确认、计量和报告问题。由于缺乏可靠的计量方法和估值理论，自然资源资产会计信息主要在附注中披露。

五、基于统计与会计视角的自然资源资产负债表

有关编制自然资源资产负债表的基础理论主要有统计视角和会计视角两类。

基于统计视角，自然资源资产负债表作为国家资产负债表的一部分，其计量遵循统计等式，即"期初数＋本期增加数－本期减少数＝期末数"，而非传统的会计恒等式"资产＝负债＋所有者权益"。这种计量思路与国民经济核算的思路一致。比如，联合国《国民账户体系（2008）》、联合国《环境经济核算体系2012：中心框架》《中国国民经济核算体系（2016）》等基本上都是基于统计的思路，分别计算各经济部门（政府、居民、企业和金融机构）的资产和负债，再统一进行加总（耿建新，2015；杨睿宁和杨世忠，2015）。

基于会计视角，自然资源资产负债表的编制也可遵循"自然资源资产＝自然资源负债＋自然资源净资产"会计恒等式，将自然资源资产作为政府所有资产的一部分（会计项目）进行列报②。然而，根据现有理论，自然资源的资产、负债和净资产概念有待进一步探讨，相关概念的确认和计量并不清楚，很多内容无法在表内确认，只能选择表外披露。不仅如此，基于会计的勾稽关系，费用（和成本）、收入等要素的确认依赖于资产和负债要素，收入支出表、收入费用表的编制也难以在短期内实现。

值得注意的是，无论是统计视角还是会计视角都是对自然资源的描述，二者应相互可比、相互协调、相互补充，从而有助于国家掌握自然资源的基本情况，提高国家治理水平。在我国，自然资源部自然资源所有者权益司承担自然资源资产管理的统计和政策制定工作，在编制本部门财务报告的同时为财政部提供有助于编制综合财务报告的信息。根据我国的自然资源管理体制，会计信息和统计信息可以做到相互可比、相互协调、相

---

① 包含一次性收取的矿区出让收益和出让资源以后按年收取的矿权占用费。
② 值得注意的是，资产负债表中的自然资源资产只是一个整体数据，而不是某一类自然资源资产的金额。要想获得自然资源资产的详细信息，比如水资源实物量和价值量的存量、流量、变动情况，应该查阅自然资源部门编制的"水资源资产负债表"等。这样就可以做到自然资源资产会计信息与统计信息具有可比性、协调性和互补性。

互补充。

六、关于我国政府自然资源会计准则制定的策略及思路

（一）确定研究的主要内容

自然资源种类丰富、估值复杂，自然资源的会计确认和计量工作量大，需要专门的工作组或工作部门予以深入研究。这一点也在 FASAB 的发展历程中得到了充分体现。自 FASAB 成立自然资源工作组至发布研究成果（SFFAS 38 和 TB 2011-1）足足花了 17 年时间，其间发布的讨论文稿和研究报告无数。此外，如前所述，美国自然资源会计准则的范围逐步缩小，只有石油天然气相关资源的会计制度较为完善。即便如此，很多信息仍然难以纳入表内核算，更多是以表外披露的形式呈现。这些都表明自然资源会计准则的内容庞杂、确认和计量任务艰巨。

基于已有文献，我们应在已有法律框架中，明确自然资源财务报告的目标；分析、划定可供报告的自然资源信息种类，并分别考虑哪些信息可在表内确认，哪些需要在表外披露；基于经济后果观，考虑会计信息造成的经济后果，设计准则实施的效果评价体系。具体而言，基于国家法律法规，反映政府对自然资源的受托管理情况，明确经济责任，即受托责任观；为有关部门提供有助于制定相关决策（如政策制定）的信息，即决策有用观；明确财务报告的报送主体和程序与财务报表使用者的组成群体及其信息诉求；明晰自然资源资产的概念和分类，根据自然资源所处的不同管理阶段分别予以反映和监督，突出不同阶段的管理特点和价值信息。

（二）借鉴企业石油天然气会计准则的理念及计量披露模式

（1）借鉴企业会计准则的权责发生制。20 世纪 70 年代，英美等发达国家发起新公共管理运动，政府会计准则逐步与企业会计准则趋同，政府财务报告的会计基础不再局限于收付实现制，开始向权责发生制转变。

（2）通过财务会计加强自然资源治理。借鉴发达国家的成功经验①，基于受托责任观，自然资源财务报告可以反映政府对受托资源（自然资源）的履行情况，强化自然资源会计准则的制度有助于完善国家治理。

（3）引入货币和实物双重计量模式。基于决策有用观，财务报告应对

---

① 美国是当今世界经济最发达的国家，也是石油工业最早、最先进的国家，同时是石油行业会计准则最完备的国家，最早制定了石油行业会计准则和联邦政府油气会计准则。FASB 在 1978 年为石油企业发布了世界上第一份石油天然气会计准则。FASAB 在 2000 年为联邦政府发布了世界上第一份政府石油天然气会计准则，它是最早全面研究政府自然资源会计准则的国家会计准则制定机构，率先将财务会计的理论和制度用于自然资源治理和披露。

外提供有助于报表使用者合理决策的信息。由于自然资源的取得、勘探、开发过程较为复杂，成本和资产价值的计量难以完全依赖于货币计量，还需适当辅以实物计量，从而提升自然资源财务报告的决策有用性。值得一提的是，由于石油、矿产对一国政治地位和经济发展有重要影响，很多国家（英、美、澳、加等国）相关会计准则的制定较早且相对完善。在这些会计准则中，均采用了"货币＋实物"的双重计量模式①（吴杰和孙秀娟，2000）。

（4）其他国家制定政府自然资源会计准则的先验经验。纵观世界现行国家关于自然资源会计准则的探索，美国和澳大利亚准则体系较为完善，其内容主要针对由政府所控制的自然资源在勘探、出租等运营过程中的资源储量变化及对应发生的成本和收入等。

基于FASAB的经验，大多已探明油气储量的相关价值难以被可靠计量，会计信息大多以"必要的补充信息"（RSI）在表外披露，而非在表内确认。必要的补充信息主要在《联邦石油天然气矿区使用费估计明细表》和《分配给其他主体的联邦石油天然气矿区使用费估计明细表》中分别反映政府征收的和政府分配给其他主体的石油天然气探明储量的矿区使用费的价值。基于澳大利亚水资源会计准则的经验，水资源的披露制度体系包括概念框架（《澳大利亚水会计概念框架》（2009））、会计准则（《澳大利亚水会计准则第1号——通用目的的水会计报告》）和审计准则（《通用目的水会计报告的鉴证》），其中，《澳大利亚水会计准则第1号——通用目的的水会计报告》是编制水资源确认、计量和财务报告②的主要依据。

由此看来，在准则体系层面，我国应尽早建立基本准则，并针对不同自然资源的类型制定具体的会计准则。

由于我国自然资源种类丰富，不同类别自然资源的特征、管理方式、价值开发等不尽相同。比如，我国存在的土地资源、矿产资源、水资源、森林资源、草原资源、海域海岛资源六类主要资源受不同法律的约束，对国民经济、社会发展、生态文明的影响各不相同。因此，制定单一准则来一并约束所有自然资源的会计核算是不现实的，应像美国和澳大利亚等国一样，分别制定不同自然资源的具体准则，如水资源会计准则、与土地有

---

① 石油天然气资产的核算模式是美国20世纪70年代末80年代初为上市石油天然气生产公司建立的"历史成本计量＋储量数量及标准化计量披露"模式，这一模式被其他自然资源企业借鉴和模仿，尤其是矿产资源企业，同时被世界上许多国家的会计准则借鉴。目前各大石油及矿业企业大都采用这种模式。

② 财务报告由"水资产和水负债表""水资产和水负债变动表""水流量表"组成。

关的会计准则等。在确认、计量和报告层面，受限于自然资源计量的可靠程度，财务报告应以披露为主，并结合信息化、智能化技术，加速完善估值和计量理论，尽快对重要资产予以表内确认。

（三）政府自然资源会计准则与现行自然资源的法律法规相协调

会计制度作为我国社会经济制度的重要组成部分，不仅要在内部清晰、自洽，还要与其他外部法律法规①相协调，明确相关法律法规对财务报告的影响。以美国自然资源会计准则制定的经验为例，FASAB 自然资源工作组在成立之初的首要任务是梳理不同类别自然资源的运营管理现状及其适用的法律法规，弄清财务报告所处的制度环境。具体而言，对于林木资源，适用《有机管理法》（1997）、《多用途持续生产法》（1960）、《森林和牧场可再生资源规划法（RPA）》（1974）以及《国家森林管理法（NFMA）》（1976）；对于土地资源，适用《联邦土地政策与管理法（FLPMA）》（1976）及《俄勒冈和加利福尼亚州授予土地法》（1937）等。以此为鉴，我国也应确认不同资源类别的管理程序以及各自适用的制度环境，为会计准则制定打下基础。

（四）鉴于自然资源复杂且难以可靠计量，建议先制定披露准则，再制定确认、计量准则

当前，会计计量理论并不完善，很多自然资源的价值难以被可靠估计，因而无法在表内确认。对此，基于当前会计理论，对表外披露予以规范和完善是首要任务。这一思路也可在美国自然资源发展历程中见到。如前所述，FASAB 成立自然资源工作组，拟对自然资源核算予以优先考虑和重点关注。虽历时 17 年，FASAB 仍无法有效解决计量问题。比如，现行石油行业会计准则使用"标准化计量"，这并非自然资源资产的真实价值，特别是基于现金流折现模型估值时，折现率难以可靠确定。因此，与资产相关的必要补充信息需要在表外披露。不仅如此，一些自然资源的经济价值较低，但社会价值极高，这进一步增加了表内确认的难度。对此，本书认为在分别建立不同类别资源的会计准则基础上，首要任务是规范相关信息的披露，再完善会计的确认和计量。

（五）在会计准则附注中对相关内容进行举例说明和对技术术语详细解释

如前所述，自然资源的种类多、涉及范围广、管理程序各异，自然资

---

① 如：土地管理法律制度、水资源法律制度、矿产资源法律制度、森林资源法律制度、草原资源法律制度、渔业资源法律制度、野生动植物法律制度、自然保护区法律制度以及环境保护类法律制度。

源会计核算过程中涉及的术语十分庞杂。为使会计人员和报表使用者更好地了解自然资源的运营和管理状况，掌握财务报告背后的经济现实，需要在会计准则中对相关术语予以充分解释。这一点也在美国会计准则中得以体现。SFFAS 38 详细列举了《联邦石油天然气矿区使用费估计明细表》《分配给其他主体的联邦石油天然气矿区使用费估计明细表》《分类收入报告》《估计油气矿区使用费明计算表》《地区油气销售信息明细表》等的编制方法与要求，还在附录中对 37 个专有名词详细列明并解释，注明了出处。有鉴于此，本书建议可在准则解释或应用指南中增加术语说明和相关实例，以便提高财务报告的决策有用性。

七、结论与未来研究展望

基于上位法原则，我国自然资源资产负债表需与《中华人民共和国会计法》《中华人民共和国预算法》《政府会计准则——基本准则》相协调，并结合我国现实经济背景，在借鉴美国、澳大利亚等国家相对成熟的会计准则体系的基础上完善我国自然资源会计准则。基于本研究思路，未来可从如下几方面展开更深入的研究：

（1）分析我国自然资源会计核算所处的会计环境，包括但不限于法律法规、资源种类、资源管理特点。

（2）明确自然资源的核算范围、种类和列示的细分程度，并考虑对应的会计确认、计量和报告（包括资产、负债、净资产、收入、成本、费用等）。

（3）建立财务报告和市场信息的融通机制，即在会计计量的过程中适当应用自然资源确权登记数据库、产权交易平台的"招拍挂"出让价格等信息。

参考文献

[1] Aboody D, Barth M E, Kasznik R. Revaluations of fixed assets and future firm performance: Evidence from the UK. Journal of Accounting and Economics, 1999, 26 (1-3): 149-178.

[2] Acharya V V, Schnabl P, Suarez G. Securitization without risk transfer. Journal of Financial Economics, 2013, 107 (3): 515-536.

[3] Acharya V V, Sabri O. A proposal for the resolution of systemically important assets and liabilities: the case of the repo market. International Journal of Central Banking, 2013, 9 (1): 291-349.

[4] Adrian T, Shin H S. Federal Reserve Bank of New York staff report. SSRN Electronic Journal, 2008, 55 (331): 774-798.

[5] Agénor P R, Alper K, da Silva L A P. Sudden floods, macroprudential regulation and stability in an open economy. Journal of International Money and Finance, 2014, 48: 68-100.

[6] Ahmed A S, Duellman S. Managerial overconfidence and accounting conservatism. Journal of Accounting Research, 2013, 51 (1): 1-30.

[7] Allen F, Carletti E. Mark-to-market accounting and liquidity pricing. Journal of Accounting and Economics, 2008, 45 (2-3): 358-378.

[8] Amel-Zadeh A, Barth M, Landsman W R. The contribution of bank regulation and fair value accounting to procyclical leverage. Review of Accounting Studies, 2017, 22 (2): 1-32.

[9] Amihud Y. Illiquidity and stock returns: cross-section and time-series effects. 2002, 5 (1): 31-56.

[10] Amir E. The market valuation of accounting information: the case of postretirement benefits other than pensions. The Accounting Review, 1993, 68 (4): 703-724.

[11] Ashbaugh-Skaife H, Collins D W, Kinney W R. The discovery

and reporting of internal control deficiencies prior to SOX-mandated audits. Journal of Accounting & Economics, 2007, 44 (1 - 2): 166 - 192.

[12] Avanidhar S. Behavioural finance: a review and synthesis. European Financial Management, 2008, 14 (1): 12 - 29.

[13] Ball R, Brown P. An empirical evaluation of accounting income numbers. Journal of Accounting Research, 1968, 6 (2): 159 - 178.

[14] Ball R, Shivakumar L. Earnings quality in UK private firms: comparative loss recognition timeliness. Journal of Accounting and Economics, 2005, 39 (1): 83 - 128.

[15] Ball R, Robin A, Wu J S. Incentives versus standards: properties of accounting income in four East Asian countries. Journal of Accounting and Economics, 2003, 36 (1 - 3): 235 - 270.

[16] Ball R, Shivakumar L. Earnings quality in UK private firms: comparative loss recognition timeliness. Journal of Accounting and Economics, 2005, 39 (1): 83 - 128.

[17] Ball R, Brown P. An empirical evaluation of accounting income numbers. Journal of Accounting Research, 1968, 6 (2): 159 - 178.

[18] Bamber L, Jiang J, Petroni K, et al. Comprehensive income: who's afraid of performance reporting?. The Accounting Review, 2010, 85 (1): 97 - 126.

[19] Bao M X, Billett M T, Smith D B, et al. Does other comprehensive income volatility influence credit risk and the cost of debt?. Contemporary Accounting Research, 2020, 37 (1): 457 - 484.

[20] Baron R M, Kenny D A. The moderator-mediator variable distinction in social psychological research: conceptual, strategic, and statistical considerations. Journal of Personality and Social Psychology, 1986, 51 (6): 1173.

[21] Barry C B, Brown S J. Differential information and the small firm effect. Journal of Financial Economics, 1984, 13 (2): 283 - 294.

[22] Barth M E, Landsman W R, Wahlen J M. Fair value accounting: effects on banks' earnings volatility, regulatory capital, and value of contractual cash flows. Journal of Banking & Finance, 1995, 19 (3 - 4): 577 - 605.

[23] Barth M E. Relative measurement errors among alternative pen-

sion asset and liability measures. The Accounting Review, 1991, 66 (3):
433 - 463.

[24] Barth M E. Measurement in financial reporting: the need for concepts. Accounting Horizons, 2014, 28 (2): 331 - 352.

[25] Barth M E, Clement M B, Foster G, et al. Brand values and capital market valuation. Review of Accounting Studies, 1998, 3 (1 - 2): 41 - 68.

[26] Barth M E, Clinch G. Revalued financial, tangible, and intangible assets: associations with share prices and non-market-based value estimates. Journal of Accounting Research, 1998, 36 (3): 199 - 233.

[27] Barton J, Hansen T, Pownall G. Which performance measures do investors around the world value the most—and why?. The Accounting Review, 2010, 85 (3): 753 - 789.

[28] Basu S. The conservatism principle and the asymmetric timeliness of earnings. Journal of Accounting and Economics, 1997, 24 (1): 3 - 37.

[29] Beatty A, Liao S. Do delays in expected loss recognition affect banks' willingness to lend? .Journal of Accounting & Economics, 2011, 52 (1): 1 - 20.

[30] Beatty A, Chamberlain S L, Magliolo J. Managing financial reports of commercial banks: the influence of taxes, regulatory capital, and earnings. Journal of Accounting Research, 1995, 33 (2): 231 - 261.

[31] Beaver W, Kettler P, Scholes M. The association between market determined and accounting determined risk measures. The Accounting Review, 1970, 45 (4): 654 - 682.

[32] Berle A A, Means G C. Corporations and the public investor. The American Economic Research, 1930, 20 (1): 54 - 71.

[33] Bernard V L, Merton R, Palepu K. Mark-to-market accounting for U. S. banks and thrifts: lessons from the Danish experience. Journal of Accounting Research , 1995, 33 (1): 1 - 32.

[34] Bertrand M, Schoar A. Managing with style: the effect of managers on firm policies. The Quarterly Journal of Economics, 2003, 118 (4): 1169 - 1208.

[35] Biddle G C, Seow G S, Siegel A F. Relative versus incremental in-

formation content. Contemporary Accounting Research, 1995, 12 (1): 1 - 23.

[36] Black D E, Cahan S. Other comprehensive income: a review and directions for future research. Accounting and Finance, 2016, 56 (1): 9 - 45.

[37] Botosan C A, Plumlee M A. A Re-examination of disclosure level and the expected cost of equity capital. Journal of Accounting Research, 2002, 40 (1): 21 - 40.

[38] Brown B, Chui M, Manyika J. Are you ready for the era of "big data"?. McKinsey Quarterly, 2011, 4 (1): 24 - 35.

[39] Byard D, Shaw K W. Corporate disclosure quality and properties of analysts' information environment. Social ence Electronic Publishing, 2003, 18 (3): 355 - 378.

[40] Cerutti E, Claessens S, Laeven L. The use and effectiveness of macroprudential policies: new evidence. Journal of Financial Stability, 2017, 28: 203 - 224.

[41] Chen S, Matsumoto D A. Favorable versus unfavorable recommendations: the impact on analyst access to management-provided information. Journal of Accounting Research, 2006, 44 (4): 657 - 689.

[42] Christie A A. On cross-sectional analysis in accounting research. Journal of Accounting & Economics, 1987, 9 (3): 231 - 258.

[43] Collins D W, Kothari S P. An analysis of intertemporal and cross-sectional determinants of earnings response coefficients. Journal of Accounting and Economics, 1989, 11 (2 - 3): 143 - 181.

[44] Connelly B L, Hoskisson R E, Tihanyi L, et al. Ownership as a form of corporate governance. Journal of Management Studies, 2010, 47 (8): 1467 - 6486.

[45] Cooper J C, Selto F H. An experimental examination of the effects of SFAS No. 2 on R&D investment decisions. Accounting Organizations & Society, 1991, 16 (3): 227 - 242.

[46] Danielsson J, Shin H S, Zigrand J P. The impact of risk regulation on price dynamics. Journal of Banking & Finance, 2004, 28 (5): 1069 - 1087.

[47] Das S R, Chen M Y. Yahoo! For Amazon: sentiment extraction from small talk on the web. Management Science, 2007, 53 (9): 1375 - 1388.

［48］Datar S M, Feltham G A, Hughes J S. The role of audits and audit quality in valuing new issues. Journal of Accounting and Economics，1991，14 (1)：3 - 49.

［49］Davis L W, Muehlegger E. Do Americans consume too little natural gas? An empirical test of marginal cost pricing. The Rand Journal of Economics，2010，41 (4)：791 - 810.

［50］De Franco G, Kothari S P, Verdi R S. The benefits of financial statement comparability. Journal of Accounting Research，2011，49 (4)：895 - 931.

［51］Dechow P M. Accounting earnings and cash flows as measures of firm performance：the role of accounting accruals. Journal of Accounting and Economics，1994，18 (1)：3 - 42.

［52］Deegan C. The legitimising effect of social and environmental disclosures — a theoretical foundation. Accounting Auditing & Accountability Journal，2002，15 (3)：282 - 311.

［53］Dhaliwal D, Subramanyam K R, Trezevant R. Is comprehensive income superior to net income as a measure of firm performance? . Journal of Accounting and Economics，1999，26 (1 - 3)：43 - 67.

［54］Diamond D W, Verrecchia R E. Disclosure, liquidity, and the cost of capital. Journal of Finance，1991，46 (4)：1325 - 1359.

［55］Dickerson W E, Weldon J J. Observations on "the equity method" and intercorporate relationships. Accounting Review，1933，8 (3)：200 - 208.

［56］Skinner D J. Earnings disclosures and stockholder law suits. SSRN Electronic Journal，1997，23 (3)：249 - 282.

［57］Durnev A, Morck R, Yeung B. Value-enhancing capital budgeting and firm specific stock return variation. Journal of Finance，2004，59 (1)：65 - 105.

［58］Edmans A. Does the stock market fully value intangibles? Employee satisfaction and equity prices. Journal of Financial Economics，2011，101 (3)：621 - 640.

［59］Ellul A, Jotikasthira C, Lundblad C T , et al. Is historical cost accounting a panacea? Market stress, incentive distortions, and gains trading. The Journal of Finance，2015，70 (6)：2489 - 2537.

［60］FASB. SFAC No. 5：Recognition and measurement in financial statement of business enterprises.

[61] FASB. SFAC No. 2: Qualitative characteristics of accounting information.

[62] FASB. SFAC No. 1: Objectives of financial reporting by business.

[63] FASB. SFAC No. 107: Disclosures about fair value of financial instruments.

[64] FASB. SFAC No. 115: Accounting for certain investments in debt and equity securities.

[65] FASB. SFAS No. 7: Using cash flow information and present value in accounting measurement.

[66] FASB. SFAS No. 157: Fair value measurements.

[67] Feltham G A, Ohlson J A. Uncertainty resolution and the theory of depreciation measurement. Journal of Accounting Research, 1996, 34 (2): 209-234.

[68] Ferguson M J, Lam K C K, Lee G M. Voluntary disclosure by state-owned enterprises listed on the Stock Exchange of Hong Kong. Journal of International Financial Management & Accounting, 2002, 13 (2): 125-152.

[69] Francis J, Lafond R, Olsson P, et al. The market pricing of accruals quality. Journal of Accounting & Economics, 2005, 39 (2): 295-327.

[70] Francis J R, Pinnuck M L, Watanabe O. Auditor style and financial statement comparability. The Accounting Review, 2014, 89 (2): 605-633.

[71] Frost G R. The introduction of mandatory environmental reporting guidelines: Australian evidence. Abacus, 2007, 43 (2): 190-216.

[72] Gigler F B, Hemmer T. Conservatism, optimal disclosure policy, and the timeliness of financial reports. The Accounting Review, 2001, 76 (4): 471-493.

[73] Givoly D, Hayn C. The changing time-series properties of earnings, cash flows and accruals: has financial reporting become more conservative?. Journal of Accounting and Economics, 2000, 29 (3): 287-320.

[74] Gjesdal F. Accounting for stewardship. Journal of Accounting Research, 1981, 19 (1): 208-231.

［75］ Govindarajan V, Rajgopal S, Srivastava A. Why financial statements don't work for digital companies. Harvard Business Review, 2018 (6): 19 - 27.

［76］ Guenther D A, Young D. The association between financial accounting measures and real economic activity: a multinational study. Journal of Accounting and Economics, 2000, 29 (1): 53 - 72.

［77］ Healy P M. The effect of bonus schemes on accounting decisions. Journal of Accounting and Economics, 1985, 7 (1 - 3): 85 - 107.

［78］ Heaton J B. Managerial optimism and corporate finance. Financial Management, 2002, 31 (2): 33 - 45.

［79］ Herbohn K. A full cost environmental accounting experiment. Accounting Organizations & Society, 2005, 30 (6): 519 - 536.

［80］ Hitz J M. The decision usefulness of fair value accounting—a theoretical perspective. European Accounting Review, 2007, 16 (2): 323 - 362.

［81］ Hodder L, Kohlbeck M, McAnally M L. Accounting choices and risk management: SFAS No. 115 and US bank holding companies. Contemporary Accounting Research, 2002, 19 (2): 225 - 270.

［82］ Holthausen R W, Watts R L. The relevance of the value-relevance literature for financial accounting standard setting. Journal of Accounting and Economics, 2001, 31 (1 - 3): 3 - 75.

［83］ Hunton J E, Libby R, Mazza C L. Financial reporting transparency and earnings management (retracted). The Accounting Review, 2006, 81 (1): 135 - 157.

［84］ IASC. Framework for the preparation and presentation of financial statements, 1989.

［85］ Jackson S B, Liu X. The allowance for uncollectible accounts, conservatism, and earnings management. Journal of Accounting Research, 2010, 48 (3): 565 - 601.

［86］ Jensen M C , Meckling W H . Theory of the firm: managerial behavior, agency costs and ownership structure. Journal of Financial Economics, 1976, 3 (4): 305 - 360.

［87］ Johansson S E, Hjelström T, Hellman N. Accounting for goodwill under IFRS: A critical analysis. Journal of International Accounting, Auditing and Taxation, 2016, 27: 13 - 25.

［88］ Jones D A, Smith K J. Comparing the value relevance, predictive value, and persistence of other comprehensive income and special items. The Accounting Review, 2011, 86 (6): 2047 - 2073.

[89] Kanagaretnam K, Mathieu R, Shehata M. Usefulness of comprehensive income reporting in Canada. Journal of Accounting and Public Policy, 2009, 28 (4): 349 - 365.

[90] Khan M, Watts R L. Estimation and empirical properties of a firm-year measure of accounting conservatism. Journal of Accounting & Economics, 2009, 48 (2 - 3): 132 - 150.

[91] Kijima M, Maeda A, Nishide K. Equilibrium pricing of contingent claims in tradable permit markets. Journal of Futures Markets, 2010, 30 (6): 559 - 589.

[92] Konchitchki Y. Inflation and nominal financial reporting: implications for performance and stock prices. The Accounting Review, 2011, 86 (3): 1045 - 1085.

[93] Kubota K, Suda K, Takehara H. Information content of other comprehensive income and net income: evidence for Japanese firms. Asia-Pacific Journal of Accounting & Economics, 2011, 18 (2): 145 - 168.

[94] Lafond R, Roychowdhury S. Managerial ownership and accounting conservatism. Journal of Accounting Research, 2008, 46 (1): 101 - 135.

[95] Lee Y J, Petroni K R, Shen M. Cherry picking, disclosure quality, and comprehensive income reporting choices: the case of property-liability insurers. Contemporary Accounting Research, 2006, 23 (3): 655 - 692.

[96] Leuz L C. Did fair-value accounting contribute to the financial crisis?. The Journal of Economic Perspectives, 2010, 24 (1): 93 - 118.

[97] Lohmann L. Toward a different debate in environmental accounting: the cases of carbon and cost-benefit. Accounting Organisations & Society, 2009, 34 (3 - 4): 499 - 534.

[98] Sirgy M J. Measuring corporate performance by building on the stakeholders model of business ethics. Journal of Business Ethics, 2002, 35 (3): 143 - 162.

[99] Marquardt C A, Wiedman C I. Voluntary disclosure, information asymmetry, and insider selling through secondary equity offerings. Contemporary Accounting Research, 1998, 15 (4): 505 - 537.

［100］Martin R D，Rich J S，Wilks T J. Auditing fair value measurements: a synthesis of relevant research. Accounting Horizons，2006，20（3）: 287 - 303.

［101］Miller M H，Modigliani F. Some estimates of the cost of capital to the electric utility industry，1954 - 57. American Economic Review，1966，56（3）: 333 - 391.

［102］Merton R C. A simple model of capital market equilibrium with incomplete information. The Journal of Finance，1987，42（3）: 483 - 510.

［103］Monahan S J. Conservatism，growth and the role of accounting numbers in the fundamental analysis process. Review of Accounting Studies，2005，10（2 - 3）: 227 - 260.

［104］Morton B. Handbook of modern accounting theory. South African Journal of Economics，1957，25（1）: 61 - 62.

［105］Mylonakis J，Tahinakis P. The use of accounting information systems in the evaluation of environmental costs: a cost-benefit analysis model proposal. International Journal of Energy Research，2006，30（11）: 915 - 928.

［106］Paton W A，Littleton A C. An introduction to corporate accountiong standards. Accounting Review，1940，16（1）: 75 - 81.

［107］Petersen T. The economics of organization: the principal-agent relationship. Acta Sociologica，1993，36（3）: 277 - 293.

［108］Rajan R，Zingales L. Debt，folklore，and cross-country differences in financial structure. Journal of Applied Corporate Finance，1998，10（4）: 102 - 107.

［109］Ramanna K，Watts R L. Evidence on the use of unverifiable estimates in required goodwill impairment. Review of Accounting Studies，2012，17（4）: 749 - 780.

［110］Beatty R P，Ritter J R. Investment banking，reputation，and underpricing of IPOs. Journal of Financial Economics，1986，15（1 - 2）: 213 - 232.

［111］Ball R，Brown P. An empirical evaluation of accounting income numbers. Journal of Accounting Research，1968，6（2）: 159 - 178.

［112］Ronen J. To fair value or not to fair value: a broader perspective. Abacus，2008，44（2）: 181 - 208.

[113] Runes D D. Dictionary of philosophy. Philosophical Books, 1960, 22 (1): 25 - 27.

[114] Ryan B S G. How well do statement No. 33 earnings explain stock returns?. Financial Analysts Journal, 1985, 41 (5): 66 - 71.

[115] Stoll H H R. The components of the bid-ask spread: a general approach. Review of Financial Studies, 1997, 10 (4): 995 - 1034.

[116] 陈信元, 金楠. 试论西方会计理论对我国会计学的影响: 纪念十一届三中全会召开 20 周年. 财务与会计, 1998 (11): 7 - 10.

[117] 陈毓圭. 环境会计和报告的第一份国际指南: 联合国国际会计和报告标准政府间专家工作组第 15 次会议记述. 会计研究, 1998 (5): 1 - 8.

[118] 陈志斌. 基于衍生职能界定的政府会计角色定位研究. 会计研究, 2014 (1): 28 - 34, 94.

[119] 杜兴强. 我国上市公司管理当局对会计准则制定的态度及对策探讨. 会计研究, 2003 (7): 16 - 19.

[120] 方红星, 楚有为. 自愿披露、强制披露与资本市场定价效率. 经济管理, 2019, 41 (1): 156 - 173.

[121] 方红星, 戴捷敏. 公司动机、审计师声誉和自愿性内部控制鉴证报告: 基于 A 股公司 2008—2009 年年报的经验研究. 会计研究, 2012 (2): 87 - 95, 97.

[122] 冯巧根. 管理会计的发展动态与评析. 会计之友, 2011 (20): 8 - 13.

[123] 冯淑萍. 市场经济与会计准则. 会计研究, 1999 (4): 2 - 9.

[124] 付磊等. 新中国会计制度史. 上海: 立信会计出版社, 2015.

[125] 葛家澍, 杜兴强. 财务会计理论: 演进、继承与可能的研究问题. 会计研究, 2009 (12): 14 - 31, 96.

[126] 葛家澍. 会计·信息·文化. 会计研究, 2012 (8): 3 - 7, 96.

[127] 葛家樹. 关于会计计量的新属性: 公允价值. 上海会计, 2001 (1): 3 - 6.

[128] 郭道扬, 郝继伟, 彭岚. "瑞金时代"的统一会计制度研究. 会计研究, 2016 (3): 3 - 14, 95.

[129] 郭道扬. 会计史研究. 北京: 中国财政经济出版社, 2004.

[130] 胡奕明, 关瑞娣. 会计准则实证研究: 问题与视角. 北京: 中国财政经济出版社, 2009.

[131] 黄世忠. 公允价值会计: 面向 21 世纪的计量模式. 会计研

究，1997（12）：1-4.

[132] 黄寿宸，黄洁.《会计法》与经济体制改革. 黑龙江财专学报，1985（1）：58-61.

[133] 江小涓. 新中国对外开放 70 年：赋能增长与改革. 管理世界，2019（12）：1-16，103，214.

[134] 李建发，张津津，张国清，等. 基于制度理论的政府会计准则执行机制研究. 会计研究，2017（2）：3-13，96.

[135] 李江华. 继电保护整定计算云数据中心的研究及应用. 北京：华北电力大学，2013.

[136] 李乐平. 工业 4.0：中国式工业 4.0 的转型之路. 北京：北京理工大学出版社，2016.

[137] 李玉环. 全面准确理解国际准则进一步完善我国会计准则. 会计研究，2016（1）：19-24.

[138] 李远鹏，李若山. 是会计盈余稳健性，还是利润操纵？——来自中国上市公司的经验证据. 中国会计与财务研究，2005，7（3）：1-56.

[139] 刘峰. 会计·信任·文明. 会计研究，2015（11）：3-10，96.

[140] 刘小年，吴联生. 会计规则的制定目标：信息中立还是经济后果. 会计研究，2004（6）：11-16，96.

[141] 刘洋，董久钰，魏江. 数字创新管理：理论框架与未来研究. 管理世界，2020（7）：198-217，219.

[142] 刘玉廷. 关于会计中国特色问题的思考. 会计研究，2000（8）：2-7.

[143] 陆正飞，张会丽. 会计准则变革与子公司盈余信息的决策有用性：来自中国资本市场的经验证据. 会计研究，2009（5）：20-28，96.

[144] 陆正飞，魏涛. 配股后业绩下降：盈余管理后果与真实业绩滑坡. 会计研究，2006（8）：52-59，97.

[145] 吕玉芹，袁昊，舒平. 论数字资产的会计确认和计量. 中央财经大学学报，2003（11）：62-65.

[146] 曲晓辉，陈瑜. 会计准则国际发展的利益关系分析. 会计研究，2003（1）：45-51，65.

[147] 任世驰，陈炳辉. 公允价值会计研究. 财经理论与实践，2005（1）：72-76.

[148] 司振强. 会计准则与银行监管的关系与协调. 金融会计，2017（7）：9-16.

[149] 苏洋，张俊瑞，赵红，等. 其他综合收益的信息含量：基于会计稳健性的中介效应分析. 财贸研究，2020 (6)：85-97.

[150] 孙光国，杨金凤，郑文婧. 财务报告质量评价：理论框架、关键概念、运行机制. 会计研究，2013 (3)：27-35，95.

[151] 孙铮，贺建刚. 中国会计研究发展：基于改革开放三十年视角. 会计研究，2008 (7)：7-15，96.

[152] 万宇洵. 会计循环的再认识：会计学中一个基本概念的突破. 财经理论与实践，2004 (4)：90-92.

[153] 汪祥耀，吴心驰. 我国合营安排准则（征求意见稿）与 IFRS 11 的比较和完善建议. 会计之友，2013 (26)：8-14.

[154] 王澹如. 论企业收入的性质、内容与计量：学习西方国家会计理论的札记之一. 财会通讯，1987 (1)：58-59.

[155] 王惠芳. 财务管理案例教学存在的问题及对策. 北方经贸，2010 (12)：158-159.

[156] 王晓燕. 关于研发费用会计处理的国际比较. 现代会计，2009 (3)：43-47.

[157] 王鑫. 综合收益的价值相关性研究：基于新准则实施的经验证据. 会计研究，2013 (10)：20-27，96.

[158] 王学军，程恩富. 正确认识社会主义计划经济时期的历史价值和现实作用. 毛泽东邓小平理论研究，2019 (10)：84-92，109.

[159] 吴杰，祁芳梅，张俊瑞. 基于国家治理视角的我国政府自然资源会计准则制定问题研究. 会计研究，2020 (9)：3-15.

[160] 张俊瑞，危雁麟，宋晓悦. 企业数据资产的会计处理及信息列报研究. 会计与经济研究，2020，34 (3)：3-15.

[161] 张俊瑞，危雁麟. 数据资产会计：概念解析与财务报表列报. 财会月刊，2021 (23)：13-20.

[162] 伍中信，张荣武，曹越. 产权范式的会计研究：回顾与展望. 会计研究，2006 (7)：83-89.

[163] 习近平. 在庆祝中国共产党成立 95 周年大会上的讲话. 党的文献，2016 (4)：3-10.

[164] 肖钢. 中国资本市场变革. 北京：中信出版社，2020.

[165] 谢德仁，何贵华，黄亮华. 新会计准则下我国会计信息价值相关性提升了吗?. 投资研究，2020 (3)：35-56.

[166] 谢获宝，刘波罗，尹欣. 综合收益内涵与其他综合收益列报内

容探析. 财务与会计, 2010 (1): 34 - 35.

[167] 谢志华, 曾人杰. 我国套期保值会计发展背景、现状与对策分析. 湖南财政经济学院学报, 2011 (6): 112 - 116.

[168] 谢志华. 论会计的经济效应. 会计研究, 2014 (6): 8 - 16, 96.

[169] 徐经长, 曾雪云. 综合收益呈报方式与公允价值信息含量: 基于可供出售金融资产的研究. 会计研究, 2013 (1): 20 - 27, 95.

[170] 许家林, 朱廷辉, 李朝芳, 等. 新中国六十年会计变迁: 基于会计流行语的视角. 财会通讯, 2009 (28): 6 - 14.

[171] 阎德玉. 会计准则制定模式的比较研究. 会计研究, 1999 (8): 31 - 36.

[172] 杨纪琬, 阎达五. 论"会计管理". 经济理论与经济管理, 1982 (4): 39 - 45.

[173] 杨纪琬, 余秉坚. 新中国会计工作的回顾 (三). 会计研究, 1987 (4): 38 - 47.

[174] 杨善林, 周开乐. 大数据中的管理问题: 基于大数据的资源观. 管理科学学报, 2015 (5): 1 - 8.

[175] 杨时展. 杨时展论文集. 北京: 企业管理出版社, 1997.

[176] 杨翼飞. 会计信息质量特征研究. 厦门: 厦门大学, 2006.

[177] 杨宗昌, 王海民. 试论会计发展史上的三个里程碑: 兼议现代会计发展的大趋势. 当代经济科学, 1987 (1): 55 - 60.

[178] 叶建芳, 刘大禄. 新企业会计准则下上市公司会计报表案例分析 (六) 从大族激光公司看研发支出的处理. 财政监督, 2008 (18): 67 - 68.

[179] 于玉林. 宏观视角下无形资产的创新与发展研究. 会计与经济研究, 2016 (2): 67 - 84.

[180] 余伯流. 中央苏区经济建设的历史经验及其启示. 江西财经大学学报, 2008 (3): 67 - 73.

[181] 余应敏. 确认大数据资产助推新经济发展. 财会月刊, 2020 (23): 52 - 55.

[182] 苑泽明, 刘冠辰, 李萌, 等. 新中国成立 70 年无形资产研究回顾与展望. 会计研究, 2019 (11): 20 - 27.

[183] 翟丽丽, 王佳妮. 移动云计算联盟数据资产评估方法研究. 情报杂志, 2016 (6): 130 - 136.

[184] 张慧. 我国会计记账方法的演变. 财会研究, 2013 (4): 31 - 33, 37.

［185］张俊瑞，苏洋，王海洋. 转型经济背景下杨纪琬先生中国会计改革思想：继承与发展. 会计研究，2017（11）：14－21，96.

［186］张俊瑞，苏洋，董南雁. 基于二元目标定位的财务报告概念框架透视. 会计之友，2020（14）：10－15.

［187］张为国. 我所亲历的我国会计制度改革和会计准则国际趋同过程. 会计研究，2019（10）：5－14.

［188］赵西卜. 会计对称性理论及其在多层面信息需求中的应用. 会计研究，2004（9）：52－56.

［189］郑伟. 会计确认理论缺陷及其改进：基于确认维度拓展与多维确认观. 会计研究，2015（1）：32－39，96.

［190］支晓强. 基于报表勾稽关系的财务报表分析. 会计之友，2006（10）：1－27.

［191］周华，戴德明，徐泓. 股权投资的会计处理规则研究：从"权益法"的理论缺陷谈起. 财贸经济，2011（10）：47－54.

［192］周华，戴德明. 会计确认概念再研究：对若干会计基本概念的反思. 会计研究，2015（7）：3－10，96.

［193］周华，戴德明. 资产减值会计的合理性辨析. 经济管理，2016（3）：100－112.

［194］周晓苏，王磊，陈沉. 企业间高管联结与会计信息可比性：基于组织间模仿行为的实证研究. 南开管理评论，2017（3）：100－112.

图书在版编目（CIP）数据

会计准则研究：理论变迁、宏观价值与经济高质量
发展/张俊瑞，苏洋著. -- 北京：中国人民大学出版
社，2025.3. -- ISBN 978-7-300-33395-3

Ⅰ. F233.2

中国国家版本馆 CIP 数据核字第 20244RK568 号

国家社科基金后期资助项目

会计准则研究：理论变迁、宏观价值与经济高质量发展

张俊瑞　苏　洋　著

Kuaiji Zhunze Yanjiu：Lilun Bianqian、Hongguan Jiazhi yu Jingji Gaozhiliang Fazhan

出版发行	中国人民大学出版社				
社　　址	北京中关村大街 31 号		**邮政编码**	100080	
电　　话	010 - 62511242（总编室）		010 - 62511770（质管部）		
	010 - 82501766（邮购部）		010 - 62514148（门市部）		
	010 - 62515195（发行公司）		010 - 62515275（盗版举报）		
网　　址	http://www.crup.com.cn				
经　　销	新华书店				
印　　刷	唐山玺诚印务有限公司				
开　　本	720 mm×1000 mm　1/16		**版　　次**	2025 年 3 月第 1 版	
印　　张	18 插页 2		**印　　次**	2025 年 3 月第 1 次印刷	
字　　数	308 000		**定　　价**	88.00 元